問題與方法
民國文學研究

李 怡 著

民國文學與文化系列論叢
文史哲出版社印行

國家圖書館出版品預行編目資料

問題與方法：民國文學研究 / 李怡著. --
初版 -- 臺北市：文史哲,民 105.08
　頁；公分（民國文學與文化系列論叢；2）
ISBN 978-986-314-319-2（平裝）

1.中國文學史　2.現代文學　3.文學評論

820.908　　　　　　　　　　105014773

民國文學與文化系列論叢　2

問 題 與 方 法
民國文學研究

著　　者：李　　　　　怡
出 版 者：文 史 哲 出 版 社
　　　　　http://www.lapen.com.tw
　　　　　e-mail：lapen@ms74.hinet.net
登記證字號：行政院新聞局版臺業字五三三七號
發 行 人：彭　　　正　　　雄
發 行 所：文 史 哲 出 版 社
印 刷 者：文 史 哲 出 版 社
　　　　　臺北市羅斯福路一段七十二巷四號
　　　　　郵政劃撥帳號：一六一八〇一七五
　　　　　電話886-2-23511028 ・ 傳真886-2-23965656

定價新臺幣四〇〇元

2016 年（民一〇五）八 月 初 版

ISBN 978-986-314-319-2　　　　78352

問題與方法：民國文學研究

目　　次

總序　一

民國文學史觀的建構
── 現代文學研究的新思維與新視野

張堂錡

一

　　「民國文學」是有關中國現代文學學科研究歷史進程中，繼「中國新文學」、「中國現代文學」、「20世紀中國文學」、「百年中國文學」之後，近期出現並開始受到重視與討論的一種新的學科命名與思維方式。它的名稱、內涵與意義都還在形成、發展的初始階段。類似的思維與說法還有「民國史視角」、「民國視野」、「民國機制」等。這些不同的名稱，大抵都不脫一個共同的「史觀」，那就是回歸到最基本也最明確的時間框架上來進行闡釋。陳國恩〈關於民國文學與現代文學〉即明確指出：「作為斷代文學史，民國文學中的『民國』可以是一個時間框架。就像先秦文學、兩漢文學、魏晉南北朝文學、隋唐文學和宋元明清文學中的各

個朝代是一個時間概念一樣，民國文學中的民國，是指從辛亥革命到 1949 年中華人民共和國成立這一時段。凡在這一時段裡的文學，就是民國文學。」這應該是大陸學界對「民國文學」一詞較為簡單卻完整的解釋。

　　北京師大的李怡則提出「民國機制」的說法，他在〈民國機制：中國現代文學的一種闡釋框架〉中也認為：「民國機制就是從清王朝覆滅開始，在新的社會體制下逐步形成的推動社會文化與文學發展的諸種社會力量的綜合」，然而，「隨著 1949 年政權更迭，一系列新的政治制度、經濟方式及社會文化氛圍、精神導向的重大改變，民國機制自然也就不復存在了。中國文學在新的機制中發展，需要我們另外的解釋。」當然，他們也都注意到了「民國」從清王朝－中華民國－中華人民共和國的線性時間概念之外的更豐富意義，例如陳國恩提到了民國的價值取向；李怡也強調必須「從學術的維度上看『政權』的文化意義，而不是從政治正義的角度批判現代中國的政治優劣」，他認為這樣的「民國文學」研究是「對一個時代的文學潛能的考察，是對文學生長機制的剖析，是在不迴避政治型態的前提下尋找現代中國文學的內在脈絡。」

　　面對大陸學界出現的這些不同聲音，在台灣的現代文學研究者已經不能再視而不見，如何在一種學術交流、理性互動、嚴謹對話、多元尊重的立場上進行對相關議題的深入討論，應該說，對兩岸學者都是一次難得的「歷史機遇」。台灣高喊「建國百年」，大陸紀念「辛亥百年」，一個「民國」，各自表述。但不管怎麼說，「民國」開始能夠被大陸學界接

受並引起討論熱潮，這本身就是一種試圖突破既有現代文學研究框架的努力，也是大陸學界在意識型態方面對「民國」不再刻意迴避或淡化的一種轉變。正是在這種轉變中，我們看到了中國現代文學研究的新契機。

二

　　民國文學不是單一的學術命題，不論從研究方法或視野上來看，它都必須涉及到民國的歷史、政治、經濟、教育、法律、文化、社會與思想等諸多領域，它必然是一個跨學科、跨地域、跨國別的學術視角，彼此之間的複雜關係說明了此一命題的豐富性與延展性。

　　必須正視的是，台灣對「民國」的理解是以「建國百年」為前提，而大陸學界則是以「辛亥百年」為前提，如此一來，大陸對「民國」的解釋是一個至 1949 年為止的政權，但台灣則是主張在 1949 年之後「民國」依然存在且持續發展的事實。拋開歷史或政治的解釋權、主導權不論，「民國」並未在「共和國」之後消失，這是不爭的事實。因此，在討論民國文學與文化之際，就會出現 38 年與 100 年的不同史觀。箇中複雜牽扯的種種原因或現實，正是過去對「民國文學」研究難以開展的限制所在。而恰恰是這樣的分歧，李怡所提出的「民國機制」也就更顯得有其必要性與可操作性。他說 1949年政權更迭之後，民國機制不復存在，指的是「中華民國在大陸」階段，共和國機制在 1949 年之後取代了民國機制，但是「中華民國在台灣」階段，要如何來解決、解釋，「民國

機制」其實可以更靈活地扮演這樣的闡釋功能。

「民國文學」的提出，並不是要取代「現代文學」，事實上也難以取代，因為二者的側重點不同，前者關注現代文學中的「民國性」，後者關注民國文學的「現代性」，這是一種在相互參照中豐富彼此的平等關係。現代性的探討，由於其文學規律與標準難以固定化，使得現代文學的起點與終點至今仍是一種遊移的狀態，從晚清到辛亥，從五四到1949，再由 20 世紀到 21 世紀，所謂文學的「現代化」與「現代性」都仍在發展之中。「民國性」亦然。從時間跨度上，現代文學涵蓋了民國文學，但在民國性的發展上，它仍在台灣有機地延續著，二者處於平行發展的狀態，不存在誰取代誰的問題。

在大陸階段的民國性，是當前大陸「民國文學」研究的重心，它有明確的歷史範疇與時間框架，但是在台灣階段的民國性，保留了什麼？改變了什麼？在與台灣在地的本土性結合之後，型塑出何種不同面貌的民國性呢？這是兩岸學者都可以認真思考的問題。

民國文史的參照研究，其重要性無庸置疑，而其限度與難度也在預料之中。「民國文學」作為一個學術的生長點，其意義與價值已經初步得到學界的肯定。現代文學的研究，在經過早期對「現代性」的思索與追求之後，發展到對「民國性」的探討與深究，應該說也是符合現代文學史發展規律的一次深化與超越。在理解與尊重的基礎上，兩岸學界確實可以在這方面開展更多的合作機會與對話空間。

三

　　為了呼應並引領這一充滿學術生機與活力的學術命題，政大文學院與北京師範大學於 2014 年幾乎同時成立了「民國歷史文化與文學研究中心」，四川大學、四川民族大學也相繼成立了類似的研究中心；政大中文研究所於 2015 年正式開設「民國文學專題」課程；以堅持學術立場、文學本位、開放思想為宗旨的學術半年刊《民國文學與文化研究》，在李怡、張堂錡兩位主編的策劃下，已於 2015 年 12 月在台灣出版創刊號；由李怡、張中良主編的《民國文學史論》、《民國歷史文化與中國現代文學研究》兩套叢書則分別由花城出版社、山東文藝出版社出版，在學界產生廣泛的迴響。規模更大、影響更深遠的是由李怡擔任主編、台灣花木蘭出版社印行的《民國文化與文學研究文叢》，自 2012 年起陸續出版了《五編》七十餘冊，計畫推出百餘冊，這套書的出版，對現代中國文學研究打開了新的學術思路，其影響力正逐漸擴大中。

　　對「民國文學」研究的鼓吹提倡，台灣的花木蘭出版社可以說扮演了積極推動的重要角色。自 2016 年 4 月起，由劉福春、李怡兩人主編的《民國文學珍稀文獻集成》叢書第一輯 50 冊正式發行，並計畫在數年內連續出版這套叢書上千種，這真是令人振奮也令人嘆為觀止的大型學術出版計畫！

　　從 2016 年 8 月起，文史哲出版社也成為民國文學研究的又一個重要學術平台，除了山東文藝出版社授權將其出版的

《民國歷史文化與中國現代文學研究》叢書 6 本交由文史哲出版社出版之外，其他有關民國文學研究的學術專著也將列入新規劃的《民國文學與文化系列論叢》中陸續出版，如此一來，民國文學研究將有了一個集中展現成果、開拓學術對話的重要陣地，這對兩岸的民國文學研究而言都是一個正面而積極的發展。文史哲出版社是台灣學術界具有代表性的老字號出版社，經營四十多年來，出版過的學術書籍超過三千種以上，對兩岸學術交流更是不遺餘力，彭正雄社長的學術用心與使命感實在讓人欽佩！這次願意促成這套叢書的出版，可說是再一次印證了彭社長的文化熱忱與學術理念。

　　我們相信，只要不斷的耕耘，這套書的文學史意義將會日益彰顯，對民國文學的研究也將會在這個基礎上讓更多人看見，並在現代文學領域產生不容忽視的影響力。對於「民國文學」的提倡與落實，我們認為是一段仍需持續努力、不斷對話的過程，但願這套叢書的問世，對兩岸學界的看見「民國文學」是一個嶄新而美好的開始。

2016 年 7 月，台北

總序 二

民國歷史文化與中國現代
文學研究的新可能

李　怡

　　中國現代文學發生發展的社會歷史背景是「民國」，從民國歷史文化的角度考察中國現代文學，既是這一歷史階段文化自身的要求，也是中國現代文學研究新的動向。

　　中國現代史上的「中華民國」是現代中國歷史進程的重要環節，無論是作為「亞洲第一個共和國」的歷史標誌，還是包括中國共產黨人在內的全體中國人都曾為「民國」的民主自由理想而奮鬥犧牲的重要事實，「民國」之於現代中國的意義都是值得我們加以深究的。與此同時，中國現代文學的「敘史」也一直都在不斷修正自己的框架結構，從一開始的「新文學」、「現代文學」到 1980 年代中期的「二十世紀中國文學」，每一種命名的背後都有顯而易見的歷史合理性，但同時又都不可避免地產生難以完全解決的問題。「新文學」在特定的歷史年代拉開了與傳統文學樣式的距離，但「新」

的命名畢竟如此感性，終究缺乏更理性的論證；「現代文學」確立了「現代」的價值指向，問題是「現代」已經成了多種文化爭相解釋、共同分享的概念，中國之「現代」究竟為何物，實在不容易說清楚；「二十世紀中國文學」確立的是百年來中國文學的自主性，但是這樣以「世紀」紀年為基礎的時間概念能否清晰呈現這一文學自主的含義呢？人們依然不無疑問。正是在這樣一種背景上，關於中國現代文學「敘史」的「民國」定位被提了出來，形成了越來越多的「民國文學史」命名的呼籲。

　　「民國文學」的設想最早是從事現代史料工作的陳福康教授在 1997 年提出來的[1]，但是似乎沒有引起太多的注意；2003 年，張福貴先生再次提出以「民國文學」取代「現代文學」的設想，希望文學史敘述能夠「從意義概念返回到時間概念」[2]，不過響應者依然寥寥。沉寂數年之後，在新世紀第一個十年即將結束的時候，終於有更多的學者注意到了這個問題，特別是最近兩三年，主動進入這一領域的學者大量增加。國內期刊包括《中國社會科學》、《文學評論》、《中國現代文學研究叢刊》、《文藝爭鳴》、《海南師範大學學報》、《鄭州大學學報》、《現代中國文化與文學》都先後發表了大量論文，《文藝爭鳴》與《海南師範大學學報》等還定期推出了專欄討論。張中良先生進一步提出了中國現代

---

1 陳福康：《應該「退休」的學科名稱》，原載 1997 年 11 月 20 日《文學報》，後收入《民國文壇探隱》，上海書店出版社 1999 年。
2 張福貴：《從意義概念返回到時間概念 —— 關於中國現代文學的命名問題》，香港《文學世紀》2003 年 4 期。

文學研究的「民國史視角」問題，我本人也在宣導「文學的民國機制」研究。在我看來，「民國文學」研究的興起十分正常，它們都顯示了中國現代文學研究在經歷了半個多世紀的探索之後一次重要的學術自覺和學術深化，並且與在此之前的幾次發展不同，這一次的理論開拓和質疑並不是外來學術思潮衝擊和感應的結果，從總體上看屬於中國學術在自我反思中的一種成熟。

　　當前學界的民國文學論述正沿著三個方向展開：一是試圖重新確立學科的名稱，進而完成一部全新的現代文學史；二是為舊體文學、通俗文學等「新文學」之外的文學現象回歸統一的文學史框架尋找新的命名；三是努力返回到歷史的現場，對民國社會歷史中影響文學的因素展開詳盡的梳理和分析，結合民國文學歷史的一些基本環節對當時的文學現象進行新的闡述和研究。在我看來，前兩個方向的問題還需要一定時間的學術積累，並非當即可以完成的工作，否則，倉促上陣的文學史寫作，很可能就是各種舊說的彙集或者簡單拼貼，而第三個方面的工作恰恰是文學史認識的最堅實的基礎，需要我們付出扎實的努力。

　　從民國歷史文化的角度研究中國現代文學，可以為我們拓展一系列新的學術空間。

　　例如民國經濟形態所造就的文學機制，民國法制形態影響下的文學發展，民國教育制度的存在為文學新生力量的成長創造怎樣的文化條件、為廣大知識分子的生存提供怎樣的物質與精神的基礎等等。還有，仔細梳理中國現代作家的「民國體驗」，就能夠更加有效地進入他們固有的精神世界與情

感世界，為我們的中國現代文學提出更實事求是的解釋。

　　當然，討論中國現代文學的「民國」意義，挖掘其中的創造「機制」絕不是為了美化那一段歷史。在現代中國文化建設的漫長里程中，在我們的現代文化建設目標遠遠沒有完成的時候，沒有任何一段歷史值得我們如此「理想化處理」，嚴肅的學術研究絕不能混同於大眾流行的「民國熱」。今天我們對歷史的梳理和總結是為了呈現 20 世紀上半葉中國文學發展的一些可資借鑒的機制，以為未來中國文學的生長探尋可能 —— 在過去相當長的歷史中，我們習慣於在外國文學發展的歷史中尋找我們模仿的物件，通過介紹和引入西方文學的各種模式展開自己。殊不知，其中的文化與民族的間隔也可能造成我們難以逾越的障礙。如今，重新返回我們自己的歷史，在現代中國人自己有過的歷史經驗和智慧成果中反思和批判，也許就不失為一條新路。

　　呈現在讀者諸君面前的這一套「民國文學與文化系列論叢」，試圖從不同的方向挖掘「以歷史透視文學」的可能。這裡既有新的方法論的宣導 —— 諸如「民國」作為「方法」或者作為「空間」的含義，也有不同歷史階段的文學新論，有「民國」下能夠容納的特殊的文學現象梳理 —— 如民國時期的佛教文學，也有民國文學品種的嶄新闡述。它們都能夠帶給我們對於歷史和文學的一系列新的感受，雖然尚不能說架構起了民國歷史文化現象的完整的知識結構，卻可以說是開闢了文學研究的新的可能。但願我們業已成熟的中國現代文學研究，能夠因此而思想激蕩、生機勃發。

2014 年 6 月，北京

導論：論作為方法的「民國」

　　「作為方法」的命題首先來自日本著名漢學家竹內好。從竹內好 1961 年「作為方法的亞洲」到溝口雄三 1989 年「作為方法的中國」，其中展示的當然不僅僅是有關學術「方法」的技術性問題，重要的是學術思想的主體性追求。日本學人通過中國這樣一個「他者」的參照進行自我的反省和批判，實現從「西方」話語突圍，重新確立自己的主體性，這對同樣深陷「西方」話語圍困的中國學界而言無疑具有特殊的刺激和啟發。1990 年代中期以後，中國（華人）學人如孫歌、李冬木、汪暉、陳光興、葛兆光等陸續介紹和評述了他們的學說，[1]特別是最近十年的中國思想文化與文學批評界，可以說出現了一股竹內—溝口的「作為方法」熱，「作為方法的

---

1 如 Kuang 拟 ming Wu and Chun 拟 chieh Huang（吳光明、黃俊傑）：《關於〈方法としての中國〉的英文書評》，（《清華學報》1990 年新 20 卷 2 期），溝口雄三、汪暉：《沒有中國的中國學》（《讀書》1994 年 4 期），孫歌：《作為方法的日本》（《讀書》1995 年 3 期），李長莉：《溝口雄三的中國思想史研究》（《國外社會科學》）1998 年 1 期），葛兆光：《重評九十年代日本中國學的新觀念 —— 讀溝口雄三〈方法としての中國〉》（《二十一世紀》2002 年 12 月號），吳震：《十六世紀中國儒學思想的近代意涵 —— 以日本學者島田虔次、溝口雄三的相關討論為中心》（《東亞文明研究學刊》第 1 卷 2 期，台大東亞文明研究中心，2004）等。

日本」、「作為方法的竹內好」、「亞洲」作為方法[2]、以及「作為方法的八十年代」等等在我們學術話語中流行開來，體現了一種難能可貴的自我反思、重建學術主體性的努力。竹內好借鏡中國的重要物件是文學家魯迅，近年來，對這一反思投入最多的也是中國現當代文學研究的學者。因此，對這一反思本身做出反思，進而探索真正作為中國現代文學的「方法」的可能，便顯得必不可少。

在「亞洲」、「中國」先後成為確立中國學術主體性的話語選擇之後，我覺得，更能夠反映中國現代文學立場和問題意識的話語是「民國」。作為方法的「民國」，具體貼切地揭示了中國現代文學的生存發展語境，較之於抽象的「亞洲」或者籠統的「中國」，更能體現我們返回中國文學歷史情境，探尋學術主體性的努力。

作為方法：亞洲與中國

日本戰敗，促成了一批日本知識份子的自我反省，竹內好（1908～1977）就是其中之一。在他看來，「脫亞入歐」的日本「什麼也不是」，反倒是曾經不斷失敗的中國在抵抗中產生了非西方的、超越近代的「東洋」。和通常我們說魯迅等現代中國知識份子從「東洋」日本發現了現代文明的啟

2　刊發於《臺灣社會研究季刊》2004 年 12 月號，總第 56 期。2005 年 6 月，陳光興參加了在華東師範大學舉行的「全球化與東亞現代性 —— 中國現代文學的視角」暑期高級研討班，將論文《「亞洲」作為方法》提交會議，引起了與會者的濃厚興趣。

示一樣，竹內好卻反過來從中國這個「東洋」發現了一條區別於西歐現代化的獨特之路：經由日本所沒有的社會革命完成了自我更新，如果說日本文化是「轉向型」的，那麼中國文化則可以被稱作是「回心型」的，而魯迅的姿態和精神氣質就是這一「回心型」的且更富有獨立創造價值的體現。「他不退讓，也不追從。首先讓自己和新時代對陣，以『掙扎』來滌蕩自己，滌蕩之後，再把自己從裡邊拉將出來。這種態度，給人留下一個強韌的生活者的印象。像魯迅那樣強韌的生活者，在日本恐怕是找不到的。」「在他身上沒有思想進步這種東西。他當初是作為進化論宇宙觀的信奉者登場的，後來卻告白頓悟到了進化論的謬誤；他晚年反悔早期作品中的虛無傾向。這些都被人解釋為魯迅的思想進步。但相對於他頑強的恪守自我來說，思想進步實在僅僅是第二義的。」[3]所以，必須提出與西方視角相區別的「作為方法的亞洲」，這裡的「亞洲」主要指中國。溝口雄三（1932～2010）是當代中國思想史學家，他並不同意竹內好將日本的近代描述為「什麼也不是」，試圖在一種更加平等而平和的文化觀念中讀解中國近代的獨特性：「事實上，中國的近代既沒有超越歐洲，也沒有落後於歐洲，中國的近代從一開始走的就是一條和歐洲、日本不同的獨自的歷史道路，一直到今天。」[4]作為方法的中國，意味著對「中國學」現狀的深入的反省，這就是要根本改變那種「沒有中國的中國學」，「把世界作為

3　[日]竹內好：《近代的超克》11、12 頁，李冬木、趙京華、孫歌譯，三聯書店 2005 年。
4　[日]溝口雄三：《作為方法的中國》12 頁，孫軍悅譯，三聯書店 2011 年。

方法來研究中國，這是試圖向世界主張中國的地位所帶來的必然結果⋯⋯這樣的『世界』歸根結底就是歐洲」「以中國為方法的世界，就是把中國作為構成要素之一，把歐洲也作為構成要素之一的多元的世界。」[5]

海外漢學（中國學）長期生存于強勢的歐美文明的邊緣區域，因而難以改變作為歐美文化思想附庸的地位，這一局面甚至是海外華人的中國研究也難以撼動的。而日本知識份子的反省卻將近現代中國作為了反觀自身的「他者」，第一次將中國問題與自我的重建、主體性的尋找緊密聯繫，強調一種與歐美文明相平等的文化意識，這無疑是「中國學」研究的重要破局，具有重要的學術啟示意義，同時，對中國自己的學術研究也產生了極大的衝擊效應。

在逐步走出傳統的感悟式文學批評，建立現代知識的理性框架的過程中，中國的學術研究顯然從西方獲益甚多，當然也受制甚多，甚至裹挾了我們的基本思維與立場，於是質疑之聲繼之而起，對所謂「中國化」和保留「傳統」的訴求一直連綿不絕，至最近二十餘年，更在國內清算「西化」的主流意識形態及西方後現代主義、西方馬克思主義的自我批判的雙重鼓勵下，進一步明確提出了諸如中國立場、中國問題、中國話語等系統性的要求。來自日本學者的這一類概括 ── 在中國發現「亞洲」近代化的獨特性，回歸中國自己的方法 ── 顯然對我們當下的學術訴求有明晰準確的描繪，予我們的「中國道路」莫大的鼓勵，我們難以確定這樣的判斷

---

5 [日]溝口雄三：《作為方法的中國》130、131 頁，孫軍悅譯，三聯書店 2011 年。

究竟會對海外的「中國學」研究產生多大的改變，但是它對中國學術界本身的啟示和作用卻早已經一目了然。

　　我高度評價中國學界「回歸中國」的努力與亞洲 —— 中國「作為方法」的啟示意義，但是，與此同時，卻想提醒大家注意一個重要的現實，所謂的「作為方法」不經過嚴格的勘定和區分，其實並不容易明瞭其中的含義，而無論是「亞洲」還是「中國」，作為一個區域的指稱原本也有不少的遊移性與隨意性。比如竹內好將「亞洲」簡化為「中國」，將「東洋」轉稱為「中國」，臺灣學人陳光興也在這樣的「亞洲」論述中囊括了印度。這都與論述人自己的關注、興趣和理解相互聯繫，換句話說，僅僅有「作為方法」的「亞洲」概念與「中國」概念遠遠不夠，甚至，有了竹內與溝口的充滿智慧的「以中國為方法」的種種判斷也還不夠，因為這究竟還是「中國之外」的「他者」從他們自己的需要提出的觀察。這裡的「中國」不過是「日本內部的中國」，而非「中國人的中國」，正如溝口雄三對竹內好評述的那樣：「這種憧憬的物件並不是客觀的中國，而是在自身內部主觀成像的『我們內部的中國』。」[6]那麼，溝口雄三本人的「中國方法」又如何呢？另一位深受竹內好影響的日本學者子安宣邦認為，溝口雄三「以中國為方法，以世界為目的」的「超越中國的中國學」與日本戰前「沒有中國的中國學」依然具有親近性，難以真正展示自己的「作為方法」的中國視點。[7]所以

---

6 [日]溝口雄三：《作為方法的中國》6頁，孫軍悅譯，三聯書店 2011 年。
7 參看張昆將：《關於東亞的思考「方法」：以竹內好、溝口雄三、子安宣邦為中心》，《臺灣東亞文明研究學刊》1 卷 2 期（2004 年 12 月）。

葛兆光就提醒我們，對於這樣「超越中國的中國學」，我們也不能直接平移到中國自己的中國學之中，一切都應當三思而行。8問題是，中國學界在尋找「中國獨特性」的時候格外需要那麼一些支撐性的論述與證據，而來自域外的論述與證據就更加彌足珍貴了。在這個時候，域外學說的「方法」本身已經無暇追問了。例如竹內好與溝口雄三都將近現代中國的獨特性描述為社會革命：「中國的近代化走的是自下而上的反帝反封建社會革命，即人民共和主義的道路。」9太平天國至社會主義中國的「革命史」就是中國自力更生的道路，這的確道出了現代中國的重要事實，因而得到許多中國現代文學研究者的認同。當然，一些中國學者對現代中國革命的重新認同還深刻地聯繫著西方後現代主義對西方文化的自我批判，聯繫著西方馬克思主義及其他左派對資本主義的嚴屬批判。在這裡，「西洋」的自我批判和「東洋」的自我尋找共同加強了中國學者對「中國現代史＝革命史」的認識，這樣表述的學術理念及其形成過程具有某種典型意義：

　　「從 1993 年起，我逐步地對以往的研究做了兩點調整：第一是將自己的歷史研究放置在『反思現代性』的理論框架中進行綜合的分析和思考；第二是力圖將社會史的視野與思想史研究結合起來。在中國 1980 年代的文化運動和 1990 年代的思想潮流之中，對於近代革命和社會主義歷史的批判和拒絕經常被放置在對資本主義的全面的肯定之上；我試圖將

8　葛兆光：《重評九十年代日本中國學的新觀念 —— 讀溝口雄三〈方法としての中國〉》（《二十一世紀》2002 年 12 月號。

9　[日]溝口雄三：《作為方法的中國》11 頁，孫軍悅譯，三聯書店 2011 年。

近代革命和社會主義歷史的悲劇放置在對現代性的批判性反思的視野中，動機之一是為了將這一過程與當代的現實進程一道納入批判性反思的範圍。」「而溝口雄三教授對日本中國研究的批判性的看法和對明清思想的解釋都給我以啟發。也是在上述閱讀、交往和研究的過程中，我逐漸地形成了自己的一個研究視野，即將思想的內在視野與歷史社會學的方法有機地結合起來。」[10]

東洋與西洋的有機結合，鼓勵我們對現代性的西方傳統展開質疑和批判，對我們自身的現代價值加以發掘和肯定。在中國現代文學研究領域中，這些「我們的現代價值」常常也指向革命文學、左翼文學、延安文學與新中國建立至新時期以前的文學，有學者將之概括為新左派的現代文學史觀。姑且不論「新左派」之說是否準確，但是其描述出來的學術事實卻是有目共睹的：「以現代性反思的名義將左翼文學納入現代性範疇，並稱之為『反現代的現代主義文學』、『反現代的現代先鋒派文學』，高度肯定其歷史合理性，並認為改革前的毛澤東時代可以定位為『反現代的現代性』，其合法性來自於對西方資本主義現代性的批判。」[11]為了肯定這些中國現代文化追求的合理性，人們有意忽略其中的種種失誤，包括眾所周知的極「左」政治對現代文學發展的傷害和扭曲，甚至「文革」的思維也一再被美化，因而問題重重：

---

10 汪暉、張曦：《在歷史中思考 —— 汪暉教授訪談》，《學術月刊》2005年7期。
11 鄭潤良：《「反現代的現代性」：新左派文學史觀萌發的語境及其問題》，《福建論壇》2010年4期。

「那種忽略了具體歷史語境中強大的以封建專制主義文化意識為主體的特殊性，忽略了那時文學作品巨大的政治社會屬性與人文精神被顛覆、現代化追求被阻斷的歷史內涵，而只把文本當作一個脫離了社會時空的、僅僅只有自然意義的單細胞來進行所謂審美解剖。這顯然不是歷史主義的客觀審美態度。」[12]在急於標示中國也可以有自己的「現代性」的時候，我們學界迫切需要的是能夠支援自己的某些他人的結論和觀點，至於對方究竟是什麼「作為方法」倒不是特別重要了。

　　「悖論」是中國學者對竹內好等學者處境與思維的理解，當我們不再追問「作為方法」的緣由和形式時，最終自己也可能陷入某種「悖論」。比如，在肯定我們自己的現代價值之時，誕生了一個影響甚大的觀點：反現代的現代性。中國革命史被稱作是「反現代的現代性」，中國的左翼文學史也被描述為「反現代性的現代性」。姑且不問這種表述來源與西方現代性話語的繁複關係，使用者至少沒有推敲：「反」的思維其實還是以西方現代性為「正方」的，也就是說，是以它的「現代」為基本內容來決定我們「反」的目標和形式。這是真正的多元世界觀呢還是繼續延續了我們所熟悉的「二元對立」的格局呢？這樣一種正/反模式與他們所要克服的思維中國/西方的二元模式同出一轍，把世界認定為某兩種力量對立鬥爭的結果，肯定不是對真正的多元文化的認可，不過就是對歷史事實的簡化式的理解。

---

12 董健、丁帆、王彬彬：《我們應該怎樣重寫當代文學史》，《江蘇行政學院學報》2003 年 1 期。

作為方法的「民國」

　　「中國作為方法」不是學術研究大功告成之際的自得的總結，甚至也還不是理所當然的研究的開始，更準確地說，它可能是學術思想調整的準備活動。在這個意義上，真正的「中國」問題在哪裡，「中國」視角是什麼，「中國」的方法有哪些，都有待中國自己的學人在自己的歷史文化語境中開展新的探討。對於中國現代文學研究而言，我覺得，與其追隨「他者」的眼界、取法籠統的「中國」，不如真正返回歷史現場的勘察，進入「民國」的視野。「作為方法的中國」是來自他者的啟示，它提醒我們尋找學術主體性的必要，「作為方法的民國」則是我們重拾自我體驗的開始，是我們自我認識、自我表達的真正的開始。

　　海外中國學研究，在進入「作為方法的中國」之後，無疑生產了不少啟發性的成果，即便如此，其結論也有別於自「民國」歷史走來的中國人，只有我們自己的「民國」感受能夠校正他者的異見，完成自我的表述。包括竹內好與溝口雄三這樣的智慧之論也是如此。對此，溝口雄三自己就有過真誠的反思，他說包括竹內好在內他們對中國觀察都充滿了憧憬式的誤讀，包括對「文革」的禮贊等等。[13]因為研究「所使用的基本範疇完全來自中國思想內部」，而且「對思想的研究不是純粹的觀念史的研究，而是考慮整個中國社會歷

---

13 [日]溝口雄三：《作為方法的中國》12頁，孫軍悅譯，三聯書店 2011年。

史」，溝口雄三的中國研究曾經為中國學者所認同，[14]例如他以中國思想傳統的內部資源解釋孫中山開始的現代革命，的確令人耳目一新，跳出了西方現代性東移的固有解說：

> 實際上大同思想不僅影響了孫文，而且還構成了中國共和思想的核心。

> 就民權來看，中國的這種大同式近代的特徵也體現在民權所主張的與其說是個人權利，不如說國民、人民的全體權利這一點上。

「大同式的近代不是通過『個』而是通過『共』把民生和民權聯結在一起，構成一個同心圓，所以從一開始便是中國獨特的、帶有社會主義性質的近代。」[15]雖然這道出了中國現代歷史的重要事實，但卻只是一部分事實。很明顯，「民國」的共和與憲政理想本身是一個豐富而複雜的思想系統，而且還可以說是一個動態的有許多政治家、思想家和知識份子共同參與共同推進的系統。例如在五四新文化運動前夕，出於對民初政治的失望，《甲寅》的知識份子群體就展開了「國權」與「民權」的討論辨析，並且關注「民權」也從「公權」轉向「私權」，至《新青年》更是大張個人自由、個人情感與欲望，這才有了五四新文學運動，有了郁達夫的切身

---

14 [日]溝口雄三、汪暉：《沒有中國的中國學》，《讀書》1994 年 4 期。
15 [日]溝口雄三：《作為方法的中國》12 頁、16 頁、18 頁，孫軍悅譯，三聯書店 2011 年。

感受：「五四運動的最大成功，第一要算『個人』的發現。從前的人是為君而存在，為道而存在，為父母而存在的，現在的人才曉得為自我而存在了。」[16]不僅是五四新文學思潮，後來的自由主義者也一直以「個人權利」、「個人自由」與左右兩種政治主張相抗衡，雖然這些「個人」與「自由」的內涵嚴格說來與西方文化有所區別，但也不是「大同」理想與「社會主義性質」能夠涵蓋的。它們的發展在不同的歷史時期各有限制，但依然一路坎坷向前，並在 20 世紀 80 年代的海峽兩岸各有成效，成為現代中國文化建設所不能忽略的一種重要元素 —— 不回到民國重新梳理、重新談論，我們歷史的獨特性如何能夠呈現呢？

　　治中國社會歷史研究多年的秦暉曾經提出一個耐人尋味的觀點：當前中國學術一方面在反對西方的所謂「文化殖民」，另外一方面卻又常常陷入到來自外來的「問題」圈套之中，形成有趣的「問題殖民」現象。[17]我理解，這裡的「問題殖民」就是脫離開我們自己的歷史文化環境，將他者研討中國提出來的問題（包括某些讚賞中國特殊價值的問題）當作我們自己的問題，從而在竭力掙脫西方話語的過程中再一次落入到他者思維的窠臼。如何才能打破這種反反復複、層層疊疊的他者的圈套呢？我以為唯一的出路便是敢於拋開一些看似眼花繚亂的解釋框架，面對我們自己的歷史處境，感受我們自己的問題，在中國現代文學的研究中，就是在「民

---

16 郁達夫：《〈中國新文學大系·散文二集〉導言》，上海良友圖書印刷公司 1935 年。

17 http://www.360doc.com/content/10/0626/01/875791_35273755.shtml

國」的社會歷史框架中醞釀和提煉我們的學術感覺。這當然不是說從此故步自封、拒絕外來的思想和方法，而是說所有的思想和方法都必須在民國歷史的事實中接受檢驗，只有最豐富地對應於民國歷史事實的理論和方法才足以成為我們研究的路徑，才能最後為我所用。在中國現代文學研究領域，並沒有異域學者所總結完成的「中國方法」，只有在民國「作為方法」的取得成效之後的具體的方法，也就是說，是「作為方法的民國」真正保證了「作為方法的中國」。以下幾個中國現代文學研究中影響較大也爭論較大的理論框架，莫不如此。

　　例如，在描述中國歷史從封建帝國轉入現代國家的時候，人們常常使用「民族國家」這一概念，中國現代文學也因此被視作「現代民族國家文學」，不斷放大「民族國家」主題之于中國現代文學的意義：「在抗戰文學中，由於抗日民族統一戰線的建立，民族國家成為了一個集中表達的核心的、甚至唯一的主題。」[18]甚至稱：「『五四』以來被稱之為『現代文學』的東西其實是一種民族國家文學。」[19]這顯然都不符合中國現代文學在「民國」的歷史事實，不用說五四新文學運動恰恰質疑了無條件的「國家認同」，民國時期文學前十年「國家主題」並不占主導地位，出現了所謂「民

18　曠新年：《民族國家想像與中國現代文學》，《文學評論》2003 年 1 期。
19　劉禾：《文本、批評與民族國家文學 ——〈生死場〉的啟示》1 頁，北京大學出版社 2007 年。對中國現代文學研究中民族國家理論的檢討，已有學者提出過重要的論述，如張中良《中國現代文學的「民族國家」問題》，臺灣花木蘭文化出版社 2012 年。

族國家意識的延宕與缺席」現象；[20]第二個十年間的「民族主義」觀念也一再受到左翼文學陣營的抨擊；就是抗日戰爭時期的文學，也不像過去文學史所描繪的那麼主題單一。相反，多主題的出現，文學在豐富中走向成熟才是基本的事實。不充分重視「民國」的豐富意義就會用外來概念直接「認定」歷史的性質，從而形成對我們自身歷史的誤讀。

　　文學的「民國」不僅含義豐富，也不便被稱作是「想像的共同體」。近年來，美國著名學者本尼狄克特‧安德森關於民族國家的概括 ──「想像的共同體」廣獲運用，借助於這一思路，我們描繪出來了這樣一個國家認同的圖景：中國知識份子從晚清開始，利用報紙、雜誌、小說等媒體空間展開政治的文化的批判，通過這一空間，中國人展開了對「民族國家」的建構，使國民獲得了最初的民族國家認同。誠然，這道出了「帝國」式微，「民國」塑形過程之中，民眾與國家觀念形成的某些狀況，但卻既不是中華民族歷史演變的真相，[21]也不是現實意義的民國的主要的實情，當然更不是「文

20 李道新在剖析民國電影文化時指出：「南京國民政府成立以前，亦即從電影傳入中國至 1927 年之間，中國電影傳播主要訴諸道德與風化，基本無關民族與國家。民族國家意識的延宕與缺席，與落後保守的價值導向及混亂無序的官方介入結合在一起，使這一時期的中國電影幾乎處在一種特殊的無政府狀態，並導致中國電影從一開始就陷入目標/效果的錯位與傳者/受眾的分裂之境。」（李道新：《民族國家意識的延宕與缺席：南京國民政府成立前中國電影的傳播制度及其空間拓展》，《上海大學學報》2011 年 3 期）這樣的觀察其實同樣可以啟發我們的文學研究。

21 關於中華民族及統一國家的形成如何超越「想像」，進入「實踐」等情形，近來已有多位學者加以論證，如楊義、邵甯寧：《重繪中國文學地圖 ── 楊義訪談錄》（《甘肅社會科學》2004 年 5 期），郝慶軍：《反思兩個熱門話題：「公共領域」與「想像的共同體」》（《中國現代文

學民國」的重要事實。現實意義的民國，在一個相當長的時間裡，依然處於殘留的「帝國」意識與新生的「民國」意識的矛盾鬥爭之中，專制集權與民主自由此漲彼消，黨國觀念與公民社會相互博弈，也就是說，「國家與民族」經常成為統治者鞏固自身權利的重要的意識形態選擇，與知識份子所要展開的公眾想像既相關又矛盾。在現實世界上，我們的國家民族觀念常常來自於政治強權的強勢推行，這也造成了知識份子國家民族認同的諸多矛盾與尷尬，他們不時陷落於個人理想與政治強權的對立之中，既不能接受強權的思想干預，又無法完全另立門戶。總之，「想像」並不足以獨立自主，「共同體」的形成步履艱難，「文學的民國」對此表述生動。這裡既有胡適「只指望快快亡國」情緒性決絕，[22]也有魯迅對於民族國家自我壓迫的理性認識：「用筆和舌，將淪為異族的奴隸之苦告訴大家，自然是不錯的，但要十分小心，不可使大家得著這樣的結論：『那麼，到底還不如我們似的做自己人的奴隸好。』」[23]也有聞一多輾轉反側，難以抉擇的苦痛：「我來了，我喊一聲，迸著血淚，/『這不是我的中華，不對，不對！』」「我來了，不知道是一場空喜。/我會見的是噩夢，哪裡是你？/那是恐怖，是噩夢掛著懸崖，

學研究叢刊》2005 年 5 期），吳曉東：《「想像的共同體」理論與中國理論創新問題》（《學術月刊》2007 年 2 期）等。

22　胡適《你莫忘記》有雲：「你莫忘記：/你老子臨死時只指望快快亡國：/亡給『哥薩克』，/亡給『普魯士』/都可以」。

23　魯迅：《且介亭雜文末編・半夏小集》，《魯迅全集》6 卷 617 頁，人民文學出版社 2005 年。

/那不是你，那不是我的心愛！」[24]

　　總之，進入文學的民國，概念的迷信就土崩瓦解了。

　　也有的學者試圖對外來概念進行改造式的使用，這顯然有別於那種不加選擇的盲目，不過，作為「民國」實際的深入的檢驗工作也並沒有完成，例如近年來同樣在現代文學研究界流行的「公共空間」（「公共領域」）理論。在西歐歷史的近現代發展中，先後出現了貴族文藝沙龍、咖啡館、俱樂部一類公共聚落，然後推延至整個社會，最終形成了不隸屬於國家官僚機構的民間新型公共社區，這對理解西方近代社會歷史與精神生產環境都是重要的視角。不過，真正「公共空間」的形成必須有賴於比較堅實的市民社會基礎，尚未形成真正的市民社會的民國，當然也就沒有真正的公共空間。[25]可能正是考慮到了民國歷史的特殊性，李歐梵先生試圖對這一概念加以改造，他以「批判空間」替換之，試圖說明近現代知識份子也正在形成自己的「公共性」的輿論環境。他以《申報·自由談》為例，說明：「這個半公開的園地更屬開創的新空間，它至少為社會提供了一塊可以用滑稽的形式發表言論的地方。」魯迅為《自由談》欄目所撰文稿也成為李歐梵先生考辨的對象，並有精彩的分析，然而，論者突然

---

24 聞一多詩歌：《發現》。

25 對此，哈貝馬斯具有清醒的認識，他認為，不能把「公共領域」這個概念與歐洲中世紀市民社會的特殊性隔離開，也不能隨意將其運用到其他具有相似形態的歷史語境中。（參見哈貝馬斯：《公共領域的結構轉型》初版序言，曹衛東譯，學林出版社 1999 年版。）中國學者關於「公共領域」理論在中國運用的反思可以參見張鴻聲《中國的「公共領域」及其它 —— 兼論現代城市文學研究的本土化》，載《首都師範大學學報》2006年 6 期。

話鋒一轉：「因為當年的上海文壇上個人恩怨太多，而魯迅花在這方面的筆墨也太重，罵人有時也太過刻薄。問題是：罵完國民黨文人之後，是否能在其壓制下爭取到多一點言論的空間?就《偽自由書》中的文章而言，我覺得魯迅在這方面反而沒有太大的貢獻。如果從負面的角度而論，這些雜文顯得有些『小氣』。我從文中所見到的魯迅形象是一個心眼狹窄的老文人，他拿了一把剪刀，在報紙上找尋『作論』的材料，然後『以小窺大』把拼湊以後的材料作為他立論的根據。事實上他並不珍惜 ── 也不注意 ── 報紙本身的社會文化功用和價值,而且對於言論自由這個問題,他認為根本不存在。」「《偽自由書》中沒有仔細論到自由的問題，對於國民黨政府的對日本妥協政策雖諸多非議，但又和新聞報導的失實連在一起。也許，他覺得真實也是道德上的真理，但是他從報屁股看到的真實，是否能夠足以負荷道德真理的重擔?」[26]其實，魯迅對「自由」的一些理論和他是否參與了現代中國「批判空間」的言論自由的開拓完全是兩碼事。實際的情況是，在民國時代的專制統治下，任何自由空間的開拓都不可能完全是「輿論」本身的功效，輿論的背後，是民國政治的高壓力量，魯迅的敏感，魯迅的多疑，魯迅雜文的曲筆和隱晦，乃至與現實人事的種種糾纏，莫不與對這高壓環境的見縫插針般的戳擊有關。當生存的不自由已經轉化成為「日常生活」的一部分（所謂「報屁股看到的真實」），成為各色人等的「無意識」，可能點滴行為的反抗比長篇大論的自由討論更

---

26 李歐梵：《「批評空間」的開創 ── 從〈申報〉「自由談」談起》，《現代性的追求》19、20頁，三聯書店 2000 年。

具有「自由」的意味。這就是現代中國的基本現實，民國輿
論環境與文學空間所具有的歷史特徵。對比晚清和北洋軍閥
時代，李歐梵先生認為，1930 年代雖然「在物質上較晚清民
初發達，都市中的中產階級讀者可能也更多，咖啡館、戲院
等公共場所也都具備」，但公共空間的言論自由卻反而更小
了。原因何在呢？他認為在於像魯迅這樣的左翼「把語言不
作為『仲介』性的媒體而作為政治宣傳或個人攻擊的武器和
工具，逐漸導致政治上的偏激文化（radicalization），而偏
激之後也只有革命一途。」[27]這裡涉及對左翼文化的反思，
自有其準確深刻之處，但是，就像現代中國社會的諸多「公
共」從來都不是完全的民間力量的打造一樣，言論空間的存
廢也與政府的強力介入直接關聯，左翼文化的鋒芒所指首先
是專制政府，而對政府專制的攻擊，本身不也是一種擴大言
論自由的有效方式？

　　作為方法的民國，就意味著持續不斷的返回中國歷史的
過程，意味著對我們自身問題和思維方式的永遠的反省和批
判，只有這樣，我們的中國現代文學研究才是真正屬於自己的。

「民國」如何成為「方法」

　　「民國作為方法」既然是在自覺尋找中國現代文學研究
「自己的方法」的意義上提出來的，那麼，它究竟如何才能
成為一種與眾不同的「方法」呢？或者說，它對中國現代文

---

27 李歐梵：《「批評空間」的開創 —— 從〈申報〉「自由談」談起》，見
　《現代性的追求》21 頁，三聯書店 2000 年。

學研究具體有哪些著力點與可能開拓之處呢？我認為至少有
這樣幾個方面的努力可以開展：

　　首先是為「中國」的學術研究設立具體的「時間軸」。
也就是說，所謂學術研究的「中國問題」也不應該是籠統的，
必須置放在具體的時間維度中加以追問，是「民國」時期的
中國問題還是「人民共和國」時期的中國問題？當然，我們
曾經試圖以「現代化」、「現代性」這樣的流程來統一描述，
但事實是，兩個不同的歷史階段有著相當多的差異性，特別
是作為精神現象的文學，在生產方式、傳播接受方式及作家
的生存環境、寫作環境、文學制度等等方面都更適合分段討
論。新時期文學被類比於五四新文學，雖然一度喚起了人們
的「新啟蒙」的熱情，但是新時期究竟不是五四，新時期的
中國知識份子也不是五四一代的陳獨秀、胡適與周氏兄弟。
到後來，人們質疑 1980 年代，質疑「新啟蒙」，連帶五四新
文化運動一起質疑。問題是經過一系列風起雲湧的體制變革
和社會演變，五四怎麼能夠為新時期背書？就像民國不可能
與人民共和國相提並論一樣。也有將「文革」追溯到五四的，
同樣是完全混淆了兩個根本不同的歷史文化情境。在我看
來，今天的中國現當代文學研究，尚需要在已有的「新文學
一體化」格局中（包括影響巨大的「二十世紀中國文學」）
重新區隔，讓所謂的「現代」和「當代」各自歸位，回到自
己的歷史情境中去，這不是要否認它們的歷史聯繫，而是要
重新釐清究竟什麼才是它們真正的歷史聯繫。研究中國現代
文學，就必須首先回到民國歷史，將中國現代文學作為民國
時期的精神現象，晚清盡頭是民國，民國盡頭是人民共和國，

各自的歷史場景講述著不同的文學故事。

其次是「中國」的學術研究也必須落實到具體「空間場景」。「空間和時間是一切實在與之相關聯的架構。我們只有在空間和時間的條件下才能設想任何真實的事物。」[28]民國及其複雜的空間分佈恰恰為我們重新認識中國問題的複雜性提供了基礎。在過去一個相當長的時期內，我們習慣將中國的問題置放在種種巨大的背景之上，諸如「文藝復興」、「啟蒙與救亡」、「中外文化衝撞與融合」、「中國傳統文化」、「現代化」、「走向世界文學」、「全球化」、「現代民族國家進程」等等。這固然確有其事，但來自同樣背景的衝擊，卻在不同的區域產生了並不相同的效果，甚至有些區域性的文學現象未必就與這些宏大主題相關。詩人何其芳在四川萬縣的偏遠山區成長，直到 1930 年代「還不知道五四運動，還不知道新文化，新文學，連白話文也還被視為異端」。[29]這對我們文學史開啟的五四敘述無疑是一大挑戰：中國的現代文化進程是不是同一個知識系統的不斷演繹？另外一個例證也可謂典型：我們一般都把白話新文學的產生歸結到外來文化深深的衝擊，歸結到一批留美留日學生的新式教育與人生體驗，所以「走異路，逃異地」的魯迅於 1918 年完成了《狂人日記》，留下了中國現代文學史上第一篇白話小說。但跳出這樣的中/西大敘事，我們卻可以發現，遠在內部腹地的成都作家李劼人早在尚未跨出國門的 1915 年就完成了多篇新式白話小說，這裡的文化資源又是什麼？

---

28 [德]恩斯特・凱西爾：《人論》73 頁，甘陽譯，西苑出版社 2003 年。
29 方敬、何頻伽：《何其芳散記》22 頁，四川教育出版社 1990 年。

　　中國的學術問題並不產生自抽象籠統的大中國，它本身就來自各個具體的生活場景，具體的生存地域。有學者對民國文學研究不無疑慮，因為民國不同於「一體化」的人民共和國，各個不同的政治派別、各個不同的區域差異比較明顯，更不要說如抗戰時期的巨大的政權分割（國統區、解放區及淪陷區）了，這樣一個「破碎的國家」能否方便於我們的研究呢？在我看來，破碎正是民國的特點，是這一歷史時期生存其間的中國人（包括中國知識份子）的體驗空間。只要我們不預設一些先驗的結論，那麼針對不同地域、不同的生存環境的文學敘述加以考察，恰恰可以豐富我們的歷史認識。一個生存共同體，它的魅力並不是它對外來衝擊的傳播速度，而是內部範式的多樣性和豐富性，這就是我們所謂的「地方性知識」。民國時期的「山河破碎」，正好為各種地方性知識的成長創造了條件，如何能夠充分尊重和發掘這些地方性知識視野中的精神活動與文學創作，那麼中國的現代文學研究也將再添不少新的話題、新的意趣。

　　「破碎」的民國給我們的進一步的啟發可能還在於：區域的破碎同時也表現為個人體驗的分離與精神趣味多樣化。當代中國的大眾文化曾經出現了所謂的「民國熱」，其中「民國范兒」的說法流行一時，這個語詞的概念可能多有想像誇張，也實在不夠嚴謹，不過，它也或多或少地傳達了這樣一種感覺：民國時代知識份子精神狀態的多樣性，常常不受縛和聽命於某種體制的壓力或公眾的流俗。丁帆先生另有「民國文學風範」一說可以參考，他說：「我所指的『民國文學風範』就是五四新文學傳統，特指五四前後包括俗文學在內

的『人的文學』內涵。」見丁帆：《「民國文學風範」的再思考》，《文藝爭鳴》2011 年 7 期。中國現代作家精神風貌的多姿多彩與文學作品的意義的多樣化迄今堪稱典範，還包括新/舊、雅/俗文學的多元並存，對應於這樣的文學形態，我們也需要調整我們固有的思維模式。未來，如何能完成一部新的民國時期的文學發展史，其內容、關注點和敘述方式都可能與當今的文學史大為不同。

　　第三，「作為方法的民國」研究並不同於過去一般的歷史文化與文學關係的研究，有著自己獨立的歷史觀與文學觀。中國現代文學研究不乏從歷史背景入手的學術傳統，包括傳統文學批評中所謂的「知人論世」，包括中國式馬克思主義的社會歷史批評，也包括新時期以後的文化視角的文學研究。但是，應該說，這三種批評都是有前提的，也就是說，都有比較明確、清晰的對歷史性質的認定，而文學現象在某種意義上都必須經過這一歷史認識的篩選。「知人論世」往往轉化為某種形式的道德批評，倫理道德觀是篩選歷史現象的工具；中國式馬克思主義的社會歷史批評在新中國建立後相當長的時間中表現為馬克思主義普遍原理的運用，有時難免以論帶史的弊端；文化視角的文學研究曾經為我們的研究打開了許多扇的門與窗，但是這樣的文化研究常常是用文學現象來證明「文化」的特點，有時候是「犧牲」了文學的獨特性來遷就文化的整體屬性，有時候是忽略了作家的主觀複雜性來遷就社會文化的歷史客觀性 —— 總之，作為歷史現象的文學本身往往並不是我們呈現的物件，我們的工作不過是借助文學說明其他「文化」理念，如通過不同地域的文學創

作證明中國區域文化的特點，從現代作家的宗教情趣中展示
各大宗教文化在中國的傳播，利用文學作品的政治傾向挖掘
現代政治文化在文學中的深刻印記等等。

　　「作為方法的民國」就是要尊重民國歷史現象自身的完
整性、豐富性、複雜性，提倡文學研究的歷史化態度。既往
的中國現代文學研究充斥了一系列的預設性判斷，從最早的
「中國新文學是反帝反封建的文學」，「五四新文學運動實
施了對舊文學摧枯拉朽般的打擊」，「中國現代文學的發展
與歷史的進步方向相一致」，到新時期以後「中國現代文學
是走向世界的文學」、「中國現代文學是現代性的文學」、
「二十世紀中國文學的總主題是改造民族靈魂，審美風格的
核心是悲涼」等等。在特定的時代，這些判斷都實現過它們
的學術價值，但是，對歷史細節的進一步追問卻讓我們的研
究不能再停留於此。比如回到民國語境，我們就會發現，所
謂「封建」一說根本就存在「名實不符」的巨大尷尬，歷史
學界對「封建」的界定與世俗社會的「封建」含義大相徑庭，
「反封建」在不同階段的真實意義可能各個不同；已經慣用
多年的「進步作家」、「進步文學」究竟指的是什麼，越來
越不清楚，在包括抗戰這樣的時期，左右作家是否涇渭分明？
所謂「右翼文學」包括接近國民黨的知識份子的寫作是不是
一切都以左翼為敵，它有沒有自己獨立的文學理想？國民黨
專制文化是否鐵板一塊，其內部（例如對文學的控制與管理）
有無矛盾與裂痕？共產黨的革命文學是否就是為反對國民黨
和「舊社會」而存在，它和國民黨的文學觀念有無某些聯通
之處？被新文學「橫掃」之後的舊派文學並沒有一蹶不振，

漸趨消歇，相反，在民國時代獲得了長足的發展，並演化出更為豐富的形態。這是不是也告訴我們，我們先前設定的文學格局與文學道路都充滿了太多的主觀性，不回到民國歷史的語境，心平氣和地重新觀察，文學中國（文學民國）的實際狀況依然混沌。

　　這就是我們主張文學研究「歷史化」，反對觀念「預設」的意義。當然，反對「預設」理念並不等於我們自己不需要任何理論視角，而是強調新的研究應該比以往任何時候都尊重民國社會歷史本身的實際情形，研究以充分的歷史材料為基礎，而不讓後來的歷史判斷（特別是極「左」年代的民國批判概念）先入為主，同時，時刻保持一種自我反思、自我警醒的準備。回到民國，我們的研究將繼續在歷史中關注文學，政治、經濟、法律、教育等等議題都應當再次提出，但是與既往的研究相比，新的研究不是對過去的拾遺補缺，不是如先前那樣將文學當作種種社會文化現象的例證，相反，是為了呈現文學與文化的複雜糾葛，雙方都不再執著於概念轉而注重細節的挖掘與展示。例如「經濟」不是一般的政治經濟學原理，而是具體的經濟政策、經濟模式與影響文學文化活動的經濟行為，如出版業的運作、經濟結算方式；「政治」也不僅僅是整體的政治氛圍概括，而是民國時期具體的政治形態與政治行為，憲政、政黨組織形式，官方的社會控制政策等等；在文學一方面，也不是抽取其中的例證附著於相應的文化現象，而是新的創作細節、文本細節的全新發現，回到文學民國的現場，不僅是重新理解民國的文化現象，也是深入把握文學的細節，這是一種「雙向互犁」的研究，而

非比附性的論證說明。例如矛盾創作《子夜》，就絕非一個簡單的「中國道路」的文學說明，它是 1930 年代中國經濟危機、社會思想衝突與矛盾個人的複雜情懷的綜合結果。解析《子夜》決不能單憑從小說中的理性表述與矛盾後來的自我說明，也不能套用新民主主義論的現成歷史判斷，而必須回到「民國歷史情境」。在這裡，國家的基本經濟狀況究竟如何，世界經濟危機與民國政府應對措施，各種經濟形態（外資經濟、民營經濟、買辦經濟等）的真實運行情況是什麼，社會階層的生存狀況與關係究竟怎樣，中國現實與知識界思想討論的關係是什麼，文學家矛盾與思想界、政治界的交往，矛盾的深層心理有哪些，他的創作經歷了怎樣的複雜過程，接受了什麼外來資訊和干預，而這些干預又在多大程度上改變了矛盾，矛盾是否完全接受這些干預，或者說在哪一個層次上接受了、又在哪一個層次上抵制了轉化了，作家的意識與無意識在文本中構成怎樣的關係等等。這樣的「矛盾綜合體」才是《子夜》，是「回到民國歷史」才能完整呈現的《子夜》的複雜意義。

　　民國作為方法，當然不會拒絕外來其他文學理論與批評視角，但是，正如前文所說，這些新的理論與批評不能理所當然就進入中國現代文學研究之中，它必須能夠與文學中國 —— 民國時期的文學狀況相適應，並不斷接受研究者的質疑和調整。例如，就我們闡述的歷史與文學互通、互證的方法而言，似乎與歐美的近半個世紀以來的「文化研究」頗多相近，因此不妨從中有所借鑒。但是，在另外一方面，我們必須認識到，歐美的「文化研究」的具體問題 —— 如階級研究、

亞文化研究、種族研究、性別研究、大眾傳媒研究等 —— 都來自與中國不同的環境，自然不能簡單移用。對於我們而言，更重要的可能就是一種態度的啟示：打破了文學與各種社會文化之間的間隔，在社會文化關係版圖中把握文學的意義，文學的審美個性與其中的「文化意義」交相輝映。

　　作為方法的民國，昭示的是中國現代文學研究「學術自主」的新可能，它不是漂亮的口號而是迫切的學術願望，不是招搖的旗幟而是治學的態度，不是排斥性的宣示而是自我反思的真誠邀請。一句話，期待更多的研究者投入其中，以自己尊重歷史的精神。

一 「國家歷史情態」與文學史敘述

── 百年中國文學史研究的概念與範式問題

　　德國存在主義哲學家卡爾・雅斯貝斯（Karl Jaspers）在
《歷史的起源與目標》中指出：「今天，認為歷史是可總覽
的整體的觀念正在被克服。沒有一個獨此一家的歷史總概括
仍能使我們滿意。我們得到的不是最終的、而只是在當前可
能獲得的歷史整體之外殼，它可能再次破碎。」[1]近百年來中
國文學的「歷史」敘述似乎很能說明這一道理。我們不斷「建
構」自己的歷史敘述，而這些敘述都不可能讓我們完全滿意，
各種敘述的「外殼」（框架）總有破碎的機會。

　　對近百年來中國文學的有關敘述，主要集中於「歷史性
質」的辨析與「時間概念」的認定，儘管都各有其顯著的貢
獻，但因為缺少對特定國家與社會歷史中實際情態的具體關
注，因而又常常混同於其他的歷史概括 ── 要麼是大而無當
的「世界性」，要麼是內涵曖昧可疑的「中國性」與「民族
性」。其實，文學的意義頻繁地呈現在具體的時空框架之中，
以國家歷史情態為基礎的敘述方式的獨特價值正在於此。

---

1 [德]卡爾・雅斯貝斯：《歷史的起源與目標》307 頁，魏楚雄、俞新天譯，
　華夏出版社 1989 年。

「新文學」、「現代文學」與「二十世紀中國文學」

　　迄今為止，在眾多近百年來中國文學史的敘述概念中，得到廣泛使用的有三種：「新文學」、「近代/現代/當代文學」、「二十世紀中國文學」。值得注意的是，這三種概念都不完全是對中國文學自身的時空存在的描繪，概括的並非近百年來中國具體的國家與社會環境。也就是說，我們文學真實、具體的生存基礎並沒有得到準確的描述。因此，它們的學術意義從來就伴隨著連續不絕的爭議，這些紛紜的意見有時甚至可能干擾到學科本身的穩定發展。

　　「新文學」是第一個得到廣泛認可的文學史概念。從1929年春朱自清在清華大學講授「中國新文學」、編訂《中國新文學研究綱要》到1932年周作人在輔仁大學講演新文學源流、出版《中國新文學的源流》，從1933年王哲甫出版《中國新文學運動史》到1935年全面總結第一個十年成就的《中國新文學大系》的隆重推出，從1950年5月中央教育部頒佈的教學大綱定名「中國新文學史」到1951年9月王瑤出版《中國新文學史稿》（上冊），都採用了「新文學」這一命名。此外，香港的司馬長風和臺灣的周錦先後撰寫、出版了同名的《中國新文學史》。乃至在新時期以後，雖然新的學科命名——近代文學、現代文學、當代文學——已經確定，但是以「新文學」為名創辦學會、寫作論著的現象卻依然不斷地出現。

　　以「新」概括文學的歷史，在很大程度上來源於這一時

段文學運動中的自我命名。晚清以降中國文學與中國文化的
動向，往往伴隨著一系列「新」思潮、「新」概念與「新」
名稱的運動，如梁啟超提出「新民說」、「新史學」、「新
學」，文學則逐步出現了「新學詩」、「新體詩」、「新派
詩」、「新民體」、「新文體」、「新小說」、「新劇」等。
可以說，鴉片戰爭以後的中國進入了一個「求新逐異」的時
代，「新」的魅力、「新」的氛圍和「新」的思維都前所未
有地得到擴張。及至五四時期，「新文學運動」與「新文化
運動」轟然登場，「新文學」作為文學現象進入讀者和批評
界的視野，並成為文學史敘述的基本概念，顯然已是大勢所
趨。《青年雜誌》創刊號有文章明確提出：「夫有是非而無
新舊，本天下之至言也。然天下之是非，方演進而無定律，
則不得不假新舊之名以標其幟。夫既有是非新舊則不能無
爭，是非不明，新舊未決，其爭亦未已。」2今天，學界質疑
「新文學」的「新」將其他文學現象排除在外了，以至現代
的文學史殘缺不全。其實，任何一種文學史的敘述都是收容
與排除並舉的，或者說，有特別的收容，就必然有特別的排
除，這才是文學研究的基本「立場」。沒有對現代白話的文
學傳統的特別關注和挖掘，又如何能體現中國文學近百年來
的發展與變化呢？「新」的局限不在於排除了「舊」，而在
於它能否最準確地反映這一類文學的根本特點。

　　對於「新文學」敘述而言，真正嚴重的問題是，這一看
似當然的命名其實無法改變概念本身的感性本質：所謂

---

2 汪叔潛：《新舊問題》，《青年雜誌》1915 年第 1 卷第 1 號。

「新」，總是相對於「舊」而言，而在不斷演變的歷史長河中，新與舊的比照卻從來沒有一個確定不移的標準。從古文經學、荊公新學到清末西學，「新學」在中國學術史上的內涵不斷變化，「新文學」亦然。晚清以降的文學，時間不長卻「新」路不定，至五四已今非昔比，「新」能夠在多大的範圍內、在多長的時間中確定「文學」的性質，實在是一個不容忽視的學術難題。我們可以從外來文化與文學的角度認定五四白話文學的「新」，像許多新文學史描述的那樣；也可以在中國文學歷史中尋覓「新」的元素，以「舊」為「新」，像周作人的《中國新文學的源流》那樣。但這樣一來，分明昭示了「新」的不確定性，而為他人的質疑和詬病留下了把柄。誠如錢基博所言：「十數年來，始之以非聖反古以為新，繼之歐化國語以為新，今則又學古以為新矣。人情喜新，亦復好古，如是迴圈；知與不知，俱為此『時代洪流』疾捲以去，空餘戲狎懺悔之詞也。」[3]更何況，中國文學的「新」歷史肯定會在很長時間中推進下去，未來還將發生怎樣的變動？其革故鼎新的浪潮未必不會超越晚清 —— 五四一代。屆時，我們當何以為「新」，「新文學」又該怎麼延續？這樣的學術詰問恐怕不能算是無中生有吧？

　　「新」的感性本質期待我們以更嚴格、更確定的「時代意義」來加以定義。「現代」概念的出現以及後來更為明確的近代/現代/當代的劃分似乎就是一種定義「意義」的方向。

　　「現代」與「近代」都不是漢語固有的語彙，傳統中國

3　錢基博：《現代中國文學史》506 頁，嶽麓書社 1988 年。

文獻如佛經曾經用「現在」來表示當前的時間（《俱舍論》有云：「若已生而未已滅名現在」）。以「近代」翻譯英文的 modern 源自日本，「現代」則是自創，其至遲在 20 世紀初的中國文字中開始零星使用，如梁啟超 1902 年的《新民說》。[4]

　　只是在當時，modern 既譯作「現代」與「近代」，也譯作「摩登」、「時髦」、「近世」等。直到 30 年代以後，「現代」一詞才得以普遍使用，此前即便作為時間性的指稱，使用起來也充滿了隨意性。「近代」進入文學史敘述以 1929 年陳子展的《中國近代文學之變遷》為早，「現代」進入文學史敘述則以 1933 年錢基博的《現代中國文學史》為先，但他們依然是在一般的時間概念上加以模糊認定。尤其是錢基博，他的「現代」命名就是為了掩蓋更具有社會歷史內涵的「民國」：「吾書之所以為題『現代』，詳於民國以來而略推跡往古者，此物此志也。然不提『民國』而曰『現代』，何也？曰：維我民國，肇造日淺，而一時所推文學家者，皆早嶄露頭角於讓清之末年，甚者遺老自居，不願奉民國之正朔；寧可以民國概之？」[5]也就是說，像「民國」這樣直接指向國家與社會內涵的文學史「意義」，恰恰是作者要刻意回避的。

　　在「現代」、「近代」的概念中追尋特定的歷史文化意

4　《新民說》有云：「凡此皆現代各國之主動力也，而一皆自條頓人發之成之，是條頓人不啻全世界動力之主人翁也。」參見《梁啟超全集》第 2 冊 658、659 頁，北京出版社 1999 年。關於日文中「近代」、「現代」一詞的來源及使用情況可以參見柳父章《翻語成立事情》（岩波書店 1982 年）。

5　錢基博：《現代中國文學史》9 頁。

義始於思想界。1915 年，《青年雜誌》創刊號一氣刊登了陳
獨秀兩篇介紹西方近現代思想文化的文章：《法蘭西人與近
世文明》和《現代文明史》，「近代（近世）」與「現代」
同時成為對西方思想文化的概括。《青年雜誌》[6]後來又陸續
推出了高一涵的《近世國家觀念與古相異之概略》（第 1 卷
第 2 號）和《近世三大政治思想之變遷》（第 4 卷第 1 號）、
劉叔雅的《近世思想中之科學精神》（第 1 卷第 3 號）、陳
獨秀的《孔子之道與現代社會》（第 2 卷第 4 號）和《近代
西洋教育》（第 3 卷第 5 號）、李大釗的《唯物史觀在現代
歷史學上的價值》（第 8 卷第 4 號）。《新潮》則刊發了何
思源的《近世哲學的新方法》（第 2 卷第 1 號）、羅家倫的
《近代西洋思想自由的進化》（第 2 卷第 2 號）、譚鳴謙的
《現代民治主義的精神》（第 2 卷第 3 號）等。1949 年以後，
中國文學研究界找到了清晰辨析近代/現代/當代的辦法，更
是確定了這幾個概念背後的歷史文化內涵，其根據就是由史
達林親自審查、聯共（布）中央審定、聯共（布）中央特設
委員會編的《聯共（布）黨史簡明教程》和由蘇聯史學家集
體編著的多卷本的《世界通史》。[7]馬列主義的五種社會形態
進化論成為劃分近代與現代的理論基礎，由近代到現代的演
進，在蘇聯被描述為 1640 年英國資產階級革命 —— 十月社會

---

6 1916 年 9 月第 2 卷第 1 號起，《青年雜誌》改名為《新青年》，文中為
了表述連貫，不作明確指出。

7 《聯共（布）黨史簡明教程》於 1938 年在蘇聯出版，在新中國成立初期，
曾被當做高校馬列主義基礎課程的通用教材。《世界通史》於 1955-1979
年出版，全書共 13 卷。中譯本《世界通史》（1-13 卷）於 1959-1990 年
分別由三聯書店、吉林人民出版社和東方出版社出版。

主義革命的重大發展，在中國，則開始於淪為「半殖民地半封建」的 1840 年鴉片戰爭，完成於標誌著社會主義思想傳播的「五四」。中國的史學家更是在「現代」之中另辟「當代」，以彰顯社會主義與共產主義社會的到來，由此確定了中國文學近代/現代/當代的明確格局 —— 這樣的劃分，不僅在時間分段上不再模糊，而且更具有明確的思想內涵與歷史文化質地：資產階級文學（舊民主主義革命文學）、新民主主義革命文學與社會主義文學就是近代 —— 現代 —— 當代文學的歷史轉換。

　　當然，來自蘇聯意識形態的歷史劃分與西方學術界的基本概念界定存在明顯的分歧。在西方學術界，一般是以地理大發現與資本主義經濟及社會文化的興起作為「現代」的開端，Modern Times 一般泛指 15～16 世紀地理大發現以來的歷史，這一歷史過程一直延續到今天，並沒有近代/現代之別，即使是所謂的「當代」（Late Modern Time 或 Contemporary Time），也依然從屬於 Modern Times 的長時段。[8]「現代」的含義也不僅與「革命」相關，而且指涉一個相當久遠而深厚的歷史文化的變遷過程，並包含著歷史、哲學、宗教等多方面的資訊。德國美學家姚斯在《美學標準及對古代與現代之爭的歷史反思》中考證，「現代」一詞在 10 世紀末期首次

8　代表作有阿克頓主編的 14 卷本的《劍橋近代史》（The Cambridge Modern History, Cambridge university press. 1902-1912），後來劍橋大學出版社又出版了克拉克主編的 14 卷本的《新編劍橋近代史》（The New Cambridge Modern History, Cambridge university press. 1957-1959），這套著作的中文譯本於 1987 年起，由中國社會科學出版社陸續出版，名為《新編劍橋世界近代史》。

被使用，意指古羅馬帝國向基督教世界過渡時期，與古代相區別；而今天一般將之理解為自文藝復興開始尤其是 17、18 世紀以後的社會、思想和文化的全面改變，它以工業化為基礎，以全球化為形式，深刻地影響了世界各民族的生存與觀念。

　　到了新時期，在我們的國門重新向西方世界開放以後，「走向世界」的強烈渴望讓我們不再滿足於革命歷史的「現代」，但問題是，其他的「現代」知識對我們而言又相當陌生，難怪汪暉曾就何謂「現代」向唐弢先生鄭重求教，而作為學科泰斗的導師也只是回答說，這是一個「很複雜」的問題。[9]1990 年代，中國學術界開始惡補「現代」課，從西方思想界直接輸入了系統而豐富的「現代性知識」，這個「與世界接軌」的具有思想深度的知識結構由此散發出了前所未有的魅力。正是在「現代性知識」體系中，對現代、現代性、現代化、現代主義的辨析達到了如此的深入和細緻，對文學的觀照似乎也獲得了令人激動不已的效果和不可估量的廣闊前程，中國現代文學史至此有望成為名副其實的「現代性」或「現代學」意義上的文學史敘述。

　　應當承認，1990 年代對「現代」知識的重新認定，的確為我們的文學史研究找到了一個更具有整合能力的闡釋平臺。例如，借助福柯式的知識考古，我們固有的種種「現代」概念和思想得到了清理，現代、現代性、現代化這些或零散或隨意或飄忽的認識，都第一次被納入一個完整清晰的系統，並且尋找到了在人類精神發展流程裡的準確位置。新世

---

9 汪暉：《我們如何成為「現代的」？》，《中國現代文學研究叢刊》1996 年 1 期。

紀以後，「現代性」既是中國理論界所有譯文的中心語彙，也幾乎就是所有現當代文學史研究的話語支撐點。

　　但是，從另一角度來看，我們的「現代」史學之路卻難以掩飾其中的尷尬。無論是蘇聯的革命史「現代」概念還是今日西方學界的「現代」新知，它們的闡釋功效均更多地得力於異域的理論視野與理論邏輯，列寧與史達林如此，吉登斯、哈貝馬斯與福柯亦然。問題是，中國作家的主體經驗究竟在哪裡？中國作家背後的中國社會與歷史的獨特意義又何在？在革命史「現代」觀中，蘇聯的文學經驗、所謂的「現實主義」道路成為金科玉律，只有最大限度地符合了這些「他者」的經驗才可能獲得文學史的肯定，這被後來稱為「左」的思想的教訓其實就是失去了中國主體經驗的惡果。同樣，在最近十餘年的文學史研究中，鮮活的現代中國的文學體驗也一再被納入全球資本主義時代的共同命題中，兩種現代性、民族國家理論、公共空間理論、第三世界文化理論、後殖民批判理論……大清帝國的黃昏與異域的共和國的早晨相遇了，兩個不同國度的感受能否替換？文學的需要是否就能殊途同歸？他者的理論是否真讓我們一勞永逸？中國文學的現代之路會不會自成一格？有趣的甚至還有如下的事實：在90年代初期，恰恰也是其中的一些理論（現代性質疑理論）導致我們對現代文學存在價值的懷疑和否定，而到了90年代中後期，當外來的理論本身也發生分歧與衝突的時候（如哈貝馬斯對現代性的肯定），我們竟又神奇地獲得了鼓勵，重新「追隨」西方理論挖掘中國文學的「現代性價值」—— 中國文學的意義竟然就是這樣脆弱和動搖，只能依靠西方的「現

代」理論加以確定？

　　除了這些異域的「現代」理論，我們的文學史家就沒有屬於自己的東西嗎？如我們的心靈，我們的感受，能夠容納我們生命需要的漢語能力。

　　現代，在何種意義上還能繼續成為我們的文學史概念？沒有了這一通行的「世界」術語，我們還能夠表達自己嗎？

　　問題的嚴重性似乎不在於我們能否在歷史的描述中繼續使用「現代」（包括與之關聯的「近代」、「當代」等概念），而是類似的詞彙的確已被層層疊疊的「他者」的資訊所塗抹甚至污染，在固有的「中國近代/現代/當代文學」敘述框架內，我們怎樣才能做到全身而退，通達我們思想的自由領地？

　　中國有「文學史」始於清末的林傳甲、黃摩西，隨著文學史寫作的持續展開，尤其是到了 1949 年以後，「現代」被單獨列出，不再從屬於「中國文學史」，這仿佛包含了一種暗示：「現代」是異樣的、外來的，不必納入「中國文學」固有的敘述程式。

　　「二十世紀中國文學」是中國文學研究界學術自覺、努力排除蘇聯「革命」史觀影響，尋求文學自身規律的產物。正如論者當年意識到的那樣：「以前的文學史分期是從社會政治史直接類比過來的。拿『近代文學史』來說，從 1840 年鴉片戰爭到 1898 年戊戌變法，半個多世紀裡頭，幾乎沒有什麼文學，或者說文學沒有什麼根本的變化。……政治和文學的發展很不平衡。還是要從東西方文化的撞擊，從文學的現代化，從中國人『出而參與世界的文藝之業』，從文學本身的發展規律，從這樣的一些角度來看文學史，才比較準確。」

「『二十世紀中國文學』這一概念首先意味著文學史從社會政治史的簡單比附中獨立出來，意味著把文學自身發生發展的階段完整性作為研究的主要物件。」[10]這樣的歷史架構顯然具有重大的學術價值，「二十世紀中國文學」直到今天依然是影響最大的文學史理念，然而，它也存在著難以克服的一些問題。姑且不論「二十世紀」這一業已結束的時間概念能否繼續涵蓋一個新世紀的歷史情形，而「新世紀」是否又具有與「舊世紀」迥然不同的特徵，即便是這種歷史概括所依賴的基本觀念 —— 文學的世界性、整體性與「現代化」，其實也和文學的「現代」史觀一樣，在今天恰恰就是爭論的焦點。

　　「二十世紀」作為一個時間概念也曾被國外史家徵用，但是正如當年中國學者已經意識到的那樣，外人常常是在「純物理時間」的意義上加以使用，相反，「二十世紀中國文學」更願意準確地呈現文學自身的性質。[11]這樣一來，「二十世紀」的概念也同我們曾經有過的「現代」一樣，實際上已由時間性指稱轉換為意義性指稱。那麼，構成它們內在意義的是什麼呢？是文學的世界性、整體性與「現代化」 —— 這些取諸世界歷史總體進程的「元素」，它們在何種程度上推動了我們文學的發展，又在多大的程度上掩蓋了我們固有的人生與藝術理想，都是大可討論的。例如，面對同樣一個「世界」的背景，是遭遇了「世界性」還是我們自己開闢了「世

---

10 黃子平、陳平原、錢理群：《二十世紀中國文學三人談》36、25頁，人民文學出版社1988年。
11 黃子平、陳平原、錢理群：《二十世紀中國文學三人談》39頁。

界性」，這裡就有完全不同的文學感受；再如，將「二十世紀」看作一個「整體」，我們可能注意到五四與「新時期」在「現代化」方向上的一致：「我是從搞新時期文學入手的，慢慢地發現好多文學現象跟『五四』時期非常相像，幾乎是某種『重複』。比如，『問題小說』的討論，連術語都完全一致。我考慮比較多的是美感意識的問題。『傷痕』文學裡頭有一種很濃郁的感傷情緒，非常像『五四』時期的浪漫主義思潮，我把它叫作歷史青春期的美感情緒。」「魯迅對現代小說形式的問題很早就提出一些精彩的見解。我就感覺到當代文學提出的很多問題並不是什麼新鮮問題。」[12]但是，這樣的「整體性」的相似只是問題的一方面，認真區分起來，五四與「新時期」其實更有著一系列重要的分歧。文學的意義恰恰就是建立在細節的甄別上，上述細節的差異不是可有可無的，它們標識的正是文學本身的「形態」的差別，既然「形態」已大不相同，那麼黏合的「整體」也就失去了堅實的基礎。

　　更有甚者，雖然已被賦予一系列「現代性」的意義指向，「二十世紀」卻又無法終結人們對它的「時間」指稱。新的問題由此產生：人們完全可能借助這樣的「時間」框架，重新賦予不同的意義，由此在總體上形成了「二十世紀」指義的複雜和含混。在 80 年代，「二十世紀中國文學」的提出者是以晚清的「新派」文學作為「現代性」的起點，努力尋找五四文學精神的晚清前提與基礎，但是近年來，我們卻不無

---

12 黃子平、陳平原、錢理群：《二十世紀中國文學三人談》29-30、31 頁。

尷尬地發現：美國漢學界已另起爐灶，竭力發掘被五四文學所「壓抑」的其他文學源流。結果並不是簡單擴大了文學的源頭，讓多元的聲音百家爭鳴，而是我們從此不得不面對一個彼此很難整合的現代文學格局。在晚清的世俗情欲與五四的文化啟蒙之間，矛盾力量究竟是怎樣被「整合」的？如果說，五四的文化啟蒙壓抑了晚清的世俗情欲，而後者在中國其實已有很長的歷史流變過程，那麼，這樣壓抑/被壓抑雙方的歷史整合就變得頗為怪異，而五四、二十世紀作為文學「新質」的特殊意義也就不復存在，我們曾引以自豪的新文學的寶貴傳統可能就此動搖和模糊不清。難道，一個以文學闡釋的「整體性」為己任的學術追求至此完成了自我的解構？

我們必須認真面對「二十世紀中國文學」這一概念，包括其並未消失的價值和已經浮現的局限。

「國家歷史情態」的提出

我們對近百年來中國文學史的幾大基本概念加以檢討，目的並不是要在現有的文學描述中予以「除名」，而是想借此反思我們目前文學研究與文學史敘述的內在問題。「新文學」力圖抓住中國文學在 20 世紀的「新質」，但定位卻存在很大的模糊空間；「現代文學」努力建立關於歷史意義的完整觀念，但問題是，這些「現代」觀念在很大程度上來自異域文化，究竟怎樣確定我們自己在 20 世紀的生存意義，依然有太多的空白之處；「二十世紀」致力於「文學」輪廓的勾勒，但純粹的時間概念的糾纏又使得它所框定的文學屬性龐

雜而混沌，意義的清晰度甚至不如「新文學」與「現代文學」。
這就是說，在我們未來的文學史敘述中，有必要對「新文學」、
「近代/現代/當代」、「二十世紀中國文學」等概念加以限
制性的使用，盡可能突出它們揭示中國文學現象獨特性的那
一面，盡力壓縮它們各自表意中的模糊空間。與此同時，更
重要的是重新尋找和探測有關文學歷史的新敘述方式，包括
新的概念的選擇、新的意義範圍的確定，以及新的研究範式
的嘗試等。

　　「新文學」作為對近百年來白話文學約定俗成的稱謂，
繼續使用無妨，且無須承擔為其他文學樣式（如舊體文學）
騰挪空間的道德責任，但未來的文學發展又將如何刷「新」，
新的文學現象將怎樣由「新」而出，我們必須保留必要的思
想準備與概念準備；「現代」則需要重新加以清理和認定，
與其將西方資本主義文化的種種邏輯作為衡量「現代性」的
基礎，還不如在一個更寬泛的角度認定「現代」：中華帝國
結束自我中心的幻覺，被迫與其他世界對話的特殊過程，直
接影響了中國人與中國作家的人生觀與自我意識，催生了一
種區別於中國古代文學的「現代」樣式。這種「現代」受惠
與受制於異域的「現代」命題尤其是西方資本主義的命題，
但又與異域的心態頗多區別，我們完全不必將西方的「現代」
或「現代性」本質化，並作為估價中國文學的尺度。異域的
「現代」景觀僅僅是我們重新認識中國現象的比照之物，也
就是說，對於「現代」的闡述，重點不應是異域（西方）的
理念，而是這一過程之中中國「物質環境」與「精神生態」
的諸多豐富形態與複雜結構。作為一個寬泛性的「過程」概

念的指稱，我們使用側重於特殊時間含義的「現代文學」，而將文學精神內涵的分析交給更複雜、更多樣的歷史文化分析，以其他方式確立「意義」似乎更為可行；「二十世紀」是中國文學新的「現代」樣式孕育、誕生和發展壯大的關鍵時期，因為精神現象發生的微妙與複雜，這種時間性的斷代對文學本身的特殊樣式而言也不無模糊性，而且其間文學傳統的流變也務必單純和統一，因此，它最適合於充當技術性的時間指稱而非某種文學「本質」的概括。

　　這樣一來，我們似乎有可能獲得這樣的機會：將已黏著於這些概念之上的「意義的斑駁」儘量剔除，與其借助它們繼續認定中國文學的「性質」，不如在盡力排除「他者」概念干擾的基礎上另闢蹊徑，通過對近百年來中國文學發生與發展歷史情景的細緻梳理而予以全新的定義。

　　一個民族和國家的文學歷史的敘述，所依賴的巨大背景肯定是這一國家歷史的種種具體情態。「國家歷史情態」指的就是一個國家在自身的社會歷史的發展中呈現出來的國家政治的情狀、社會體制的細則、生存方式的細節、精神活動的詳情等等。總之，「情態」就對國家歷史的種種細節，它來自於歷史事實的「還原」而不是抽象的理論概括。國家是我們生存的政治構架，在中國式的生存中，政治構架往往起著至關緊要的作用，影響及每個人最重要的生存環境和人生環節，也是文學存在的最堅實的背景；在國家政治的大框架中又形成了社會歷史發展的種種具體的情態：這是每個個體的具體生存環境，是文學關懷和觀照的基本場景，也是作為精神現象的文學創作的基礎和動力。

　　從文學生存的社會歷史文化角度加以研究，並注意到其中「國家政治」與「社會背景」的重要作用，絕非始於今日。在「以階級鬥爭為綱」的年代，就格外強調社會歷史批評的價值；新時期以後，則有「文化角度」研究的興起；90年代至今，更是「文化批評」或「文化研究」的盛行。不過，強調「國家歷史情態」與這些研究都有很大的不同，它是屬於我們今天應當特別加強的學術方式。

　　傳統的社會歷史批評以國家政治為唯一的闡釋中心，從根本上抹殺了文學自身的獨立性。在新時期，從「文化角度」研究文學就是要打破政治角度的壟斷性，正如「二十世紀中國文學」宣導者所提出的「走出文學」的設想：「『走出文學』就是注重文學的外部特徵，強調文學研究與哲學、社會學、政治學、民族學、心理學、歷史學、民俗學、文化人類學、倫理學等學科的聯繫，統而言之，從文化角度，而不只是從政治角度來考察文學。」[13]這樣的研究，開啟了從不同的學科知識視角觀察文學發展的可能。「文化角度」在這裡主要意味著「通過文化看文學」。也就是說，運用組成社會文化的不同學科來分析、觀察文學的美學個性。與基於這些「文化角度」的「審美」判斷不同，90年代至今的「文化研究」甚至打破了人們關於藝術與審美的「自主性」神話，將文學納入社會文化關係的總體版圖，重點解釋其中的文化「意味」，包括社會結構中種種階級、權力、性別與民族的關係。「文化研究」更重視文學具體而微的實際經驗，更強調對日

---

13 黃子平、陳平原、錢理群：《二十世紀中國文學三人談》61頁。

常生活與世俗文化的分析和解剖，更關注文學在歷史文化經驗中的具體細節。這顯然更利於揭示文學的歷史文化意義，但是，「文化研究」的基本理論和模式卻有著明顯的西方背景。一般認為，「文化研究」產生於 50 年代的英國，其先驅人物是威廉姆斯（R. Williams）與霍加特（R. Hoggart）。霍加特在 1964 年創辦的英國伯明罕當代文化研究中心是第一個正式成立的「文化研究」機構。從 80 年代開始，「文化研究」在加拿大、澳大利亞及美國等地迅速發展，至今，它幾乎已成為一個具有全球影響的知識領域。90 年代，「文化研究」傳入中國後對文學批評的影響日巨，但是，中國「文化研究」的一系列主題和思路（如後殖民主義批判、文化/權力關係批判、種族與性別問題、大眾文化問題、身份政治學等等）幾乎都來自西方，而且往往是直接襲用外來的術語和邏輯，對自身文化處境獨特性的準確分析卻相當不足。[14]

　　突出「國家歷史情態」的文學研究充分肯定國家政治的特殊意義，但又絕對尊重文學自身的獨立價值；與 80 年代「文化角度」研究相似，它也將充分調動哲學、社會學、政治學、民族學、心理學、歷史學、民俗學、文化人類學、倫理學等學科知識，但卻更強調具體國家歷史過程中的「文學」對人生遭遇的「還原」；與「文化研究」相似，這裡的研究也將重點挖掘歷史文化的諸多細節，但需要致力於來自「中國體驗」的思想主題與思維路徑。

　　「國家歷史情態認定」將努力更完整地揭示百年來中國

14　參見陶東風：《社會轉型與當代知識份子》，上海三聯書店 1999 年。

文學生存發展的基本環境，這種揭示要盡可能「原生態」地呈現這個國家、社會、文化和政治的各種因素，以及這些因素如何相互結合、相互作用，並形成影響我們精神生產與語言運行的「格局」，剖析它是如何決定和影響了我們的基本需求、情趣和願望。這樣的揭示，應盡力避免對既有的外來觀念形態的直接襲用 —— 雖然我們也承認這些觀念的確對我們的生存有所衝擊和浸染，但最根本的觀念依然來自於我們所置身的社會文化格局，來自於我們在這種格局中體驗人生和感受世界的態度與方式。眾說紛紜、意義斑駁的「現代性」無法揭開這些生存的「底色」。我們的新研究應返回到最樸素的關於近百年來中國國家與社會的種種結構性元素的分析清理當中，在更多的實證性的展示中「還原」中國人與中國作家的喜怒哀樂。過去的一切解剖和闡釋並非一無是處，但它們必須重新回到最樸素的生存狀態的分析中 —— 如中外文化的衝突、現代資本主義文化的入侵、現代民族國家的建立、現代性的批判、全球化時代的文化趨勢等。我們需要知道，這些抽象的文化觀念不是理所當然就覆蓋在中國人的思想之中的，只有在與中國人實際生存和發展緊密結合的時候，它們的意義才得以彰顯。換句話說，最終是中國人自己的最基本的生存發展需要決定了其他異域觀念的進入程度和進入方向。如果脫離中國自己的國家與社會狀況的深入分析，單純地滿足於異域觀念的演繹，那麼，即便能觸及部分現象甚至某些局部的核心，但卻肯定會失去研究物件的完整性，最終讓我們的研究和關於歷史的敘述不斷在抽象概念的替代和遊戲中滑行。近百年來中國文學研究的最深刻教訓即在於此。

今天，是應該努力改變的時候了。

　　作為生存細節的「國家歷史情態」，屬於我們的物質環境與精神追求在各個方面的自然呈現。不像「××文化與中國現代文學」式的特定角度進行由外而內的探測（這已經成為一種經典式的論述形式），「國家歷史情態」本身就形成了文學作為人生現象的構成元素。如在「政治意識形態與中國文學」的研究模式中，我們論述的是這些政治觀念對中國文學的扭曲和壓抑，中國作家如何通過掙脫其影響獲得自由思想的表達，而在作為人生現象的文學敘述中，一切國家政治都造成著作家樸素的思想意識，他們依賴於這些政治文化提供的生存場域，又在無意識中把國家政治內化為自己的思想構成。同時，特定條件下的反叛與抗爭也生成了思想發展的特定方向──這樣的考察，首先不是觀念的應用和演繹，而是歷史細節、生活細節的挖掘和呈現，我們無須借「文化理論」講道理，而是對這些現象加以觀察和記錄。

　　國家歷史情態的意義也是豐富的，除了國家的政治形態之外，還包括社會法律形態、經濟方式、教育體制、宗教形態、日常生活習俗以及文學的生產、傳播過程等，它們分別組成了與特定國家政治相適應的「社會結構」與「人生結構」。我們的研究，就是在「還原性」的歷史敘述中展開這些「結構」的細部，並分析它們是如何相互結合又具體影響著文學發展的。

　　作為一種新的文學史敘述方式，我們應特別注意那種「還原性」的命名及其背後的深遠意義，比如「中華民國文學/中華人民共和國文學」的概念。

　　1997 年，陳福康借助史學界的概念，建議中國文學的現代/當代之名不妨「退休」，代之以中華民國文學/中華人民共和國文學之謂。近年來，張福貴、湯溢澤、趙步陽、楊丹丹等人都先後提出這一新的命名問題。[15]我之所以將這樣的命名方式稱之為「還原」式，就是因為它所指涉的國家社會的概念不是外來思想的借用 —— 包括時間的借用與意義的借用 —— 而是中國自己的特定生存階段的真實的稱謂。借助這樣具體的國家歷史情態，我們的文學史敘述有可能展開過去所忽略的歷史細節，從而推動文學史研究的深入。

「國家歷史情態」的歷史建構

　　肯定「中華民國文學/中華人民共和國文學」式的還原性論述，並不僅僅著眼於文學史的概念之爭，更重要的是開啟一種新的敘述可能。國家歷史情態的諸多細節有可能在這樣的敘述中獲得前所未有的重視，從而為百年中國文學轉換演變的複雜過程、歷史意義和文化功能提出新的解釋。

　　學術界曾經有一種設想：借助「中華民國文學」這樣的

---

15 參看張福貴：《從意義概念返回到時間概念 —— 關於中國現代文學的命名問題》（《文學世紀》2003 年 4 期），湯溢澤、郭彥妮：《論開展「民國文學史」研究的必要性與可行性》（《當代教育理論與實踐》2010 年第 2 卷 3 期），湯溢澤、廖廣莉：《論開展「民國文學史」研究的迫切性》（《衡陽師範學院學報》2010 年 2 期），趙步陽、曹千里等：《「現代文學」，還是「民國文學」？》（《金陵科技學院學報》2008 年 1 期），張維亞、趙步陽等：《民國文學遺產旅遊開發研究》（《商業經濟》2008 年 9 期），楊丹丹：《「現代文學史」命名的追問與反思》（《長春師範學院學報》2008 年 5 期）。

「時間性」命名可以容納各種各樣的文學樣式，從而為現代中國文學的宏富圖景開拓空間。這裡需要進一步思考的問題包括兩個方面：其一，「中華民國文學」（以及相應的「中華人民共和國文學」）是否就是一種單純的時間性概念？其二，文學史敘述的目標是否就是不斷擴大自己的敘述物件？顯然，以國家歷史情態為基準的歷史命名本身就包含了十分具體的社會歷史內容，它已經大大超越了單純的「時間」稱謂。單純的時間稱謂，莫過於西元紀年，我們完全可以命名「中國文學（1911～1949）」、「中國文學（1949～2000）」等，這種命名與中華民國文學/中華人民共和國文學顯然有著重大的差異。同樣，是否真的存在這麼一種歷史敘述模式：沒有思想傾向，沒有主觀性，可以包羅萬象？正如韋勒克、沃倫所說：「不能同意認為文學時代只是一個為描述任何一段時間過程而使用的語言符號的那種極端唯名論觀點。極端唯名論假定，時代的概念是把一個任意的附加物加在了一堆材料上，而這材料實際上只是一個連續的無一定方向的流而已；這樣，擺在我們面前的就一方面是具體事件的一片混沌，另一方面是純粹的主觀的標籤。」「文學上某一時期的歷史在於探索從一個規範體系到另一個規範體系的變化。」[16]

　　在此意義上，作為文學史概念的辨析只是問題的表面，更重要的是我們新的文學史敘述需要依託國家歷史情態，重新探討和發現近百年來中國文學的「一個規範體系到另一個規範體系的變化」。面對日益高漲的「中華民國文學史」命

---

16 [美]韋勒克、沃倫：《文學理論》302、307 頁，劉象愚等譯，三聯書店1984 年。

名的呼籲，筆者更願意強調中國文學在民國時期的機制性力量。忽略國家歷史情態，我們對現代中國文學發展內在機理的描述往往停留在外來文化與傳統文化二元關係的層面上，而中國現代歷史本身的構造性力量恰恰缺少足夠的挖掘；引入「民國文學機制」的視角，則有利於深入開掘這些影響──包括推動和限制──文學發展的歷史要素。當然，繼「民國文學機制」之後，我們又出現了「中華人民共和國文學機制」，20 世紀中國文學的上下半葉判然有別，無法簡單「整合」，其原因即在「機制」的差異性。

在歷史的每一個階段，文學之所以能夠出現新的精神創造與語言創造，歸根結底在於這一時期的國家歷史情態中孕育了某種「機制」。這種「機制」屬於特定社會文化「結構」的產物，正是它的存在推動了精神的發展和蛻變，最終撐破前一個文化傳統的「殼」脫穎而出。考察中國文學近百年來的新變，就是要抓住這些文化中形成「機制」的東西，而「機制」既不是外來思想的簡單輸入，更不是「世界歷史」的共識，它是社會文化自身在演變過程中諸多因素相互作用的最終結果。

強化文學史的國家與社會論述，自覺挖掘「文學機制」，可能對我們的研究產生三個方面的直接推動作用。

首先，從中國文學研究的中外衝撞模式中跨越出來，形成在中國社會文化自身情形中研討文學問題的新思路。百年來，中外文化衝突融合的事實造就了我們對文學的一種主要的理解方式，即努力將一切文學現象都置放在外來文化輸入與傳統文化轉換的邏輯中。這固然有其合理性，但是，在實

際的文學闡釋與研究當中，我們又很容易忽略「衝突融合」現象本身的諸多細節，將中外文化關係的研究簡化為異域因素的「輸入」與「移植」辨析，最終便在很大程度上漠視了文學創作這一精神現象的複雜性，忽略了精神產品生成所依託的複雜而實際的國家與社會狀況，民國文學機制的開掘正可以為我們展開關於國家與社會狀況的豐富內容。筆者曾宣導過「體驗」之於中國現代文學研究的意義，而作家的生命體驗就根植於實際的國家與社會情境，文學的體驗在「民國文學機制」中獲得了最好的解釋。

其次，對國家歷史情態的論述有助於厘清文學研究的一系列基本概念，如「現代」、「現代化」、「民族」、「進化」、「革命」、「啟蒙」、「大眾」、「現實主義」、「浪漫主義」、「現代主義」等概念，都將獲得更符合中國歷史現實的說明。在過去，我們主要把它們當作西方的術語，力圖在更接近西方意義的層面上來加以運用，近年來，為了弘揚傳統文化，又開始對此質疑，甚至提出了回歸古典文論、重建中國文論話語的新思路。問題在於，中國古典文論能否有效地表達現代文學的新體驗呢？前述種種批評話語固然有其外來的背景，但是，一旦這些批評話語進入中國，便逐步成了中國作家自我認同、自我表達的有機組成部分，在看似外來的語彙之中，其實深深地滲透了中國作家自己的體驗和思想。也就是說，它們其實已經融入了中國自己的話語體系，成為中國作家自我生命表達的一種方式。當然，這樣的認同方式和表達方式又都是在中國現代社會文化的場域中發生的，都可以在特定國家歷史情態中獲得準確定位。經過這樣

的考辨和定位，中國現代學術批評的系列語彙將重新煥發生機：既能與外部世界對話，又充分體現著「中國特色」，真正成為現代中國話語建設的合理成分。

再次，對作為國家歷史情態具體組成部分的各種結構性因素的剖析，可以為近百年來中國文學的研究提供新的課題。這些因素包括經濟方式、法律形態、教育體制、宗教形態、日常生活習俗以及文學的生產、傳播過程等等。作為文學的經濟方式，我們應注意到民國時期的民營格局之於中國近現代的出版傳播業的深刻影響，一方面，出版傳播業的民營性質雖然決定了文學的「市場利益驅動」，但另一方面，讀者市場的驅動本身又具有多元化的可能性，較之於一元化思想控制的國家壟斷，這顯然更能為文學的自由發展提供較大的空間。作為文學的法律保障，民國時期曾經存在著一個規模龐大的法律職業集團，這樣一個法律思想界別的存在加強著民國社會的「法治」意識，我們目睹了知識份子以法律為武器，對抗專制獨裁、捍衛言論自由的大量案例，知識者的法律意識和人權觀念在很大的程度上保證了爭取創作空間的主動性，這是我們理解民國文學主體精神的基礎。民國教育機構三方並舉（國立、私立與教會）的形式延遲了教育體制的大統一進程，有助於知識份子的思想自由，即便是國立的教育機構如北京大學，也出現了如蔡元培這樣具有較大自主權力並且主張「相容並包」、「學術自由」的教育管理者。也是在五四時期，知識份子形成了一個巨大的生存群落，他們各自有著並不相同的思想傾向，有過程度不同的文化論爭，但又在總體上形成了推動文化發展的有效力量。歐遊歸

來、宣揚「西方文明破產」的梁啟超常常被人們視作「思想保守」，但他卻對新文化運動抱有很大的熱情和關注，甚至認為它從總體上符合了自己心目中的「進化」理想；甲寅派一直被簡單地視為新文化運動的「反對派」，其實當年《甲寅》月刊的努力恰恰奠定了《新青年》出現的重要基礎，後來章士釗任職北洋政府，《甲寅》以週刊形式在京復刊，與新文化宣導者激烈論爭，但論戰卻沒有妨礙對手雙方的基本交誼和彼此容忍；學衡派也竭力從西方文化中尋找自己的理論支持，而且並不拒絕「新文化」這一概念本身；與《新青年》「新文化派」展開東西方文化大論戰的還有「東方文化派」的一方如杜亞泉等人，同樣具有現代文化的知識背景，同樣是現代科學文化知識的傳播者 —— 正是這樣的「認同」，為這些生存群體可以形成以「五四」命名的文化圈奠定了基礎。而一個存在某種文化同約性的大型文化圈的出現，則是現代中國文化發展十分寶貴的「思想平臺」 —— 它在根本上保證了新的中國文化從思想基礎到制度建設的相對穩定和順暢。

所有這些相對有利的因素都在五四前後的知識份子生存中聚集起來，成為傳達自由思想、形成多元化輿論陣地的重要基礎。我們可以這樣認為，五四新文化運動時期第一次呈現了「民國文學機制」的雛形，而這樣的「機制」反過來又借助五四新文化運動的思想激蕩得以進一步完善成形，開始為中國文學的自由創造奠定最重要的基礎。

「民國文學機制」在中國現代文化後來的歷史中持續性地釋放了強大正面效應。我們可以看到，雖然生存的物質條件有時變得惡劣和糟糕，中國文學卻一再保持著相當穩定的

創造力，甚至，在某種程度上，由國家與社會各種因素組合而成的「機制」還構成了對國民黨專制獨裁的有效制約。中國在 20 年代後期興起了左翼文化，而且恰恰是在國民黨血腥的「清黨」之後，左翼文化得到了空前的發展，並且以自己的努力影響廣大社會的頑強生命力抵抗了專制獨裁勢力的壓制。抗戰時期，中國文學出現了不同政治意識形態的分區，所謂的「國統區」與「解放區」。有意思的是，中國文學在總體上包容了如此對立的文學思想樣式，而且一定程度上還可以形成這兩者的交流與對話，其支撐點依然是我們所說的「民國文學機制」。民國文學的基礎是晚清 —— 五四中國知識份子的文化啟蒙理想，在文化結構整體的有機關係中，這樣的理想同時也流布到了左翼文化圈與中國共產黨人的文化論述當中，雖然他們另有自己的政治主張與政治信仰。過去文學史敘述，往往突出了意識形態的不可調和性，也否認社會文化因素的有機的微妙關係，如「啟蒙」與「救亡」的對立面似乎理所當然地壓倒了它們的通約性。只有借助中國文學的新「國家社會框架」，在「民國文學機制」的歷史細節中重新梳理，我們才能發現，在抗戰時期的文壇上，至少在抗戰前期的文學表達中，「啟蒙」並沒有因為「救亡」而消沉，反而借「救亡」而興起，這就是抗戰以後出現的「新啟蒙運動」。

　　引入「民國文學機制」的觀察，我們還可以進一步發現，中國文學在「民國時期」呈現了獨特的格局：國家執政當局從來沒有真正獲得文化的領導權，無論袁世凱、北洋政府還是蔣介石獨裁，其思想控制的目的總是遭遇到社會各階層的

有力阻擊，親政府當局的文化與文學思潮往往受到自由主義
與左翼文化的多重反抗，尤其是左翼文化的頑強生存在很大
程度上形成了民國文學爭取自由思想的強大推動力量，民國
文學的主流不是國民黨文學而是左翼文學與自由主義文學。
有趣的是，在民國專制政權的某些政策執行者那裡，他們試
圖控制文學、壓縮創作自由空間的努力不僅始終遭到其他社
會階層的有力反抗，而且在這些政策執行者自己也是矛盾重
重、膽膽恍恍的。例如，在國民黨意識形態控制的首長張道
藩所闡述的「文藝政策」裡，我們既能讀到保障社會「穩定」、
加強思想控制的論述，也能讀到那些對於當前文藝發展的小
心翼翼的探討、措辭謹慎的分析，甚至時有自我辯護的被動
與無奈。而當這一「政策」的宣示遭到某些文藝界人士（如
梁實秋）的質疑之後，張道藩竟然又再度「退卻」：「乾脆
講，我們提出的文藝政策並沒有要政府施行文藝統治的意
思，而是赤誠地向我國文藝界建議一點怎樣可以達到創造適
合國情的作品的管見，使志同道合的文藝界同仁有一個共同
努力的方向。」「文藝政策的原則由文藝界共同決定後之有
計劃的進行。」[17]由「文藝界共同決定」當然就不便於是執
政黨的思想控制了，應該說，張道藩的退縮就是「民國文學
機制」對獨裁專制的成功壓縮。

　　我們強調「國家社會框架」之於文學研究的意義，是不
是更多局限於強調文學史的外部因素，從而導致對於文學內
部因素（語言、形式和審美等）的忽略呢？在筆者看來，之

---

17 張道藩：《關於「文藝政策」的答辯》，《文化先鋒》1942 年第 1 卷 8 期。

所以需要用「機制」替代一般的制度研究，就在於「機制」是一種綜合性的文學表現形態，它既包括了國家社會制度等「外部因素」，又指涉了特定制度之下人的內部精神狀態，包括語言狀態。例如，正是因為辛亥革命在國家制度層面為中國民眾「承諾」了現代民主共和的理想，「民主共和國觀念從此深入人心」[18]，以後的中國作家才具有了反抗專制獨裁、自由創造的勇氣和決心。白話文之所以理所當然地成為現代文學的基本語言形式，來自於中國作家由「制度革命」延伸而來的「文學革命」的信心。所以，「民國文學機制」的研究同樣包括對民國時期知識份子所具有的某種推動文學創作的個性、氣質與精神追求的考察，這就是我們今天所謂的「民國范兒」。這個名詞首先來自大眾文化，帶有這一文化本身的不確定性與消費主義色彩，迄今也沒有人加以準確界定。但是在我看來，如果我們認定現代中國文學已經形成了某種可資借鑒的精神傳統的話，那麼就很有必要總結歸納這種文學的精神形式，至少在文學闡述的領域，對民國時代中國現代作家的精神風範做出追蹤和概括是可行的。所謂「范兒」既是個人精神之「模式」，也指某種語言文字的「神韻」，這裡可以進一步開掘的文學「內部研究」相當豐富。

　　不理解具體歷史情態的特殊性，我們就無法正確地理解許多的歷史現象。如今天的「現代性批判」常常將矛頭直指五四，言及五四一代如何「斷裂」了傳統文化，如何「偏激」地推行「全盤西化」。其實，民國時期尚未經過來自國家政

18　見《建國以來毛澤東文稿》第 4 冊 546 頁，中央文獻出版社 1990 年。

權的大規模的思想鬥爭，絕大多數的論爭都是在官方「缺席」狀態下的知識界內部的分歧，「偏激」最多不過是一種言辭表達的語氣，思想的討論並不可能真正形成整個文化的「斷裂」，就是在新文化宣導者的一方，其儒雅敦厚的傳統文人性格仍十分鮮明。在這裡，傳統士人「身任天下」的理想抱負與新文明的「啟蒙」理想不是斷裂而是實現了流暢的連接。從「啟蒙」到「革命」，一代文學青年和知識份子真誠地實踐著自己的社會理想，其理想主義的輝光與信仰的單純與執著顯然具有很大的輻射效應，即便那些因斑斑劣跡載入史冊的官僚、軍閥，也依然可以看到以「理想」自我標榜的，如地方軍閥推行的「鄉村建設運動」和「興學重教」，包括前述張道藩這樣的文化專制的執行人，也還洋溢著士大夫的矜持與修養。總之，歷史過渡時期的現代知識者其實較為穩定地融會了傳統士人學養、操守與新時代的理想及行動能力。正是這樣的生存方式與精神特徵既造就了新的文明時代的進取心、創造力，又自然維持了某種道德的底線與水準。

　　一旦我們深入到國家歷史情態的「機制」層面，就不難發現，僅僅用抽象的「現代化」統攝百年來的中國文學史，的確掩蓋了歷史發展的諸多細節。從某種意義上看，「民國文學機制」的出現和後來的解體恰恰才在很大程度上分開了20世紀上下半葉的文學面貌，傳統概念的現代與當代之別不僅僅是人們所理解的意識形態之別（新民主主義/社會主義），也不是「現代化」的有無或中斷恢復的問題，當然也不必糾纏於現代性/反現代性的理論怪圈，從根本上看，歷史的改變就在於曾有過的影響文化創造的「機制」的解體和消

失；不僅是社會的「結構」性因素的消失和「體制」的更迭，同時也是知識份子精神氣質的重大蛻變。

　　自然，我們也看到，還原國家歷史情態的文學史敘述同樣也將面對一系列複雜的情形，這要求我們的研究需包含多種方向的設計，如包括民國社會機制之於文學發展的負面意義：官紳政權的特殊結構讓「人治」始終居於社會控制的中心，「黨國」的意識形態陰影籠罩文壇，扭曲和壓制著中國文學的自然發展，作家權益遠沒有獲得真正的保障，「曲筆」、「壕塹戰」、「鑽網」的文化造就了中國文學的奇異景觀，革命/反革命持續性對抗強化了現代中國的二元對立思維，在一定程度上妨礙了現代文化思想的多維展開。除此之外，我們也應當承認，國家與社會框架下的文學史敘述需要對國家與社會歷史諸多細節進行深入解剖和挖掘，其中有大量的原始材料亟待發掘，難度可想而知。同時，文學作為國家歷史的意義和作為個體創作的意義相互聯繫又有所區別，個體的精神氣質可以在特定的國家歷史形態中得到解釋，但所有來自環境的解釋並不能完全洞見個體創造的奧妙，因此，文學的解讀總是在超越個體又回到個體之間迴圈。當我們借助超越個體的國家歷史情態敘述文學之時，也應對這一視角的有限性保持足夠的警惕。

二 文學的「民國機制」

在前文我們對「國家歷史情態」的陳述中，已經提出一個概念：民國文學機制，我們也可以稱之為文學的「民國機制」，前者強調這一「機制」的作用領域是文學，後者強調這一機制的作用時間是民國，因為文學的發生發展都涉及民國歷史的方方面面，所以我們也可以簡稱為「民國機制」。「民國機制」一說省略了「文學」，但其實所指還是關乎文學的元素，而非一般社會歷史的泛稱。

以下進一步討論文學的「民國機制」可以為中國現代文學研究帶來什麼。

「民國機制」：中國現代文學的一種闡釋框架

提出「民國機制」，是為了給中國現代文學的闡釋引入一種新的框架。

一般認為，中國現代文學史研究的開端是胡適的《五十年來中國之文學》，其中包括五四文學革命的講述被公認為極大地影響了後來的文學史立場。在中國現代文學編纂的歷史上，產生過重要影響的還包括王哲甫《中國新文學運動史》（1933）、李何林《近二十年中國文藝思潮論》（1939）、

王瑤《中國新文學史稿》（1951、1953 初版）、唐弢《中國
現代文學史》（1979～1980）、錢理群等《中國現代文學三
十年》（1987 初版）、郭志剛等《中國當代文學史初稿》
（1981）、陳思和《中國當代文學史教程》（1999）、洪子
誠《中國當代文學史》（2002 初版）等等。這些文學史的寫
法各有不同，但伴隨著中國現當代學術的演進，也大體可以
見出一些基本的走向和趨勢，其中最隱約浮動的線索似乎是
思潮運動史 —— 政治革命史+作家座次 —— 社會文化與體制
史。這正好應和了中國現當代學術研究的方法論的嬗變過
程：從將文學置於思潮鬥爭到附綴於政治革命的歷程，從對
作家座次的排定到更大範圍的思想史、文化史以及制度史的
研究。

　　不同的「寫法」說明我們對文學史具有不同的「闡釋框
架」，而「寫法」的更替則說明我們對既有的「闡釋框架」
的某種不滿。正如前文所述，在「撥亂反正」的 1980 年代，
最具有闡釋能力的是「二十世紀中國文學」。因為，借助一
個大的時間概念，我們不僅連接了「現代」與「當代」的共
同命運，為當代問題進入歷史的深層，為現代的困惑延續到
今天奠定基礎，同時更是有力地解脫了舊民主主義/新民主主
義的政治話語的束縛，為文學獲得自己生長、發育、壯大的
線索創造條件。但是隨著「二十世紀」本身結束，「新世紀」
的第一個十年也已成為過去，文學史命名的困惑顯然直接動
搖了這一革命性的闡釋「框架」：難道我們一直可以自命為
「二十世紀中國文學」的繼續？難道真有一種「有機」的「二
十世紀」的傳統在我們身上流傳？1900 年的到來與 1899、

1898 或者 1980 年具有根本的差異？那麼，2000、2001 年的
中國文化與中國精神到底與 1999 是相通還是相異？這還沒
有說到海外漢學也可以借助「二十世紀」這一概念實現了對
五四意義的深刻消解，同樣的一個時間架構下，卻可以得出
完全不同的結論，這樣的命名自然值得反思。

　　於是「現代」的意義又被重新提出，這是 1990 年代中期
以後的事。正如前文所述，我們最早的「現代」框架取諸革
命史，在中國式的近代/現代/當代的劃分中，中國歷史不斷
從半封建半殖民地走向社會主義新中國的過程清晰可辨，文
學作為當時政治意識形態的一部分理所當然地被納入了這樣
的歷史敘述。1990 年代的「現代」自然不再滿足於這樣的邏
輯，它重新自西方輸入的「現代性知識體系」中汲取資源，
這樣的「知識體系」將資本主義生產的形成、大工業化時代
的到來以後背後的社會文化秩序的建立看作是一個「文化現
代性」生長的過程，正是在這一有別於中世紀文明的過程當
中，文學藝術的「現代性」蓬勃生長起來，文學藝術的「現
代性」既有文化現代性的傳達，又有對這一資本主義文化的
反省和批評，是為「審美現代性」。「現代性」賦予中國文
學的「現代」敘述第一個完整的框架，背靠著西方後現代主
義知識系統的「現代性」的術語有效地校正了我們取法於革
命史的「現代」命名的策略性，一個更具有學理意義的闡釋
框架得以建立。僅僅從屬於政治革命策略的「現代」、「現
代文化」與「現代文學」等命名的飄忽不定狀態大為改善，
新的知識的整合讓我們的闡述進入到一個對應人類精神發展
流程的完整清晰的系統，一個世紀中國文學的敘述將有可能

改變各自為政、自行其是的理論割據局面。我們可以借助資
本主義文化的興起重新考察晚清 —— 五四的「現代」發生，
也可以因為這一過程的未完成而繼續在新世紀尋找「現代」
的軌道，至於過去因為政權形態更迭而出現的現代/當代之別
也不再緊要。「現代」的同一性過程就將二者穩穩當當地連
接了起來，既擺脫了政治話語的束縛，又回歸了文學文化過
程本身的邏輯，且具有未來廣闊的適用性，這樣的「現代中
國文學」的闡釋框架似乎是前途無量的。

　　不過，問題依然存在。且不要說「現代」到底能夠延伸
多長，就是這一框架所依託的西方知識背景與中國狀況的切
合程度也大可質疑。歐洲自文藝復興至 18 世紀的蓬勃向上的
歷史過程究竟在多大的程度上與一個天朝大國的淪落可以相
互比擬，自省自悟的歐美文人又如何能夠與「家道中落」的
中國作家惺惺相惜？

　　從「二十世紀」到「現代中國」，追求獨立自由的中國
學術似乎避政治而不及，好像我們的學術闡述離開政治越遠
才越具有科學性，這裡恐怕也暗含著一種思維的誤區：如果
政治文化本身就構成了我們社會文化（包括文學）的重要組
成部分，或者說某種政權形態的元素已經明確無誤地滲透進
了文化與文學的活動，那麼，我們的闡釋框架又如何能夠刻
意地驅除這些元素呢？

　　在這個意義上，我以為探討一種切合中國社會文化實際
生態的闡述方式，可能就是中國現當代文學研究的學術生長
點。這樣的探討在保持對西方學術思想的開放的前提下當盡
力呈現中國自身的實際狀態，或者說主要應該讓中國的問題

「生長」出我們的研究方法與闡釋框架，即便這一過程將納入西方學術所不典型的其他元素 ── 如對政治形態的重點考察之類。

重新返回到中國歷史的過程，我們就會發現，除了全球資本主義的運行，除了「現代」邏輯的世界性展開，除了「二十世紀」不加選擇地降臨，深刻地影響著中國生存與知識份子命運的本來是不同政治形態的建立、嬗變和崩潰，清王朝 ── 中華民國 ── 中華人民共和國，這裡既標示著歷史正義的生長過程，又代表著不同政權形態下不同的精神生產的可能性的問題。對中國現代文學的闡述，不就是為了揭示其中的精神生產的形態和原因嗎？那麼，不同政權形態之於文學發展的不同的作用不正是需要我們關注的內容嗎？當然，這不會是中國現代文學的全部內容，但至少是極富「中國特色」，飽含著「中國問題」的闡釋架構。

在廣義的被稱為「現代中國」的歷史過程中，可以分別仔細考察的政權形態有三：晚清王朝、中華民國與中華人民共和國，這樣的文學史考察應當在文學學術的層面上進行，也就是說，我們是從學術的維度上看「政權」的文化意義，而不是從政治正義的角度批判現代中國的政治優劣。換句話說，對於 1949 年以前的政權的反動性、腐朽性的揭示並不是我們的基本內容，我們的重點恰恰是回答一個文學的問題：這樣的政權形態為文學的發展演變提供了什麼可能？在什麼意義上促進了文學的發展，又在什麼意義上限制了文學的可能？這樣的研究是對一個時代的文學潛能的考察，是對文學生長機制的剖析，是在不回避政治形態的前提下尋找現代中

國文學的內在脈絡。

　　形成現代中國文學主體的生長機制醞釀於民國時期，所以我們不妨將之稱為文學的「民國機制」。準確地說，「民國機制」就是從清王朝覆滅開始在新的社會體制下逐步形成的推動社會文化與文學發展的諸種社會力量的綜合。這裡有社會政治的結構性因素，有民國經濟方式的保障與限制，也有民國社會的文化環境的圍合，甚至還包括與民國社會所形成的獨特的精神導向。它們共同作用，彼此配合，決定了中國現代文學的特徵，包括它的優長，也牽連著它的局限和問題。隨著 1949 年政權更迭，一系列新的政治制度、經濟方式、社會文化氛圍及舊式導向的重大改變，「民國機制」自然也就不復存在了，中國文學在新的機制中發展，需要我們另外的解釋。

　　與封建清王朝比照，在推動中國現代文學形成發展的過程之中，「民國機制」至少有三個方面的具體體現：作為知識份子的一種生存空間的基本保障，作為現代知識文化傳播管道的基本保障以及作為精神創造、精神對話的基本文化氛圍。這一「機制」的形成得力於封建專制土崩瓦解之後中國社會的「中心權力失落」，又借助五四新文化運動的思想解放而逐漸成形，從而開始為中國文學的自由創造奠定了最重要的基礎。

　　通過對國家社會形態的種種「結構」性因素 —— 法律形態、經濟方式、教育體制、宗教形態、日常生活習俗以及文學的生產、傳播過程等等 —— 加以細部考察之後，我們或許能夠深入理解中國現代文學歷史階段所表現出來的那種蓬勃的創造能力，正是以上的「結構」性因素形成了某種綜合性

的效應，它們促進了文學的可持續性發展。

清王朝被迫打開國門之前，自我封鎖的國家社會文化幾乎已經耗盡了自身的創造能量，新的創造機制是在社會文化格局不斷變動的時代逐漸運演形成的。對於中國人而言，「現代」的意義其實就是在中外衝突發生之後，新的生存平衡的重新建立；「現代文化」對我們而言首先不是一系列外來思想的輸入，而是國家之間新的生存平衡對自身文化的調適和修正；「民國機制」則是在調適基本完成之後，我們的新的文化結構內部重新出現的促進精神創造的力量；所謂「新文化」與「新文學」當然就是這一國家社會形態的創造性力量發揮作用的產品。

封建清王朝壽終正寢，中國建立了亞洲第一個共和國，國家形態的變遷和社會文化的發展賦予了新的文化的創造一系列基本條件：知識份子生存的物質基礎的奠定；新知識新文化創造和傳播的基本管道；新型知識人的生存圈、交流圈的形成及思想對話慣例；社會法律體制對基本民權的維護。

中國特定的「國家政治形態」顯然有利於這些條件的充分化。封建專制土崩瓦解之後，國家中心權力的部分失落，新的法律制度在法理上對基本民權的保障，司法機構的相對獨立性以及知識階層在諸種政治勢力的矛盾關係中所獲得的生存空間，這都是傳統知識份子所不曾經歷的生存機遇。

新的社會結構為新型知識份子營造了比較優厚的物質基礎和精神交流的形式。在五四新文化運動中，這些因素得到了比較充分的表現。

科舉制度結束之後，社會的新發展為知識份子提供了兩

大職業選擇：新型教育機構與出版傳媒。民國教育機構三方並舉（國立、私立與教會）的形式延遲了教育體制的統一規範，同時卻有助於知識份子的思想自由，即便是國立的教育機構如北京大學，像蔡元培這樣的「元老級」管理者也具有較大的獨立於國家政府的權力，這樣的權力支撐著那種「相容並包」「學術自由」的教育理念；中國新的出版傳媒以民營為主體，這些民營經濟既關注「市場」，也與國家主導的意識形態保持了適當的距離，雖然專制政府從來沒有放棄過對出版傳媒的監控，但現實是，從 1906 年《大清印刷物專律》到 1914 年袁世凱頒佈的《出版法》，都未能在封建政府衰弱、軍閥政權頻繁更迭的亂局中得以充分的實施。因此，對這些出版傳媒的控制常常出現較多的「空隙」，知識份子的言論自由具有了較多的現實基礎。也是在五四時期，知識份子形成了一個巨大的生存群落，他們各自有著並不相同的思想傾向，有過程度不同的文化論爭，但又在總體上形成了推動文化發展的有效力量。

　　在我們的印象中，五四時期的梁啟超應該屬於不折不扣的保守主義者，然而，他卻對新文化運動滿懷興趣，認為這發生著的一切與他心目中的「進化」理想不無相近，甲寅派是新文化運動的「反對派」，不過論戰雙方的私人交誼卻並無破裂；其他如學衡派、「東方文化派」等也都具有現代文化的知識背景，同樣傳播著西方文化與現代科學文化知識。這些知識份子可能屬於不同的思想派別，但又都棲身於更大的「現代文化圈」（或曰「五四文化圈」），所謂文學的「民國機制」得以形成的緣由，正在於此。

民國時期充滿了黑暗，民國本身也破碎不堪。但是，作為文學的「民國機制」卻依然能夠對文學事業的發展持續貢獻力量。左翼文化的興起、抗戰時期解放區文化對於「民主憲政法治」的「民國理想」的捍衛並借此壯大自己、打擊國民黨專制獨裁等等，都可以說是生動地體現了這種「機制」的力量，包括「機制」所蘊含的知識份子的精神、信仰的力量。

至於一度被分割於「民國」之外的殖民地（如日據臺灣、抗戰時期的東北淪陷區），或汪偽政權的所在地，雖然脫離了「民國」的整體框架，但卻依然不能劃入「日本國」的精神文化圈，這並不僅僅是一個簡單的「政治正確」的問題，而是這些地區文化發展本身所呈現出來的基本事實。五四新文化運動照樣引起了臺灣文壇的回應，更多的臺灣知識份子表達著對中華文化的精神認同；淪陷區越是推行殖民文化，我們越能夠發現那裡存在著此伏彼起的「中華文化的復興」夢想，淪陷區的知識份子依然用各種隱晦的扭曲的方式表達著自己的文化認同，試圖傳達著與民國其他區域知識份子的精神聯絡，「民國」的影子依然在淪陷的土地上移動。

也就是說，在現代中國，無論何時何地，對「民國」的自我想像和認同還是最大的公約數，對這一國家認同基礎上的文化運行機制的梳理考察，將可能深入說明中國現代文學發生發展的本土規律。

怎樣討論中國現代文學的「民國機制」

1997 年，陳福康借助史學界的概念，建議中國文學的現

代/當代之名不妨「退休」，代之以中華民國文學/中華人民共和國文學之謂。[1] 2003 年，較早發出「民國文學」呼籲的張福貴先生認為，以「民國文學」取代「現代文學」意在「從意義概念返回到時間概念」。在他看來，「現代文學」的概念過分突出了對歷史意義的認定而使得我們的歷史敘述出現了較多的傾向性和排他性，理想的文學史定位似乎是：「文學史的命名，不同於文學評論，也不同於文學史本身，應該獲得最大限度的認同。從這一點來說，作為一種存在事實的陳述，文學史因為儘量淡化命名的傾向性，而突出中間性。時間概念又具有中間性，不包含思想傾向，沒有主觀性，不限定任何的意義評價，只為研究者提供一個研究的時空的邊界。」[2]隨後魏朝勇試圖在「現代中國文學」這一統稱之下，具體分解「民國時期文學」與「共和國時期文學」，從而賦予「現代」以確切的歷史內涵。[3]最近幾年，這一訴求開始進一步發酵，秦弓等提醒大家注意民國歷史的場域對於現代文學闡釋的重要價值。[4]湯溢澤等呼籲正視文學的政治基礎:「中華民國作為一個政治的歷史單位，相應的文學史 ──『民國文學史』也有存在的合理性。」[5]趙步陽等從文化遺產保存的

---

1 陳福康：《應該「退休」的學科名稱》，《民國文壇探隱》，上海書店出版社 1999 年。

2 張福貴：《從意義概念返回到時間概念 ── 關於中國現代文學的命名問題》，香港《文學世紀》2003 年 4 期。

3 魏朝勇：《民國時期文學的政治想像》12 頁，華夏出版社 2005 年。

4 秦弓先後發表《從民國史的角度看魯迅》（《廣東社會科學》2006 年 4 期）、《現代文學的歷史還原與民國史視角》（《湖南社會科學》2010 年 1 期）。

5 湯溢澤、廖廣莉：《論開展「民國文學史」研究的迫切性》（《衡陽師範

角度闡述了「民國文學史」的特殊意義。[6]筆者也曾提出，「民國文學史」框架有助於我們重新認識諸如「大後方文學」等的真實形態。[7]

從文學熟悉的「新文學」、「現代文學」、「二十世紀中國文學」到新的「民國文學」，新的歷史命名究竟可能在什麼方向上推動我們文學史的研究呢？顯然，是要通過對更多歷史細節的「還原」呈現文學過程的豐富性，擺脫從某一既定概念出發形成的史實遮蔽。鑒於當前的命名願望是如此不容妥協 ── 幾乎將固有的現代文學概念通通置於被審判的地位，也鑒於此番歷史的重寫是那麼氣象宏大 ── 力圖重新接續中國文學史固有的斷代模式並重建中國自己的文學敘述方式，我們可以認為，當前出現的新的命名的努力可以說是繼 1980 年代中期「二十世紀中國文學」提出之後，又一次具有重大標誌性意義的學術追求，它對中國現代文學研究所產生的推動效應在不久的未來將越來越明顯地表現出來：一種新的學術思想的範式正在快速地醞釀和發展著。

學院學報》2010 年 2 期），另有湯溢澤：《以「民國文學史」替代「新文學史」考》（《湖南社會科學》2010 年 1 期）、湯溢澤、郭彥妮：《論開展「民國文學史」研究的必要性與可行性》（《當代教育理論與實踐》2010 年 2 卷 3 期）。

6 趙步陽、曹千里等：《「現代文學」，還是「民國文學」？》（《金陵科技學院學報》2008 年 1 期），張維亞、趙步陽等：《民國文學遺產旅遊開發研究》（《商業經濟》2008 年 9 期），類似論文還包括梁子民、畢文昌：《學術史分期的當代意義》（《中國青年報》2006 年 12 月 6 日）、楊丹丹：《「現代文學史」命名的追問與反思》（《長春師範學院學報》2008 年 5 期）等。

7 李怡：《「民國文學史」框架與「大後方文學」》，《重慶師範大學學報》2009 年 1 期。

　　當然，任何研究范式的創立和改變都不是一件輕而易舉的事情，它必須要對固有的思想方式進行證偽，而過去的思想範式在對歷史的有效解釋之中卻已經形成了一系列理據相連、推理周密的邏輯鏈條。要尋找縫隙擊碎這些鏈條，其承受的阻力可想而知，有時候，挑戰所遭遇的能量反轉甚至可能動搖我們的理論基點，令對他者的質疑首先陷入自我質疑的困境。這是我們新的歷史建構不得不正視的事實。

　　在我看來，「民國文學史」的命名不必刻意強化我們與其他歷史命名的尖銳對立，更不能將彼此的分歧誇大到「水火不容」的地步，因為，那樣一來，我們就必須面對一個徹底顛覆一系列基本文學稱謂的敘述尷尬之中：新文學、現代文學以及已經有了二十多年歷史的「二十世紀中國文學」，它們既是研究者的學術命名，同時也不斷成為文學當事人自我認同、自我展開的某種方式。要從一切的敘述領域乃至思想領域中徹底「清除」，事實上已無可能，而且也沒有必要。我們最終尋求的主要是解釋歷史的一種更合理的間架結構，而不是改變歷史當事人本身的思想和語言習慣，甚至，也不必因此取消其他歷史概念敘述者的價值。既然新的以回歸民國社會歷史為追求的研究是為了更豐富地呈現細節，那麼我們所發現的細節就不是以否定和排斥過去歷史敘述的細節為目標，今天的新發現的歷史細節本來就與過去的細節相互補充；我們也不必一味在研究模式的獨特性方面與過去一較短長，過去關於現代文學的各種判斷、分析和追求也可以融入今天的研究。例如，為了強調新研究的獨特性，我們一般都反復說明「從意義概念返回到時間概念」的價值，突出「民

國文學」框架的宏富性：「這樣『現代文學』就成了單純的時間概念，成為可以包羅萬象的時間容器，既可以接納五四新文學，又可以包容以鴛鴦蝴蝶派為主要特徵的舊派文學，同時也不遮蔽言情、偵探、武俠之類的舊通俗文學，舊派文學的詩詞格律、日偽淪陷區的漢奸文學、日常生活文學都可以在『民國文學』的時間框架下找到存在的位置，而不至於遭受被放逐的命運。」[8]然而，是否真的存在這麼一種歷史敘述模式：沒有思想傾向，沒有主觀性，可以包羅萬象？甚至我們還會追問：需要有包羅萬象的文學史嗎？

　　韋勒克、沃倫闡述過一個重要的觀點：文學史的時代命名並不是隨意的標籤張貼：「不能同意認為文學時代只是一個為描述任何一段時間過程而使用的語言符號的那種極端唯名論觀點。極端唯名論假定，時代的概念是把一個任意的附加物加在了一堆材料上，而這材料實際上只是一個連續的無一定方向的流而已；這樣，擺在我們面前的就一方面是具體事件的一片混沌，另一方面是純粹的主觀的標籤。如果我們持這樣的觀點，那就意味著我們在變化多端但本質上一致的現實中的不管哪個地方截取一個橫斷面都明顯地是無所謂的。從而，我們不管採用什麼樣的文學分期系統，即使這種分期系統是多麼任意和機械，也都是無關緊要的了。」「如果我們觀察一下較為近代的英國文學史，就會發現那種依據曆法上的世紀或國王統治時期來給文學分期的作法幾乎已經完全消失不見，而代之以一系列的時代，這些時代至少在名

---

8 楊丹丹：《「現代文學史」命名的追問與反思》，《長春師範學院學報》2008 年 5 期。

稱上得自最多種多樣的人類精神活動的。雖然我們還依舊使
用『伊莉莎白時代』的文學和『維多利亞時代』的文學這種
殘存的、按不同王朝劃分時期的老式術語，但這些字眼已經
在一個理智史的系統中獲得了一種新的意義。我們沿用它
們，是因為我們覺得這兩個女王似乎象徵了她們那些時代的
特徵。」「這些術語原本是政治術語，現在卻在理智史甚至
文學史中獲得了一種特定的意義。」「文學上某一時期的歷
史在於探索從一個規範體系到另一個規範體現的變化。」9對
於我們來說，「民國文學史」之所以有出現的必要，並不是
它可以通過排除主觀思想傾向來容納一切，而是它本身就代
表了一種文學的新規範。「民國」作為以特定政治形態為基
礎的歷史單位，最後能夠成為「文學」的定位之語，乃是按
照我們的「理智」和「思想」判斷，它已經形成一種特定的
規範文學的意義。換句話說，它不僅是時間的概念，同樣也
屬於意義的概念，那種不能為「新文學」、「現代文學」或
「二十世紀中國文學」所表達的意義概念。至於舊體詩、通
俗文學、漢奸文學等等能否進入「民國文學史」，也主要是
看它們能否在新的文學規範的向度上找到自己的位置，而不
是因為過去文學史的「放逐」就一定要被今天所「收容」。

　　在我看來，新的文學史研究在歷史概念的辨正之外，更
重要的是對新的文化機制的發掘，因為正是在這些文化機制
當中，包含著特定時期文學規範的重要資訊。

　　「民國文學機制」可以在不同方向和層面上加以解釋和

---

9 [美]韋勒克、沃倫：《文學理論》302、303、304、307頁，劉象愚等譯，
　三聯書店1984年。

挖掘。

　　例如民國經濟形態所造就的文學機制。從 1913 年張謇擔任農商總長，提出原則上撤廢公營事業、優先振興民間企業起，側重以民營資本為主體的自由市場經濟體制便開始建立，後來國民政府的經濟管理高層如陳公博、宋子文等均大力鼓勵民營經濟的發展，反對強化國家對經濟的管理，抑制政府財政支出。其間雖有孔祥熙提出以化學工業為主導的國營企業發展計畫，有抗戰時期向計畫統治經濟的傾斜，但民營經濟發展的主導格局則基本確定。中國近現代的出版傳播業就是在這樣的格局中發展起來的，出版傳播業的民營性質雖然決定了文學的「市場利益驅動」，但讀者市場的驅動本身又具有多元化的可能性，較之於一元化思想控制的國家壟斷，這顯然更能為文學的自由發展提供較大的空間。

　　再如民國法制形態影響下的文學發展。

　　清末新政，預備立憲，中國自國家層面的「憲政」與「法治」構想便已經啟動，法學人才進入國家的立法、司法和行政部門從此成為大勢所趨，學習法律成為從事法律職業的必備之資格。民國以後，法學人才的培養更成為教育界之重任。綜合性大學的法科是學生人數最多的專業，北京大學在 1917 年到 1923 年的六年間，法科畢業生人數占該校年均畢業生人數的 50%；而國內更有大量的法政專門學校，僅從 1912 年到 1925 年，全國有記載設立的法政專門學校有 418 所，各類專門學校共計 1143 所，法政專門學校占當時各類專門學校總數的 37%；法政學校的在校生人數，占到全國專門學校在校生總人數的 50%以上。這樣一個規模龐大的法律職業集團的

出現，這樣一個法律思想界別的形成都加強著民國社會的「法治」意識。我們看到，民國時期，立法上的重大舉措都有法學家們的思想參與，針對民國時期立憲過程中不顧國情的情況，對於立法過程中的「黨治」問題，當時的法學界就頗多批評。[10]獨立的「法學界」的輿論壓力對於民國法制形態產生了重要的影響，一些重要的法律在制定過程中，都首先由媒體公示，在法學家甚至社會公眾中展開充分的研討，如1912 年《中華民國暫行新刑律》、1915 年《刑法修正案》、1919 年《刑法第二次修正案》、1935 年《中華民國刑法》的起草，法學界的表現都相當踴躍。

　　至少在法制的表面形態上，民國政府表現出了一系列「法治」的努力。南京臨時政府的存在雖然短暫，但卻創建了一系列的保障民權的法律法令。北洋政府時期雖然戰亂不息，但依然維持了民主法治的表面格局，到南京國民政府，則系統繼承了自清末修律以來的法制建設成就，逐漸形成了以憲法為基礎，以刑法、民法、刑事訴訟法、民事訴訟法、行政法為主幹的所謂「六法體系」。民國法制形態對「民權」的保障與專制者的獨裁行政構成了不可避免的矛盾，獨裁專制一方面致力於思想文化的控制，不斷踐踏保障民權的法律，但以「三民主義」和西方法治思想為基礎，民國法律同樣也建構著保障民權的最後一道防線，哪怕它本身是如此動搖和脆弱。

　　在民國時期，我們目睹了知識份子利用法律為武器，對

10　參見謝振民：《中華民國立法史》，中國政法大學出版社 1999 年。

抗專制獨裁、捍衛言論自由的大量案例。1922 年 10 月，北京各界發起要求廢止《治安警察條例》運動；1925 年，北京新聞界要求撤銷《管理新聞營業條例》運動，上海新聞界要求廢止《出版法》等法令；1932 年《申報》反禁郵；1933 年《生活》反封殺;1938 年，為抗議國民黨政府制定《出版法》、《新聞檢查標準》、《圖書雜誌審查辦法》，由生活書店和其他書局等發起，各界人士參加的「拒檢運動」；即便在處於國家戰時緊急狀態，如《新華日報》也依然採用「開天窗」的形式公然對抗新聞檢查。來自知識階層的風起雲湧、層出不窮的抗議風潮，極大地反撥了國家政府的行政獨裁，令袁世凱、段祺瑞、蔣介石等都不得不有所顧忌，當魯迅憑一己之力可以控告教育部勝訴之時，當段祺瑞也不得不承認「限制輿論的做法不適合共和國的國體，對輿論應先採取放任主義」之時，當汪精衛等狀告成舍我和《民生報》損害名譽卻又最後撤訴於法院之時，當蔣介石也不得不在一些禁令上有所妥協之時，中國現代文學的自由空間顯然獲得了寶貴的維護。

　　民國教育制度的存在則為文學新生力量的成長創造了文化條件，也為廣大知識份子的生存提供了物質基礎。自晚清開始，中國教育逐步形成了國立、私立與教會教育的三足鼎立之勢。到 1948 年，中國一共有 56 所大學，公立 31 所，私立 13 所，教會 12 所。在今天看來，這些教育大體上實踐了教育獨立、中西會通的原則，為現代中國文化的發展奠定了重要的基礎。晚清中國教育先是接受了德日中央集權模式的影響，官辦學校成為教育的主體，然而這一政治與教育聯合

的中國方式卻不斷遭遇到具有留洋背景的新知識群體的批判和抨擊，加之民國初年的政治動盪，中央政權實際上無法有效地將自己的政治理念貫徹到校園之中。民國政府的教育部於1912年至1913年制訂頒佈的民國第一個學校制度系統（即「壬子癸醜學制」），其中的《大學令》、《大學規程》等關於高等教育的法令已經包含了若干廢除忠君、尊孔等舊教育宗旨的內容，同時如校內設評議會、教授會等機構，則開始效仿英美大學的自治權和學術自由思想。五四時期在教育界更開展了廢止教育宗旨、宣佈教育本義、倡行教育獨立的運動，「養成健全人格，發展共和精神」的現代公民教育思想成為全國教育聯合會太原年會的決議。大學獨立的理念深入人心，即便軍閥辦大學，也不得不表現出對教育的相當敬重，或者借興辦教育博取自己的社會聲響。國民黨努力推進「黨化教育」，卻也一直受到校內外各種力量的抵制和反對，徹底的「黨化教育」從來也沒有在民國實現過。正是這樣的教育環境為現代中國培養了一批又一批思想獨立、個性鮮明的青年知識份子，而又是這些知識份子的創造活動揭開了中國文學嶄新的一頁。當這些寫作者走出各級學校的大門，便成為勇於承擔社會道義的中堅，為民族憂思，為民眾吶喊，為理想奮鬥，而生存於校園的人們，也能夠利用相對優越的物質條件進行文化的融合與知識的反思。在不同階段接受過民國學校教育的青年可能分別形成了社會派作家和學院派作家，他們興趣有別，優劣均在，但認真觀察，卻都自有其獨立的文學貢獻。奔波於底層社會的左翼革命文學同樣受惠於民國教育，1940年代的西南聯大作家群則利用高等教育的資

源進行了獨特的文化與生命思考。現代中國文學由此而更加
豐富和生動。

關於文學的「民國機制」答問

文學的「民國機制」是什麼

周維東：我注意到，最近有一些學者提出了「民國文學
史」研究的問題，例如張福貴先生、丁帆先生、湯溢澤先生
等等。而在這些「文學史」重新書寫的呼聲中，您似乎更專
注於一個新的概念的闡述和運用，這就是文學的「民國機
制」，您能否說明一下，究竟什麼是文學的「民國機制」呢？

李怡：「民國機制」是近年來我在中國現代文學史研究
中逐漸感受到並努力提煉出來的一個概念。形成這一概念大
約是在 2009 年，為了參加北京大學召開的紀念五四新文化運
動 90 周年研討會，我重新考察了「五四文化圈」的問題。我
感到，五四文化圈之所以有力量，有創造性，根本原因就在
於當時形成了一個砥礪切磋、在差異中相互包容又彼此促進
的場域，而這樣的場域之所以能夠形成，又與「民國」的出
現關係甚大，中國現代文學有後來的發展壯大，在很大程度
上得力於當時能夠形成這個場域。在那時，我嘗試著用「民
國機制」來概括這一場域所表現出來的影響文學發展的特
點。我將五四時期視作文學的「民國機制」的初步形成期，
因為，就是從這個時期開始，推動中國現代文化與文學健康
穩定發展的基本因素已經出現並構成了較為穩定的「結構」。

　　2010 年，在進一步的研究中，我對文學的「民國機制」做出了初步的總結。我提出：「民國機制」就是從清王朝覆滅開始，在新的社會體制下逐步形成的推動社會文化與文學發展的諸種社會力量的綜合，包括經濟方式、法律形態、教育制度等等各種社會的環境圍合形成的支撐（當然也包括某種限制）我們文化發展的因素，當然還包括在此基礎上出現的獨特的精神導向，它們共同作用、配合，影響著中國現代文學的形態特徵。

　　為什麼叫做「民國機制」呢？就是因為形成這些生長因素的力量醞釀於民國時期，後來又隨著 1949 年的政權更迭而告改變或者結束。新中國成立以後，眾所周知的事實是，政治制度、經濟形態及社會文化氛圍及人的精神風貌都發生了重大改變，「民國」作為一個被終結的歷史從大陸中國消失了，以「民國」為資源的機制自然也就不復存在了，新中國文學在新的「機制」中轉換發展。雖然我們不能斷言這些新「機制」完全與舊機制無關，或許其中依然包含著數十年新文化新文學發展無法割斷的因素，但是從總體上看，這些因素即便存在，也無法形成固有的「結構」。對於文化和文學的發展而言，往往就是這些不同的「結構」在發生著關鍵性的作用，所以我主張將所謂的「百年中國文學」、「二十世紀中國文學」分段處理，不要籠統觀察和描述。它們實在大不相同，20 世紀下半葉的中國文學應該在新的「機制」中加以認識。

　　周維東：「民國機制」與同時期出現的「民國文學史」、「民國史視角」有什麼差別？

　　李怡：「民國文學史」的提出來自當代學人對諸多「現代文學」概念的不滿。據我的瞭解，最早提出以「民國文學史」取代「現代文學史」設想的是上海的陳福康先生，陳福康先生長期致力於現代文獻史料的發掘勘定工作，他所接觸和處理的歷史如此具體，實在與抽象的「現代」有距離，所以更願意認同「民國」這一稱謂。其實這裡有一個值得注意的現象：真正投入歷史的現場，你就很容易發現文學的歷史更多的是一些具體的「故事」，抽象的「現代」之辨並不都那麼激動人心。所以在近現代史學界，以「民國史」定位自己工作者先前就存在，遠比我們觀念性強的「文學史」界為早。繼陳福康先生之後，又先後有張福貴、魏朝勇、趙步陽、楊丹丹、湯溢澤、丁帆等人繼續闡述和運用了「民國文學史」的概念，尤其是張福貴和丁帆先生，更以「國務院學位委員」特有的學科視野為我們論述和規劃了這一新概念的重要意義與現實可能，我覺得他們的論述十分重要，需要引起國內現代文學同行的高度重視和認真討論。在一開始，我也樂意在「民國文學史」的框架中討論現代文學的問題，因為這一框架顯然能夠把我們帶入更為具體更為寬闊的歷史場景，而不必陷入糾纏不清的概念圈套之中，例如借助「民國文學史」的框架，我們就能夠更好地解釋「大後方文學」的複雜格局，包括它與延安文學的互動關係。[11]不過，「民國文學史」主要還是一個歷史敘述的框架，而不是具體的認知視角和研究範式，或者說他更像是一個宏闊的學科命名，而不是「進入」

---

11 李怡：《「民國文學史」框架與「大後方文學」》，《重慶師範大學學報》2009 年 1 期。

問題的角度。我們也不僅僅為了「寫史」，在書寫整體的歷史進程之外，我們大量的工作還在於對一個一個具體文學現象的理解和闡釋，而這就需要有更具體的解讀歷史的角度和方法。我們不僅要告訴人們這一段歷史「叫做」什麼，而且要回答它「為什麼」是這樣，其中都有哪些值得注意的東西。對後者的深入挖掘可以為我們的文學研究打開新的空間，「機制」的問題提出就來源於此。

周維東：我也意識到這一問題。「民國文學史」提出的學理依據和理論價值，在於它一時間化解了「中國現代文學史」框架中許多難以解決的難題，譬如中國現代文學的「起點」問題，中國現代文學的「包容度」問題，中國現代文學史寫作的價值立場問題等等。但「化解」並不等同於「解決」，當我們以「民國」的歷史來界分中國現代文學時，我們依舊需要追問「現代」的起源問題；當我們不再為中國現代文學的包容度而爭議時，如何將民國文學錯綜複雜的文學現象統攝在同一個學術平臺上，又成了新的問題。我們可以不為「現代」的本質而煩擾，但一代代中國現代知識份子的文化追求還是會引發我們思考：他們為什麼要這樣而不是那樣？

李怡：還有一個概念也很有意思，這就是秦弓先生提出的「民國史視角」，「視角」的思路與我們對其中「機制」的關注和考察有彼此溝通之處，我們都傾向於通過對特定歷史文化的具體分析為文學現象的解釋找到根據。在我們的研究中，有時也使用「視角」一詞，只是，我更願意用「機制」，因為，它指涉的歷史意義的可能更方便展開，更有利於我們對文化和文學的內在「結構性」因素的總結。

周維東：「民國機制」的研究許多都涉及社會文化的制度問題，這與前些年出現的「中國現當代文學制度研究」有什麼差別呢？

李怡：最近一些年出現的「中國現當代文學制度研究」為中國文學的發生發展尋找到了豐富的來自社會體制的解釋，這與過去機械唯物主義的「社會反映論」研究有根本的差異。我們今天對「民國機制」的思考，當然也包含著對這些成果的肯定，不過，我認為，在兩個大的方面上，我們的「機制」論與之有著不同。首先，這些「制度研究」的理論資源依然主要來自西方學術界，這固然不必指責，但顯然他們更願意將現代中國的各種「制度現象」納入更普遍的「制度理論」中予以認識。「民國」歷史的特殊性和諸多細節還沒有成為更主動的和主要的關注物件，「民國視角」也不夠清晰和明確，而這恰恰是我們所要格外強調的；其次，我們所謂的「機制」並不僅是外在的社會體制，它同時也包括現代知識份子對各種體制包圍下的生存選擇與精神狀態。例如民國時期知識份子所具有的某種推動文學創造的個性、氣質與精神追求，這些人的精神特徵與國家社會的特定環境相關，與社會氛圍相關，但也不是來自後者的簡單「決定」與「反映」，有時它恰恰表現出對當時國家政治、社會制度、生存習俗的突破與抗擊，只是突破與抗擊本身也是源於這個國家社會文化的另外一些因素。特別是較之於後來極「左」年代的「殘酷鬥爭、無情打擊」，較之於「知識份子靈魂改造」後的精神扭曲，或者較之於中國式市場經濟時代的信仰淪喪與虛無主義。作為傳統文化式微、新興文明待建過程中

的民國知識份子，的確是相對穩健地行走在這條歷史的過渡年代，其中的姿態值得我們認真總結。

周維東：經過您的闡述，我可不可以這樣理解：「民國機制」包含了一種全新的文學理解方式，「民國」是靜態的歷史時空，而「機制」則是文化參與者與歷史時空動態互動中形成的秩序，兩者結合在一起，強調的是在文學活動中「人」與「歷史時空」的豐富的聯繫，這種聯繫可以形成一種類似「場域」的空間，它既是外在的又是內在的。通過對「文學機制」的發現，文學研究可以獲得更大的彈性空間，從而減少了因為理論機械性而造成的文學阻隔。單純使用「民國」或「制度」等概念，往往會將文學置於「被決定」的地位，它值得警惕的地方在於，我們既無法窮盡對「民國」或「制度」全部內容的描述，也無法確定在一定的歷史時空下就必然出現一定的文學現象。

李怡：可以這樣理解。

為什麼是「民國機制」

周維東：應該說，目前中國現代文學研究已經相當成熟了，各種研究模式、方法、框架都取得了引人注目的成就，在這個時候，為什麼還要提出這個新的闡述方式呢？

李怡：很簡單，就是因為目前的種種既有研究框架存在一些明顯的問題，對進一步的研究形成了相當的阻力。我們最早是有「新文學」的概念，這源於晚清「新學」，「新文學」也是「新」之一種，顯然這一術語感性色彩過強，我們必須追問：「新」旗幟如何永遠打下去而內涵不變？「現代」

一詞從移入中國之日起就內涵駁雜，有歐洲文明的「現代觀」，也有蘇聯的十月革命「現代觀」，後者影響了中國，而中國又獨出心裁地劃出一「當代」，與蘇聯有所區別。到了新時期，所謂「與世界接軌」也就是與歐美學術看齊，但是我們的「現代」概念卻與人家接不了軌！到 1990 年代，「現代性」知識登陸中國，一陣恍然大悟之後，我們「奮起直追」，「現代性」概念漫天飛舞，但是新的問題也來了：如何證明中國文學的「現代」就是歐美的「現代」？如果證明不了，那麼這個概念就是有問題的，如果真的證明了，那麼中國文學的獨立性與獨創性還有沒有？我們的現代文學研究真的很尷尬！提出「民國機制」其實就是努力返回到我們自己的歷史語境之中，發現中國人在特定歷史中的自主選擇。這才是中國文學在現代最值得闡述的內容，也是中國文學之所以成為中國文學的理由，或者說是中國自己的真正的「現代」。

周維東：我在想一個問題，「民國機制」的提出在很大程度上來自對目前「現代」概念的質疑和反思，這是不是意味著，我們從此就確立了與「現代」無關的概念，或者說應該把「現代」之說驅除出去呢？

李怡：當然不是。「現代」概念既然可以從其知識的來源上加以追問，借助「知識考古」的手段釐清其中的歐美意義，但是，在另外一方面，「現代」從日本移入中國語彙的那一天起，就已經自然構成了中國人想像、調遣和自我感性表達的有機組成部分，也就是說，中國人已經逐步習慣於在自己理解的「現代」概念中完成自己和發展自己。今天，我們依然需要對這方面的經驗加以梳理和追蹤，我們需要重新

摸索中國自己的「現代經驗」與「現代思想」，而這一切並不是 1990 年代以後自西方輸入的「現代性知識體系」能夠解釋的，怎麼解釋呢？我覺得還是需要我們的民國框架，在我們「民國機制」的格局中加以分析。

周維東：也就是說，只有在「民國機制」中，我們才可以真正發現什麼是自己的「現代」。

李怡：就是這個意思，「現代」並不是已經被我們闡述清楚了，恰恰相反，我覺得很多東西才剛剛開始。

周維東：「民國」一詞是中性的，這是不是更方便納入那些豐富的文學現象呢？例如舊體詩詞、通俗小說等等。提出「民國機制」是否更有利於現代文學史的「擴軍」？也就是說將民國時期的一切文化文學現象統統包括進去？

李怡：從字面上看似乎有這樣的可能，實際上已經有學者提出了這個問題。但是，對於這個問題，我卻有些不同的看法，實際上，一部文學史絕對不會不斷「擴容」的，不然，數千年歷史的中國古典文學今天就無法閱讀了。不斷「減縮」是文學史寫作的常態，文學經典化的過程就在減縮中完成。這就為我們提出了一個問題：一種新的文學闡釋模式的出現從根本上講是為了「照亮」他人所遮蔽的部分而不是簡單的範圍擴大，「民國」概念的強調是為了突出這一特定歷史情景下被人遺忘或扭曲的文學現象，舊體詩詞、通俗小說等等直到今天也依然存在，不能說是民國文學的獨有現象，而且能夠進入文學史研究的一定是那些在歷史上產生了獨立作用和創造性貢獻的現象，舊體詩詞與通俗小說等等能不能成為這樣的現象大可質疑。與唐詩宋詞比較，我們現代的舊體詩

詞成就幾何？與新文學對現代人生的揭示和追求比較，通俗
小說的深度怎樣？這都是可以探討的。實際上，一直都有學
者提出舊體詩詞與通俗小說進入「現代文學史」，與新文學
並駕齊驅的問題，呼籲了很多年，文學史著作也越出越多，
但仍然沒有發現有這麼一種新舊雜糅、並駕齊驅的著作問
世。為什麼呢？因為兩者實在很難放在同一個平臺上討論，
基礎不一樣，判斷標準不一樣。我認為，提出文學的「民國
機制」還是為了更好地解釋那些富有獨創性的文學現象，而
不是為了擴大我們的敘述範圍。

周維東：文學史研究從根本上講，就不可能是「中性」
的。

李怡：當然，任何一種闡述本身就包含了判斷。

「民國機制」何為

周維東：在文學的「民國機制」論述中，有哪些內容可
以加以考察？或者說，我們可以為現代中國文學研究開拓哪
些新空間呢？

李怡：大體上可以區分為兩大類：一是對「民國」各種
社會文化制度、生存方式之於文學的「結構性力量」的考察、
分析，二是對現代作家之於種種社會格局的精神互動現象的
挖掘。前者可以展開的論題相當豐富，例如民國經濟形態所
造就的文學機制。從 1913 年張謇擔任農商總長起，在大多數
情形下，鼓勵民營經濟的發展已經成了民國的基本國策，中
國近現代的出版傳播業就是在這樣的格局中發展起來的，這
賦予了文學發展較大的空間；至少在法治的表面形態上，民

國政府表現出了一系列「法治」的努力，以「三民主義」和西方法治思想為基礎，民國法律同樣也建構著保障民權的最後一道防線，雖然它本身充滿動搖和脆弱。這表層的「法治」形式無疑給了知識份子莫大的鼓勵，鼓勵他們以法律為武器，對抗獨裁、捍衛言論自由；多種形態的教育模式營造了較大的精神空間，對國民黨試圖推進的「黨化」教育形成抵制。後者則可以深入挖掘現代知識份子如何通過自己的努力和抗爭來調整社會文化格局，使之有利於自己的精神創造。

周維東：這些研究表面上看屬於社會體制的考察，其實卻是「體制考察與人的精神剖析」相互結合，最終是為了闡發現代文學的創造機能而展開的研究。

李怡：對，尋找外在的社會文化體制與人的內部精神追求的歷史作用，就是我所謂的「機制」的研究。

周維東：這樣看來，「民國機制」的研究也就帶有鮮明的立場：為中國現代文學的創造力尋求解釋，深入展示我們文學曾經有過的歷史貢獻，當然，也為未來中國文學的發展挖掘出某些啟示。所以說，「民國機制」不是重新劃範圍的研究，不是「標籤」與「牌照」的更迭，更不是貌似客觀中性的研究，它無比明確地承擔著回答現代文學創造性奧秘的使命。

李怡：這樣的研究一開始就建立在「提問」的基礎上，是為了回答現代文學的諸多問題我們才引入了「民國機制」這樣的概念，因為「提問」，我想我們的研究無論是在文學思潮運動還是在具體的作家作品現象方面都會有一系列新的思維、新的結論。例如一般認為 1930 年代左翼作家的現實揭

弊都來源於他們生活的困窘，其實認真的民國生活史考察可以告訴我們，但凡在上海等地略有名氣的作家（包括左翼作家）都逐步走上了較為穩定的生活，他們之所以堅持抗爭在很大程度上還是來自理想與信念。再如目前的文學史認為矛盾的《子夜》揭示了民族資產階級在現代中國沒有前途，但問題是民國的制度設計並非如此，其實民營經濟是有自己的生存空間的，尤其 1927 年到 1937 年被稱作民國經濟的「黃金時代」，這怎麼理解？顯然，在這個時候，矛盾作為左翼作家的批判性佔據了主導地位，而引導他如此寫作的也不是什麼「按照生活本來面目加以反映」的 19 世紀歐洲的「現實主義」原則，而是新進引入的馬克思主義的階級觀念。民國體制與作家實際追求的兩廂對照，我們看到的恰恰是民國文學的獨特景象：這裡不是什麼遵循現實主義原則的問題。而是作家努力尋找精神資源，完成對社會的反抗和拒斥的問題。在這裡，文學創作本身的「思潮屬性」是次要的，構建更大的精神反抗的要求是第一位的。在這方面，是不是存在一種「民國氣質」呢？

　　周維東：根據您的闡述，我理解到「民國機制」所要研究的問題。過去我們研究文學史，也注重了歷史語境的問題，但從某個單一視角出發，就可能出現「臆斷」和「失度」的現象，這也就是俗話中的「只知其一不知其二」。「民國機制」研究民國「社會文化制度、生存方式之於文學的『結構性力量』」，實際還強調了歷史現場的全景考察。其次，「現代作家之於種種社會格局的精神互動現象」在過去常常被認為是作家的個體想像，您在這裡特別強調這種互動的集體性

和有序性，並試圖將之作為結構文學史的重要基礎。

　　李怡：是這樣的。過去我們都習慣用階級對抗來解釋民國時代的「左」、「中」、「右」，好像現代文學就是在不同階級的作家的屬性衝突中發展起來的。其實，就這些作家本身而言，分歧和衝突是一方面，而彼此的包容和配合也是不容忽視的一面。更重要的是，他們意見和趣味的分歧往往又在對抗國家專制統治方面統一了，在面對獨裁壓制的時候，都能夠同仇敵愾，共同捍衛自己的利益。當整個知識份子階層共同形成精神的對抗之時，即便是專制統治者也不得不有所忌憚，例如擔任國民黨中宣部部長的張道藩就在 1940 年代的「文學政策」論爭中無法施展壓制之術。民國文學創作的自由空間就是不同思想取向的知識份子共同造成的。

　　周維東：這樣看來，「民國機制」還有很多課題值得挖掘。譬如民國時期知識份子與大眾傳媒的關係問題，過去我們基本從「稿費」和「經濟」的角度理解這一現象，不過如果我們注意到這一時期的「零稿費」現象、「虧本經營」現象，以及稿件類型與稿酬水準的關係問題等等，就可以從單純的經濟問題擴展到民國文人、民國傳媒的趣味和風尚問題，進而還能擴展到民國知識份子生存空間的細枝末節。這樣研究文學史，真可謂「別有洞天」呀！

作為方法的「民國機制」

　　周維東：我覺得，提出文學的「民國機制」不僅可以為我們的學術研究開闢空間，同時它也具有方法論的價值。

李怡：我以為這種方法論的意義至少有三個方面：一是宣導我們的現代文學學術研究應該進一步回到民國歷史的現場，而不是抽象空洞的「現代」，即便是中國作家的「現代」理念，也有必要在我們自己的歷史語境中獲得具體的內容；二是史料考證與思想研究相互深入結合。近年來，對現代文學史料的重視漸成共識，不過，究竟如何認識「史料」卻已然存在不同的思路。有人認為提倡史料價值，就是從根本上排除思想研究，努力做到「客觀」和「中性」。其實，沒有一種研究可以是「客觀」的，從來也不存在絕對的「中性」，最有意義的研究還是能夠回答問題，是具有強烈的問題意識的研究。如何將史料的考證和辨析與解答民國時期文學創作的奧秘相互結合，這在當前還亟待大家努力。第三，正如前面我們所強調的那樣，我們也努力將外部研究（體制考察）與內部研究（精神闡釋）結合起來，以「機制」的框架深入把握推動文學發展的「綜合性力量」，這對過去「內外分裂」的研究模式也是一種突破。

周維東：最近幾年，中國出現了「民國熱」，談論民國，想像民國，出版民國讀物，蔚為大觀，有人擔心是否過於美化了那一段歷史。

李怡：這個問題也要分兩重意義來說，首先是為什麼會出現這樣的「熱」。顯然是我們的歷史存在某種需要反省的東西，或者將那個時候的一切統統斥之為「萬惡的舊社會」，從來沒有正視過歷史的應有經驗，或者是對我們今天 ── 市場經濟下虛無主義盛行，知識份子喪失理想和信仰 ── 的某種比照，在這樣兩種背景上開掘「民國資源」，我覺得都有

明顯的積極意義。因為它主要代表了我們的不滿足，求反思，重批判，至於是否「美化」那要具體分析。不過，在「民國」永遠不會「復辟」的前提下，某些美好的想像和誇張也無須過分擔憂，因為，「民國」資源本身包含「多元」性，左翼批判精神也是民國精神之一。換句話說，真正進入和理解「民國」，就會引發對民國的批判，何況今天分明還具有太多的從新體制出發抨擊民國的思想資源，學術思想的整體健康來自不同思想的相互抵消，而不是每一種思想傾向都四平八穩。

周維東：的確是這樣。所謂「美化」的背後其實是缺失和批判。學術史上有太多類似的「美化」，屈原、陶淵明、李白、杜甫等文化名人形成的光輝形象，不正是研究者「美化」的結果嗎？魯迅也曾經「美化」過魏晉。在研究者「美化」歷史人物和歷史時期時，我想他不是諂媚也不是褒貶，而是在更大的文化空間上，揭示我們還缺少什麼，我們如何可以過得更好。

李怡：還有，也是更主要的一點，我們的「民國機制」研究與目前的「民國熱」在本質上沒有關係。我們要回答的是民國時期現代文學的創造秘密，這與是否「美化」民國統治者完全是兩回事。我們從來嚴重關切民國歷史的黑暗面，無意為它塗脂抹粉，恰恰相反，我們是要在正視這些黑暗的基礎上解答一個問題：現代知識份子如何通過自己的抗爭和奮鬥突破了思想的牢籠，贏得了民國時期的文學輝煌。我們把其中的創生力量歸結為「民國機制」，但是顯而易見，「民國機制」的積極有效性都不屬於那些專制獨裁者，而是來自於廣大知識份子的艱苦求索，既西學東漸，又古為今用，在

現代新文化發展的基礎上形成的中華民族的精神革新之路。

　　周維東：「民國機制」不是民國統治者的慈善，不是政治家的恩賜，而是以知識份子為主體的社會力量主動爭取和奮鬥的結果，在這裡，需要自我反省的是知識份子自己。

　　李怡：「民國機制」的提出歸根結底是現代文學學術長期發展的結果，絕非當前的「風潮」鼓動（中國是一個充滿「風潮」的社會，實在值得警惕）。近三十年來，中國現代文學研究一直在尋找一種更恰當的自我表達方式，從 1980 年代「二十世紀中國文學」在「走向世界」中抵消意識形態的干預到 1990 年代「現代性」旗幟的先廢後存，尷尷尬尬，我們的文學研究框架始終依靠外來文化賜予。那麼，我們研究的主體性何在？思想的主體性何在？我曾經宣導過文學研究的「生命體驗」，又集中梳理過中國現代文學批評的術語演變，這一切的努力都不斷將我們牽引回中國歷史的本身，我們越來越真切地感受到更完整地返回我們的歷史情境才有可能對文學的發展做進一步的追問。對於現代的中國文學而言，這一歷史情境就是「民國」，一個無所謂「美化」也無所謂「醜化」的實實在在的民國。回到民國，才是回到了現代中國作家的棲息之地，也才回到了中國文學自身。

　　周維東：最後一個問題，我們研究民國時期的文學，是否也應該考慮當時歷史狀況的複雜性，比如是不是民國時代的所有文學都從屬於「民國機制」？比如解放區文學、淪陷區文學？除了「民國機制」，當時還存在另外的文學機制沒有？

　　李怡：這樣的提問就將我們的問題引向深入了！我一向反對以本質主義的思維來概括歷史，社會文化的內在結構不

會是一個而是多個。當然，在一定的歷史時期，肯定有主導性的也有非主導性的，有全域性的也有非全域性的。在「民國」的大框架中，也在特定條件下發展起了一些新的「機制」，但是民國沒有瓦解，這些「機制」的作用也還是局部的。延安文學機制是在蘇區文學機制的基礎上發展起來的，軍事性、鬥爭性和一元性是其主要特徵，但這一機制全面發揮作用是在「民國」瓦解之後。在當時，延安文學能夠在大的國家文化體系中存在，也與民國政治的特殊架構有關，在這個意義上，也可以說是「民國機制」在特殊的局部滋生了新的延安機制，並最終為發展後的延安機制所取代。至於淪陷區則還應該仔細區分完全殖民地化的臺灣以及置身中國本土的東北淪陷區、華北淪陷區和上海孤島等。對於完全殖民地化的尚未光復的臺灣，可能基本置於「民國機制」之外，而對其他幾個地區，則可能是多種機制的摻雜，雖然摻雜的程度各不相同。但是，從總體上看，我並不主張抽象地籠統地議論這些「機制」比例問題，我們提出「民國機制」最終還是為了解決現代中國文學發生發展的若干具體問題。只有回到具體的文學現象當中，在分析解決具體的文學問題之時，「民國機制」才更能發揮「方法論」的作用，啟發我們如何在「體制與人」的交互聯繫中發掘創造的秘密。我們無須完成一部抽象的「民國機制發展史」，可能也完成不了，更迫切的任務是針對文學具體現象的新的符合中國歷史情境的闡述和分析。

　　周維東：對，我們的任務是進入具體的文學問題，將關注「民國機制」作為內在的思想方法，引導對實際現象的感受和分析。

三　民國歷史視野中的現代中國文學

　　這一部分我們力圖返回民國歷史，從中發現影響中國現代文學發展的一些重要因素，而這些因素，在過去往往被我們所忽略。

憲政理想與民國文學空間

　　對於民國時代中國文學的生存環境，我們曾經有過不容置疑的定論：軍閥混戰，動亂頻任，一黨獨裁，進步文學飽受摧殘壓制……這來自新中國視野的反思批判格外嚴厲，其實民國時代的文學史家也早有批評，即如錢基博就發出過「民不見德，唯亂是聞」的感慨，[1] 正是為了回避這令人生厭的「民國」，他才啟用「現代」一詞描述近世之文學。不過，與此同時，誰也無法否認就是在這麼一個「動盪」、「黑暗」的年代，中國文學卻一改前代文學的頹勢，釋放出了奪目的異彩，在運用現代漢語表達現代中國人情緒和思想的方向上取得了突出的成就，民國時期中國作家的精神高度和文學實績甚至還讓 20 世紀下半葉「光明時代」的人們自愧不如。

1　錢基博：《現代中國文學史》四版增訂識語，《現代中國文學史》510 頁，岳麓書社 1986 年。

　　究竟應該怎樣理解這一矛盾的現象呢？

　　我以為根本原因就在於我們常常混淆了一般社會歷史的情形與文學發展所需要的「空間」，甚至對這些社會歷史的具體情形的把握也不時流於模糊、籠統和概念化。

　　人的生存感受固然受制於社會歷史的基本狀況，不過這些社會歷史的情形卻有著自己種種的「類別」和「層次」，對於我們不同方向上的發展所產生的作用也各不相同。軍閥混戰對於耕耘於仕途和耕耘於農田的人顯然影響各異，經濟蕭條在青年學生那裡的烙印絕不同於企業家，也不等同於大學教授或者普通農工。這就是布迪厄所說的：「在高度分化的社會裡，社會世界是由大量具有相對自主性的社會小世界構成的，這些社會小世界就是具有自身邏輯和必然性的客觀關係的空間，而這些小世界自身特有的邏輯和必然性也不可化約成支配其他場域運作的那些邏輯和必然性」。[2]民國時代知識份子階層相對穩定的經濟狀況形成了一種相對穩定的創作基礎，正是這樣的基礎將底層的動盪阻擋在了一個尚不足以摧毀生存的距離，中國現代作家的「小世界」就是我們所謂的文學空間，或者布迪厄所謂之「場域」。布迪厄將影響文學作品生產、流通、消費等的各種因素所構成的有機系統稱為「場域」。他尤其強調其中的各種「關係」與「鬥爭」。在我看來，對於將文學視作文明啟蒙工程的中國現代作家而言，除了「資本」與「市場」等等的「關係」和「鬥爭」之外，其中的精神元素的沉澱和運行可能特別值得我們注意。

---

2 [法]布迪厄、華康得：《實踐與反思》135 頁，李猛、李康譯，中央編譯出版社 1998 年。

　　對民國文學空間的描述，我們幾乎忽略了一個貫穿始終的精神性脈動：憲政理想。這幾乎就是流淌於知識階層全體的精神信仰，而現代作家則扮演了活躍的角色，他們宣講、傳播、闡發、吶喊、抗爭，他們訴諸文字，也訴諸身體，他們不僅借文學發動思想的「革命」，最後甚至不惜直接參與行動的「革命」。當憲政成為彌漫的精神，整個民國時代的國民都能清晰地感知到它的聲音、它的呼吸，或者在承受它的壓力，包括形形色色的政治家、獨裁者，憑藉著憲政力量的有意無意的推動，文學發展的空間得以擴展，至少也是較多的保留。

　　憲政（Constitutionalism）一詞，由梁啟超在 1899 年引入。指的是以憲法體系約束國家權力、保證公民權利的學說或理念。約束國家權力即「限政」，西方學人一般都以「限政」來界定「憲政」，近代意義的憲政則是指「有限政府通過憲法的存在而進行的實踐活動」。[3]近代以後的國家政治危機讓中國知識份子從晚清開始就嘗試著一條能夠保障國民權力、防止政府濫權的「憲政」之路，並為此前仆後繼、浴血犧牲。至此，「西方憲政文化在中國不僅作為一種思潮，而且在以後百年的歲月裡，憲政至少在形式上開始成為國家政治、法律制度乃至文化所追求的目標。」[4]為了「皇位永固」，晚清「預備立憲」，1906 年，清政府下詔仿行憲政，將刑部改為法部，負責司法行政，大理院則專司審判，司法、行政

---

3 [英]安德魯・海伍德：《政治學的核心概念》154 頁，吳勇譯，天津人民出版社 2008 年。
4 杜文忠：《近代中國的憲政化兼與韓國比較》22 頁，法律出版社 2009 年。

初步分離。1907 年，法部奏請《司法權限章程》12 條，要求
實行司法管理與審判分立：「審判權必各級獨立而後能執法
不阿，司法權則必層次監督而後能無專斷之流弊。」[5] 1908
年《欽定憲法大綱》第一次用國家大法的形式規定了人民所
享有的權利：「臣民有合於法律命令之資格者，得為文武官
吏及議員，非照法律規定不得加以逮捕、監禁、處罰；臣民
在法律範圍內，有言論、著作、集會、結社自由。」這裡雖
「君臣」之分依然，但卻已經顯露了「憲政」的精神：對國
家權力的限制和對個人權利的保障。這樣的憲政理想更成為
民國政治的基本框架，1912 年，中華民國南京臨時政府成
立，頒佈了《中華民國臨時約法》。它對「共和」政體的認
定和對人民的基本權力的規定都可以說是在法律上奠定了現
代中國的憲政基礎。1914 年，袁世凱廢除《中華民國臨時約
法》，制定了充滿專制獨裁性質的《中華民國約法》，但他
也不敢拋棄「憲政」的招牌，即便稱帝改年號，也還要以洪
憲之「憲」相標榜。1917 年張勳復辟，引來的也是一片討伐，
人們已經無法容忍「憲政」之外的選擇。1923 年 10 月，曹
錕頒佈《中華民國憲法》，雖然被稱為「賄選憲法」，但至
少從形式上來看，它規定國家為民主性質國家，政府體制為
責任內閣制，且有關於中央與地方的分權構想。南京國民政
府成立後，按照孫中山軍政 —— 訓政 —— 憲政的三部曲建國
方案，實行一黨專政、以黨領政的「訓政」，獨裁專制大行
於世，不過，理論形式上的憲政推進卻並沒有停止。1931 年

5　參見張晉藩主編：《中國百年法制大事縱覽：1900-1999》14、15 頁，法
　律出版社 2001 年。

《中華民國訓政時期約法》、1936 年《中華民國憲法草案》（「五五憲草」）都在不同的方向上認定了公民的基本權利，對政府權力分配（例如對社會控制關係甚大的中央與地方的分權問題）也有現代意義的調整，而且就是在這一時期形成了以「六法全書」為主體的人權立法體系，屬於近代以來中國人權立法史上的一大進步。1946 年，在包括中國共產黨在內的諸多民主力量的呼籲要求下，國民政府發佈新的《中華民國憲法》，從形式上對公民權利的保障更為完善，就公民權利而言，「保障」性質已大於「限制」性質，對地方自治的規定則更為清晰。[6]

總之，復辟、專制、獨裁雖濁浪不斷，憲政之路步履蹣跚，但是民主先賢們不屈不撓的奮鬥至少為現代中國保留了表述形式上的憲政追求。這不僅是潛移默化的社會信念的滲透，教育著一代又一代的中國公民，更形成一種莫大的精神力量，對專制獨裁者構成有形無形的羈絆和約束。

憲政的信念令人鼓舞，對統治者的羈絆則開闢了民眾生存的空間。從晚清到民國，知識份子的寫作空間獲得了一種較為穩定的開拓。

首先是各種法律至少在形式上肯定了創作發表的自由。

與先前《大清律例・刑律》將「造妖書妖言」歸於「盜賊」類加以嚴懲有別，晚清政府頒佈的五個新聞法規，開始用法律的語言肯定了言論出版自由。《中華民國臨時約法》莊嚴保障言論出版自由，袁世凱一度以《報紙條例》、《出

---

6 卞琳：《南京國民政府訓政前期立法體制研究（1928-1937）》202 頁，華東政法學院 2006 年 11 月博士學位論文。

版法》等加以限制，但不久又被段祺瑞開禁，軍閥混戰的北洋時期反倒比南京國民政府時代擁有更大的言論自由。眾所周知，南京國民政府頒佈了一系列的書報檢查條例，對言論自由大加壓制，不過它也不得不在憲法中宣示對這些自由的肯定。1931 年《中華民國訓政時期約法》第十五條規定「人民有發表言論及刊行著作之自由，非依法律不得停止或限制之」。1936 年《中華民國憲法草案》第十三條同樣聲稱「人民有言論、著作及出版自由，非依法律，不得限制之」。在一段時間裡，政府為了贏得知識界的支持，甚至還有過進一步開放的姿態，例如在 1928 年發佈開放報刊的通電；1929 年 9 月 5 日，國民黨中央執委會第 33 次會議曾經決議：「凡新聞紙之一切檢查事宜，除經中央認為有特殊情形之地點及一定時期外，一律停止」；[7] 1929 年 12 月 27 日，蔣介石通電全國，表示「言禁」，又在北平記者招待會上，聲明希望各報「以真確之見聞，作翔實之貢獻，其弊病所在，能確見其實癥結；非攻訐私人者，亦請盡情批評。」[8]後又宣稱「查言論自由，為全國人民應有之權利。現在統一政府成立，亟應扶植民權，保障輿論，以副顒望，而示大眾。」[9]其次是近現代的地方分權形式在客觀上降低了官方對言論自由的掌控力度。地方分權、地方自治也是近現代中國憲政追求的重要內容。清末地方自治運動分化了皇權，為憲政改革推波助瀾，

---

7 中國第二歷史檔案館館藏《國民黨中央執委會會議記錄》，全宗號 711，卷號 55。

8 原載 1929 年 12 月 29 日《大公報》，轉引自方漢奇《中國新聞事業通史》第二卷 407 頁，中國人民大學出版社 1996 年。

9 劉哲民編：《近現代出版新聞法規彙編》529 頁，學林出版社 1992 年。

民國初年的勢弱中央、軍閥混戰加劇了這一局面。1920 年代的聯省自治運動則於政治改革方向上取得了重要的成就。1921 年，浙江、湖南制定省憲先後出臺。1923 年的《中華民國憲法》已經具有了聯邦主義特色，它不僅專門規定了省權，而且還特別規定了縣的權力，從而對省級以下的地方自治提供了憲法保障。南京政府時期力圖強化中央政權，不過它本身也無力真正解決地方勢力與黨內派系問題，這在不同的方向上削弱了集權政治的控制能力，在不同的權力張力間形成了言論自由的空間。例如，當時的國民黨中央試圖通過政黨和政府兩種管道對地方進行控制。訓政前期「凡各級黨部對同級政府之用人、行政、司法及其它舉措，有認為不合時，應報告上級黨部，由上級黨部諮其上級政府處理。」[10]這就意味著地方黨部並不能直接干涉地方行政，中央黨部也不能直接干預地方行政，黨對政府沒有直接干預的權力。當書報檢查實施之時，雖然地方報刊不能批評當地政府，但卻不妨批評中央或他地。這樣，一個專制獨裁政府，「其內部的糾紛百出，理論中心不能建立。共信力量不能集中」，[11]倒是為民間提供了較為寬鬆的空間。

　　就是在軍閥混戰的年代，中國的報刊發行量一度出現過井噴。據葉再生先生《中國近現代出版史》統計，1920 年全國報刊有一千多種，甚至每隔兩三天就有一種新刊物問世。

10　榮孟源：《中國國民黨歷次代表大會及中央全會資料》上冊 756-757 頁，光明日報出版社 1985 年。
11　江沛、紀亞光：《毀滅的種子 —— 國民政府時期意識形態管理研究》6 頁，陝西人民教育出版社 2000 年。

不僅有《新青年》在開展思想文化啟蒙，也有《湘江評論》、《新湖南》、《天津學生聯合會報》、《覺悟》等的激進之聲。最典型的莫過 1926 年的「三一八」慘案，段祺瑞執政府衛隊槍殺徒手請願的學生，引發了輿論的大討伐。北京一地的報刊幾乎盡數上陣，《語絲》、《國民新報》、《世界日報》、《晨報》、《現代評論》、《清華特刊》……譴責之聲鋪天蓋地，最後迫使內閣總理辭職下臺。一方面，這是現代傳媒力量的淋漓展現，中國現代作家紛紛投入其中，魯迅、周作人、梁啟超、林語堂、朱自清、蔣夢麟、聞一多、凌叔華都等以自己犀利的筆鋒顯示了自由的力量；另外一方面，卻也證明了社會輿論與民間言論已經成為當權者不能漠視的存在。

當然，在民國，憲政理想與現實之間也存在深刻的矛盾，不然哪裡有「三一八」慘案這樣民國史上「最黑暗的一天」，又哪裡還有後來左翼青年慘遭屠戮的事實呢？而國民黨的書報檢查制度更是將自己的獨裁本質暴露無遺，形成了對憲政制度的最大破壞。北洋時期出現過張作霖殘殺《京報》社長邵飄萍、張宗昌殺害《社會日報》的主筆林白水的悲慘事件。書報查禁晚清已然，根據著名新聞史學家方漢奇的統計，1898年至 1911 年，至少有 53 家報紙遭到摧殘，其中 30 家被查封，14 家被勒令停刊，其餘的分別遭到傳訊、罰款、禁止發行、禁止郵遞等處分。辦報人中，有 2 人被殺，15 人被捕入獄，還有百餘人受到拘留、警告、遵釋回籍等處分。國民政府推行的書報檢查制度較晚清更為嚴苛。南京國民政府建立之初，當局即在上海、南京等地展開新聞檢查，後來又一再以「戒嚴期間」、「討逆期間」為由在各地實施新聞檢查。1934

年，上海、南京、北平、天津等的新聞檢查機構公開設立。
抗戰時期，更有戰時軍權統治，新聞管制愈趨嚴格，嚴密的
戰時新聞檢查網得以建立。根據張克明輯錄的《第二次國內
革命戰爭時期國民黨政府查禁書刊編目》統計，歷年查禁書
刊基本情況如下：

> 1927 年 8 月到 1937 年 6 月，查禁書刊約 2000 餘種。
> 1938 年 3～12 月，查禁書刊 185 種。
> 1939 年 1～12 月，查禁書刊 271 種。
> 1940 年 1～12 月，查禁書刊 116 種。
> 1941 年 1～12 月，查禁書刊 414 種。
> 1942 年 1～12 月，查禁書刊 62 種。
> 1943 年 1～12 月，查禁書刊 157 種。
> 1944 年 1～12 月，查禁書刊 171 種。
> 1945 年 1～12 月，查禁書刊 16 種。

　　國共內戰幾年間，查禁書刊超過 1000 種。[12]更有甚之，
在審查方式上，國民政府經歷了從初期「出版後檢查」向 1934
年「出版前檢查」制度的改變，與當時世界多數國家相比，
這屬於歷史的大倒退，它嚴重地剝奪了公民的基本言論自
由，桎梏了出版業的健康發展。在這樣的檢查羅網中，一大
批批判現實、思想激進的左翼文學飽受摧殘，查禁的理由大
多是「鼓吹偏激思想」、「為奸黨作宣傳」甚至「派系私利」

---

12 蘇朝綱：《抗戰時期出版界反查禁紀年（1937-1945）》，宋原放主編：
　　《中國出版史料》現代部分第二卷 73-86 頁，山東教育出版社 2001 年。

等既模糊又明顯侵犯公民言論思想自由的論斷。據吳效剛先
生對抗戰時期圖書的初步統計，僅僅以「派系私利」的模糊
理由查禁的文學作品和雜誌就達 300 多（部）種，占查禁作
品總數的 30%。[13]進入 1930 年代的魯迅這樣描述它目睹的文
學檢查狀況：「禁期刊，禁書籍，不但內容略有革命性的，
而且連書面用紅字的，作者是俄國的綏拉菲靡維支（A
Serafimovitch），伊凡諾夫（V Ivanov）和奧格涅夫（N Ognev）
不必說了，連契訶夫（A Chekhov）和安特來夫（L Andreev）
的有些小說，也都在禁止之列。於是使書店只好出算學教科
書和童話，如 Mr Cat 和 Miss Rose 談天，稱讚春天如何可愛
之類 —— 因為至爾妙倫（H Zur Mühlen）所作的童話的譯本
也已被禁止，所以只好竭力稱讚春天。但現在又有一位將軍
發怒，說動物居然也能說話而且稱為 Mr，有失人類的尊嚴
了。」[14]其荒謬酷烈超過了北洋，因為「那時的北京，還掛
著『共和』的假面，學生嚷嚷還不妨事；那時的執政……段
祺瑞先生，他雖然是武人，卻還沒有看過《莫索理尼傳》。」
雖然發生了屠殺事件，「然而還可以開追悼會；還可以遊行
過執政府之門，大叫『打倒段祺瑞』。」[15]於是，「當三〇
年的時候，期刊已漸漸的少見，有些是不能按期出版了，大
約是受了逐日加緊的壓迫。《語絲》和《奔流》，則常遭郵

13 吳效剛：《抗戰時期查禁文學中的「派性私利」之謂》，《學海》2012
　　年 3 期。
14 魯迅：《二心集·黑暗中國的文藝界的現狀》，《魯迅全集》第 4 卷 286
　　頁，人民文學出版社 1981 年。
15 魯迅：《南腔北調集·論「赴難」和「逃難」》，《魯迅全集》第 4 卷
　　472 頁，人民文學出版社 1981 年。

局的扣留,地方的禁止,到底也還是敷延不下去。那時我能
投稿的,就只剩了一個《萌芽》,而出到五期,也被禁止了」。
[16]失去自由環境的文壇只能是強權當道、流氓橫行,在《黑
暗中國的文藝界的現狀》一文中,魯迅告訴我們,在文學查
禁年代,「屬於統治階級的所謂『文藝家』,早已腐爛到連
所謂『為藝術的藝術』以至『頹廢』的作品也不能生產,現
在來抵制左翼文藝的,只有誣衊,壓迫,囚禁和殺戮;來和
左翼作家對立的,也只有流氓,偵探,走狗,劊子手了。」[17]
不僅有特定思想傾向的文學被禁止、被鎮壓,而且作為這些
文學對立面的「主流意識形態」文學,本身也如此不堪,難
以構成真正的文學平衡,這實在是寫作生態的極度劣質化。

　　顯而易見,就是這些敗壞「憲政」目標的惡劣現實造成
了民國文學最黑暗的景象,成為我們過去文學史講述的最主
要的內容。

　　那麼,我們究竟應當怎麼理解這種種的矛盾景觀:在持
續不斷的憲政追求和隨處可見的專制現實之間,在禁止、鎮
壓的惡劣環境與寫作的自由理想之間,現代中國知識份子有
著怎樣的思考、怎樣的選擇?

　　無論我們怎麼估價民國時代的生存環境與文學空間,無
論我們怎麼描述中國作家在那些矛盾困苦歲月的種種遭遇,
我們都不得不正視一系列顯赫的事實。恰恰是在新舊困鬥、

16 魯迅:《二心集·序言》,《魯迅全集》第 4 卷 189 頁,人民文學出版
　 社 1981 年。
17 魯迅:《二心集·黑暗中國的文藝界的現狀》,《魯迅全集》第 4 卷 285
　 頁,人民文學出版社 1981 年。

矛盾叢生的民國時代，中國作家發掘了脫離固有文學困境、走向「新文學」的契機，在千年以降的中國文學史上，這都可謂是絕大的轉折、莫大的成就；也是在禁錮擠壓的生存現實中，像魯迅、胡適、矛盾、巴金、曹禺、胡風這樣一大批的現代知識份子不屈抗爭，以「魔羅詩力」的意志、普羅米修士式的勇氣，以對現代政治與法律文化「空隙」的敏銳把握，努力撐開了一片嶄新的寫作天地。專制獨裁的陰影從來沒有窒息現代作家心中的光明，1929 年 4 月 20 日，南京國民政府頒佈了保障人權命令。胡適、羅隆基等人借機在《新月》雜誌發表文章，歷數國民黨政府侵犯人權的事例，公開呼籲制定約法、保障人權、實行真正的民主政治。雖然胡適因此受到當局警告，以致被迫辭去了中國公學校長之職，羅隆基則遭受拘捕，但他們為言論自由、保障人權而奔走呼籲的理想卻從未停止。在「文字獄」的全面圍剿中，有人勸魯迅「不如放下刀筆，暫且出洋」，「說是在一個人的生活史上留下幾張白紙，也並無什麼緊要。」[18]顯然，魯迅從來沒有接受這樣的規勸，相反，他更加堅定於這樣的信念：「生存的小品文，必須是匕首，是投槍，能和讀者一同殺出一條生存的血路的東西。」[19]當魯迅秉持著這樣的信念，以手中的「刀筆」努力「殺出一條生存的血路」，其實也就極大地開拓了現代文學的生存空間。

---

18 魯迅：《二心集·做古文和做好人的秘訣》，《魯迅全集》4 卷 270 頁，人民文學出版社 1981 年。
19 魯迅：《南腔北調集·小品文的危機》，《魯迅全集》4 卷 577 頁，人民文學出版社 1981 年。

　　而在現代中國的文學史、新聞史與出版史上，類似這樣的個體抗爭與群體抗爭的事例可以說是此伏彼起，層出不窮。到了1940年代中期，因為黃炎培《延安歸來》的出版還引發了出版界、新聞界聲勢浩大的「拒檢運動」。這場知識份子群體的大規模抗爭持續一個多月，終於迫使國民黨中央在9月22日舉行的第十次中常會上通過決議，宣佈從1945年10月1日起撤銷對新聞和圖書雜誌的檢查。雖然國民黨的言論並沒有真正結束，但是歷史證明，民國知識份子的這些努力卻具有很大的震懾效應。同樣是在言論控制嚴苛的抗戰時代，國民黨中宣部長張道藩提出了規範「文藝政策」的設想，梁實秋立即著文反對，結果反倒是張道藩知難而退，還不得不撰文解釋：「我們提出的文藝政策並沒有要政府施行統治的意思，而是赤誠地向我國文藝界建議一點怎樣可以達到創造適合國情的作品管見。」[20] 1930年代，懾於知識份子階層的不滿和批評，掌管國民黨新聞事業頭號人物的陳佈雷也曾對新聞檢查者提出這樣審慎的建議：「願行法之人顧大體而略小節，諳法意而少運用。」「故除誠心反動之宣傳品外，對於一般，與其嚴毋寧恕，必使輿論出版界有發乎愛黨國之真誠而自知審慎，然後可達所期之目的，萬不可打草驚蛇，反致顧此失彼。」[21]馬克斯·韋伯說過：「常常是觀念所創造出的『世界圖像』──如同鐵路岔道上的扳道工一樣

20　張道藩：《關於「文藝政策」的答辯》，《文化先鋒》1942年1卷8期。
21　陳佈雷：《對宣傳品審查條例之意見》，《陳佈雷先生文集》123頁，（國民黨）黨史委員會1984年。

—— 決定著行動在利益動力的推動下運行的軌道。」[22]近現代中國的憲政理想從根本上改變了歷史的方向。正是在民國時期中國現代文學的實際成就中，我們發現，近代以來限制政府權力、保障公民權利的憲政理想已經深入人心。它不僅成為現代知識份子精神追求的內核，成為他們獨有的「民國氣質」的有機組成，而且也以自己強大的現代道德的力量對專制體制內部形成某種滲透和衝擊，從而在一定程度上動搖和消解了鐵幕統治的堅硬和無情。

民國文學由此在艱難困頓中營造了自己獨立的空間，在滿目瘡痍的原野上盛開了一簇簇倔強的花朵。

辛亥革命與中國文學「民國機制」的國體承諾

中國文學的發展在近百年來進入到了一個前所未有的歷史時段，無論我們名之為「新文學」、「現代文學」還是「二十世紀中國文學」，都不能改變「千年巨變」的基本事實。要詳盡準確地描述這些事實，就需要我們返回到中國社會歷史本身的結構形態，於是近年來書寫「民國文學史」的呼籲再度興起。在我看來，究竟在「文學史」之前冠名怎樣的「首碼」是一回事，而認真剖析這一時段文學的特殊形態則同樣是更為緊迫的學術任務，深入考察文學「民國機制」的意義正在於此。

我以為，中國文學在結束自己的古典機制，逐漸形成「民

22 [德]施路赫特：《理性化與官僚化：對韋伯之研究與詮釋》6頁，顧忠華譯，廣西師範大學出版社 2004 年。

國機制」的過程中，有兩個時間點值得我們特別注意，一是1911 年的辛亥革命，二是 1917 年開始的五四新文化運動。前者奠定了文學發展的新的國家體制基礎，後者醞釀了堅實的文化結構與精神空間。

在一個成熟的現代社會裡，文學藝術作為個人精神的產品，自有其社會公眾需要的生存空間，這樣的公眾需要空間，以其自在自律的方式在很大程度上超越了國家政治的強力控制。不過，對於正在結束「帝王專制」時代的中國文學而言，卻無法享受這樣的自在自律。鑒於傳統專制對於社會資源的絕對控制，現代中國的公眾空間的出現和建立都有賴於國家體制問題的整體改變，這也就是說，現代中國的新的文學樣式的產生並不單純是個人精神創造的結果，在很大的程度上得力於宏觀的國家新體制的建立。

正是辛亥革命開始了這一國家新體制的建立過程。

在大陸既往的歷史評價中，辛亥革命或者被描述為「既成功又失敗」的革命，甚至乾脆就是「一次失敗的革命」，雖然從總結歷史教訓的角度不無道理，但卻在很大的程度上嚴重忽略了這場革命對現代中國國家體制建立的根本意義。晚年孫中山對辛亥革命有精闢的總結：「此役所得之結果，一為蕩滌二百六十餘年之恥辱，使國內諸民族一切平等，無復軋礫淩制之象。二為劃除四千餘年君主專制之跡，使民主政治於此開始。……此其結果之偉大，洵足於中國歷史上大書特書，而百世皆蒙其利者也。」[23]以現代「民主政治」取

---

23 孫中山：《中國革命史》，《孫中山全集》第 7 卷 66 頁，中華書局 2006 年。

代「君主專制」，這樣的意義怎麼估價也不過分。袁世凱獲得了中華民國的總統大權，這裡的權力更迭本身並不是「辛亥革命的失敗」而應該說是現代政治合理妥協的一種形式，革命者出讓「總統」的權力贏得了亞洲第一個民主共和國的合法存在，這是中國邁向現代化的艱難而重要的一步；至於袁世凱後來稱帝的鬧劇，當然不能說是辛亥革命與民國制度的目標，而且恰恰由於「民國」國體理念已經得以保存，包括各路軍閥勢力都不再能輕易擺脫這一框架的制約，所以才最終導致了復辟的破產。即便是對「舊民主主義革命」批評甚多的毛澤東也說過：「我們寫歷史時常說辛亥革命是失敗的，其實並不能說完全失敗，辛亥革命有它的勝利，它打倒了直接依賴帝國主義的清朝皇帝。」[24]「孫中山比改良派又更進一大步，他公開號召實行資產階級民主革命，推翻了清朝的統治，結束了中國兩千多年的封建帝制，建立了中華民國和臨時革命政府，並制定了一個《臨時約法》。辛亥革命以後，誰要再想做皇帝，就做不成了。所以我們說它有偉大的歷史意義。」[25]誰要再想做皇帝，就做不成了，這裡的歷史「規約」就來自於現代國家體制，按照毛澤東的概括也就是「民主共和國觀念從此深入人心」。[26]雖然在具體的細節上，它尚有許多亟待完善之處。

　　以民主政治為目標的現代國家體制，其根本的原則便是

---

24 毛澤東：《如何研究中共黨史》，《毛澤東文集》第 2 卷 402 頁，人民出版社 1993 年。

25 毛澤東：《關於辛亥革命的評價》，《毛澤東文集》第 6 卷 346 頁，人民出版社 1996 年。

26 見《建國以來毛澤東文稿》第 4 冊 546 頁，中央文獻出版社 1990 年。

對公民權利的保障，而只有在一個公民權利被充分保障的社會裡，知識份子的精神創造才可能獲得根本的尊重。新的感受、思考、寫作與傳播的社會環境的出現，這是中國文學進入嶄新的「現代百年」的基礎。晚清廢科舉、興報業，可以說是為現代的職業作家的出現創造了最初的經濟條件，而民國建立、現代民主國家體制的設計則從政治與法律的層面上保證了知識份子的生存與言論自由。

辛亥武昌起義後，湖北軍政府頒佈了《中華民國鄂州約法》，保障現代民主政治的一系列基本原則：人民平等，言論、集會、結社、信教、營業自由；法律由議會制定，議員由人民選舉產生。該約法為各省所效法。南京臨時政府成立後，更於 1912 年 3 月 11 日頒佈《中華民國臨時約法》，以國家法律的形式確立了主權在民的根本原則。《臨時約法》規定，人民享有人身、居住、財產、言論、出版、集會、結社、通信、信仰等自由，享有請願、訴訟、考試、選舉和被選舉等權利。在此之前，中華民國臨時大總統孫中山的就職宣誓是：「以忠於國，為眾服務」，以民為奴的專制統治就此結束，國家政府「服務人民」、「天下為公」的時代全新展開。1912 年 1 月 28 日，中國第一個國會 —— 參議院正式成立，立法機關和行政機關權力分離、相互制約，為預防和警惕強人專權獨裁的出現，民國立法者進一步修改總統共和為責任內閣制。在 1912 年的全國大選中，登記的選民占當時全國人口的 10%，結黨參與政治競爭成為民國初年的風景。一時間，新興民間團體達 682 個之多，其中基本具備近代政黨

性質的團體共有 312 個之眾，[27]在中國歷史上可謂空前絕後。

　　這樣的制度設計的保障，這樣以國家憲法形式出現的莊嚴承諾，極大地喚醒了知識份子的維權意識，也是他們的主動維權，最終為自己開闢了比較廣闊的言論空間。就是在政黨、社團開始參與國家政治的過程中，報紙雜誌廣泛評論時事，報導各種國家政治事件，臨時政府內務部曾經頒佈報律予以限制，但立即遭到報界的聯合反對，後經孫中山出面干預，終於取消成案；到袁世凱執政時期，先後頒佈了《報紙條例》、《出版法》、《陸軍部解釋「報紙條例」第十條第四款軍事秘密之範圍》、《報紙條例未判案件包括於檢廳偵查內函》、《報紙侮辱公署依刑律處斷電》、《修正報紙條例》、《新聞電報章程》、《戒嚴法》、《治安警察條例》、《預戒條例》、《著作權法》等，嚴厲打壓新聞出版自由，以至釀成了中國現代出版史上著名的「癸醜報災」：從 1912 年 4 月到 1916 年 6 月袁世凱當權期間，「全國報紙至少有 71 家被封，49 家被傳訊，9 家被反動軍警搗毀；新聞記者至少有 24 人被殺，60 人被捕入獄」，[28]不過，這樣被封、被傳訊、被搗毀、被殺、被捕的過程，同樣是知識份子奮起抗爭的過程。到後來，在袁世凱病逝之後，繼任的北洋軍閥統治者，不得不宣佈恢復《中華民國臨時約法》，廢止或者修改袁世凱政府頒佈的《報紙條例》等一些法律法規，解除一些新聞禁令。自五四到「三一八」慘案，中國知識份子捍衛言論自由、面對執政當局展示輿論力量的勇氣已然形成了自己強大的傳統，1927 年以後

27　閻小波：《中國近代政治發展史》144 頁，高等教育出版社 2003 年。
28　方漢奇：《中國近代報刊史》720 頁，山西人民出版社 1981 年。

的蔣介石政權不斷加強對輿論監控和對言論自由的限制，同樣也不斷被左翼知識份子與自由主義知識份子所抨擊和挑戰，而構成抨擊和挑戰的根據也包括了民國初年國家體制對言論自由的莊嚴承諾。

五四新文學運動的健將錢玄同在 1919 年激動不已：「若從中華民國自身說，它是西曆一九一一年十月十日產生的，那一日才是中華民國的真紀元。就中國而論，這日是國民做『人』的第一日；就世界而論，這日是人類全體中有四萬萬人脫離奴籍，獨立做『人』的一個紀念日。這真是我們應該歡喜，應該慶賀的日子。」[29]錢玄同準確地體察了辛亥革命的「民國」理想之於新文化創造的重大意義。

新文學運動的領袖胡適在談到辛亥革命時說：「這個政治大革命雖然不算大成功，但是它是後來種種新事業的總出發點，因為那個頑固腐敗勢力的大本營若不顛覆，一切新人物與新思想都不容易出頭。戊戌（1898 年）的百日維新，當不起一個頑固老太婆的一道諭旨，就全盤推翻了。」[30]這是關於辛亥革命之於現代文化史的清醒定位。

一般認為，魯迅對辛亥革命失望居多，批評甚烈，所謂「我覺得仿佛久沒有所謂中華民國。我覺得革命以前，我是做奴隸；革命以後不多久，就受了奴隸的騙，變成他們的奴隸了」[31]的感歎，其實，失望乃至憤懣與其說是魯迅對辛亥

29 錢玄同：《陳百年〈恭賀新禧〉附志》，見 1919 年 1 月 17 日《新青年》6 卷 1 號。
30 胡適：《中國新大學大系·建設理論集導言》，《中國新大學大系·建設理論集》16 頁，上海良友圖書印刷公司 1935 年。
31 魯迅：《華蓋集·忽然想到》，《魯迅全集》第 3 卷 63 頁，人民文學出版社 2005 年。

革命的否定還不如說是恰恰出自對革命理想的緬懷，因為，魯迅緊接著又明明白白地告訴我們：

> 我覺得有許多民國國民而是民國的敵人。
>
> 我覺得有許多民國國民很像住在德法等國裡的猶太人，他們的意中別有一個國度。
>
> 我覺得許多烈士的血都被人們踏滅了，然而又不是故意的。
>
> 我覺得什麼都要從新做過。
>
> 退一萬步說罷，我希望有人好好地做一部民國的建國史給少年看，因為我覺得民國的來源，實在已經失傳了，雖然還只有十四年！

也就是說，魯迅依然尊重和維護著辛亥革命與「民國」的理想，尤其因為這樣，他才更不願看到這些理想被褻瀆、被遺忘、被扭曲的現實。他撰文紀念孫中山，反擊「奴才們」對革命先烈的譏笑糟蹋：「中山先生逝世後無論幾周年，本用不著什麼紀念的文章。只要這先前未曾有的中華民國存在，就是他的豐碑，就是他的紀念。」32在《因太炎先生而想起的二三事》一文中，魯迅又說「我的愛護中華民國，焦唇敝舌，恐其衰微，大半正為了使我們得有剪辮的自由」。33

---

32 魯迅：《中山先生逝世後一周年》，《魯迅全集》第 7 卷 305 頁，人民文學出版社 2005 年。

33 魯迅：《因太炎先生而想起的二三事》，《魯迅全集》第 6 卷 576、577 頁，人民文學出版社 2005 年。

將「民國」與「剪辮的自由」相提並論，這並不是對革命成果的諷刺與輕蔑，因為，在清代以來中國的「身體政治史」上，由「剪辮」而引發的歷史慘劇曾經是那麼驚心動魄。「民國」誕生了，中國人至少擁有了「剪辮的自由」，擁有了支配自己身體的某種「人權」。這是擺脫奴隸、成為主人的開始，雖然這權利還那麼脆弱、那麼單薄，但它卻是通向未來的第一塊基石。

中國歷史的民國歲月，儘管風風雨雨，坎坷波折，儘管後來依然出現了令人窒息的黑暗，儘管孫中山等「革命先行者」的民主共和理想未必真正實現，但作為國家體制對廣大國民的最初的承諾和理想的設計無疑是激動人心的。於是，在那個時代的許多知識份子的感受中，「民國」都包含了這麼一種民主承諾的溫暖的記憶，正是這種記憶不斷啟動他們作為「國家主人」的堅強意志，不斷為中國的現代文學提供「主人的」而不是「奴隸的」精神產品。

五四：文學的「民國機制」的形成

五四一直是各種思想潮流（乃至各種黨派、各種政治力量）談論現代中國文化歷史的起點，對所謂五四的理解和認識，更是人們分析、評價和判斷中國現當代社會文化問題 —— 包括成就和局限的主要「根據」。政治革命家早有「新民主主義開端」之說，保守的政治獨裁者（如蔣介石）也曾指責「自由主義」的五四是背棄了「中國固有的文化精神」，新時期中國知識份子給予許多的「啟蒙」的期待，而西方漢

學（尤其是美國漢學）更有「激進」、「偏激」的種種憂慮……
五四新文化運動九十周年的紀念一點都不能減少今天圍繞它
的種種爭論。問題是：他們談論的是同一個五四嗎？五四究
竟是什麼？它是怎樣「構成」的？在總體上實現了什麼功能？

　　五四之所以常常令我們陷入一種沒有結論的爭議乃是因
為後人把太多注意力花在了對「運動」之中諸多激烈言論的
關注當中。所謂的「激進」也好，「偏激」也罷，都不過是
這些言論的組成部分，對五四的責難似乎認定就是這些言論
對整個中國現代文化與文學的發展構成了關鍵性的影響，以
至有從五四到「文革」的種種「反思」。但是，在另外一方
面，如果我們平心靜氣地觀察現代中國的歷史，卻應當承認：
不管五四新文化派的主張有多麼激進，現代中國文化都沒有
順著那樣一種單一狹隘的方向發展，至少是直到 1949 年為
止。中國的現代文化在融會古今中外的寬闊的道路上自信地
走著，外來文化大規模地進入了中國，而中國傳統文化也得
到了很好的整理、闡述和發揮，而「整理國故」的中堅並不
是為歷史所淘汰的前清文人，而是中國新文化運動的宣導者
與建設者。以文學為例，自五四新文學運動中誕生的白話文
學不僅延續了中國文學的現代生存，而且出現了不同流派、
不同風格、不同思想追求的新的繁盛景象；也不僅是五四新
文化派所宣導的那種文學形式的一花獨放，包括新文化派質
疑和批評的舊派文學、鴛鴦蝴蝶派文學也依然生存著，發展
著。被稱作「現代」的這個時期，中國文學獲得了來自社會
體制、文化環境、文學氛圍等各個方面的發展保障和推動力
量。這些事實都啟發我們：需要對「五四遺產」做一番新的

梳理了，除了激情論戰的「造勢」效應外，它真正積澱下來的、融入社會歷史的「堅硬」的本質是什麼？

在我看來，五四遺產中被人們有意無意遺忘掉的，而在如今最需要我們正視和總結的東西便是一種能夠促進現代中國社會與文化健康穩定發展的堅實的力量，因為與民國之後若干的社會體制因素的密切結合，我們不妨將這種堅實的結合了社會體制的東西稱作「民國機制」。

在推動中國現代文化與文學健康穩定發展的過程之中，「民國機制」至少有三個方面的具體體現：作為知識份子的一種生存空間的基本保障，作為現代知識文化傳播管道的基本保障以及作為精神創造、精神對話的基本文化氛圍。正是在五四，初步形成了以上三個方面的對現代中國至關重要的積極推動性力量。

科舉制度結束之後，現代學校和出版傳媒成為中國知識份子生存和發展的主要基礎。前者容納了數量眾多的知識群體，形成了現代知識份子最基本的生存空間，尤其是高等院校更成為大量富有創造力的知識精英的棲身之所。

近現代中國教育的改革先是更多地接受了德日中央集權模式的影響（1912～1917），成為教育的主體的是官辦學校，然而軟弱無力的北洋政府其實無法有效地將自己的意志貫穿到校園之中，政教合一的模式不斷受到新知識群體的抨擊，全國教育聯合會太原年會的決議高舉的是「養成健全人格，發展共和精神」的現代公民教育理想。廢止教育宗旨、宣佈教育本義、倡行教育獨立的運動在五四時期在教育界得以開展，自 1917～1927 年具有決定性意義的所謂「教育無宗旨」

的十年中，[34]現代中國的教育理念從師從德日轉向仿效英美，從而為民國教育尤其是大學校園注入了思想獨立的重要因數，雖然這並沒有排除掉國民黨「黨化」教育的追求。現代知識份子這一生存基礎的最早創立者便是蔡元培與北京大學。1917 年蔡元培就任北京大學校長，北京大學在蔡元培的推動下，率先踐行「研究高深學問」、「學術自由」和「教授治校」等辦學理念，於五四前後完成了具有現代意義的轉型。「循思想自由之原則，取相容並包主義」的蔡元培以具有劃時代意義的努力將北京大學營造成諸種思想傾向並立的知識份子的殿堂。這裡既有新文化派的《新青年》、《新潮》，又有研究傳統文化的《國故》以及以「增進國民人格，灌輸國民常識，研究學術，提倡國貨」為宗旨的新舊派都能夠接受的《國民》。這些刊物對內號稱尊重同人的個性，[35]對外則通過論爭形成思想的互動，從而推進社會文化的發展。沒有這樣的生存基礎，就根本沒有思想交鋒的五四新文化與新文學運動。換個角度我們也可以說，五四時期的北京大學的知識份子的生存方式就是「民國機制」的第一次顯現。

出版傳媒既是一部分知識份子的直接謀生之所，又為更多的知識份子提供了傳播思想的基本管道，因此，圍繞出版傳媒而形成的體制性運營方式，又根本上決定和影響著現代知識的生產和擴散。隨著近代出版傳播方式的出現和發展，

34　參見楊天平：《論「五四」時期的教育無宗旨現象》，《浙江師範大學學報》2003 年 4 期。

35　《新青年》宣言謂：「社人各人持論，也往往不能盡同」，《新潮》發刊旨趣書稱：「本志主張，以為群眾不宜消滅個性；故同人意旨，盡不必一致。」

清政府與後來的軍閥政府都試圖通過各種條律加以鉗制，不過，種種的鉗制努力都無法扭轉一個更大的歷史格局：內憂外困的清政府日益衰弱，而軍閥政權的頻繁更迭也自有它窮於應付的社會政治亂局，專制的本質遭遇到了無序的社會。從 1906 年《大清印刷物專律》到 1914 年袁世凱頒佈的《出版法》，一方面是中央政權不斷試圖實施的出版傳媒控制，另一方面卻常常無法解決其間出現的較多「空隙」。除此之外，民國法律在「法理」上對民權保護，以及近代以後中國逐漸形成的出版傳媒的民營體制格局都不斷擴大著這些出版限制的縫隙。最終，在五四時期，我們看到的是一個言論自由得到了基本實現的寬鬆的輿論環境，它為五四新文化運動的開展創造了十分有利的條件，從五四開始構制的思想的自由與多元營造了民國文化的基本面。儘管後來國民黨獨裁政權總是以各種方式侵犯和壓制思想自由，但都無法從根本上封堵知識份子精神自由的追求，更沒有能夠將主要的知識創造與思想表達納入到專制政治的精密機器當中，或迫使它們淪為專制獨裁的完全附庸。

從五四新文化到左翼文化，這是我們現代文化史與文學史討論的重要問題。但值得注意的是，恰恰是在國民黨血腥的「清黨」之後，左翼文化得到了蓬勃的發展，並且努力抵抗了專制獨裁勢力的絞殺迫害。左翼文化能夠獲得基本的生存空間，這在很大程度上也得益於自五四時代就開創出來的「民國機制」。

也是在五四時期，在五四新文化運動之中，中國知識份子接受了個人思想表達如何介入公共話題，個人的話語權力

與他者的話語權力如何對話與互動，如何在彼此的砥礪中構建更大的話語空間的全面訓練。哈貝馬斯曾經將與私人領域相分離的「公共領域」的出現視為現代社會的重要特點，鑒於歷史文化的深刻差異，哈貝馬斯所描述的那種「公共領域」顯然與中國近現代歷史的具體情形有不小的錯位。不過，知識份子如何走出一己的閒情逸致，彼此呼應，為一系列現代文化的公共性話題展開探討卻同樣是「中國現代文化」的重要標誌。問題在於，個人的話語權力如何得到保證，又如何與他人形成整體的配合。更有甚之，當不同的話語產生矛盾、分歧乃至衝突的時候，又需要在怎樣的容忍中尊重對方且不喪失自己的文化立場。這種種的「原則」都需要細細掂量、揣摩，需要更多的實際話語抵牾中的磨合，而最後的「和而不同」則是現代中國文化建設所急需的「氛圍」，一種在傳統中國社會所不曾有過的多元個性的共生「氛圍」。過去我們對五四的認識，把主要的焦點都集中於進步如何壓倒落後，新文化如何戰勝舊傳統之類你死我活的命題上。其實，在我看來，除了五四新文化宣導者那些理論激情之外，五四遺產更「堅實」的部分就在於它形成了一種容忍不同思想傾向的話語空間，或者說文化爭鳴「氛圍」，在這種氛圍背後的是中國知識份子彼此分歧卻又相互尊重的有一定認同度的「文化圈」的存在。

在這個圈子當中，中國知識份子出於民族命運與社會問題的共同關懷，在五四時期形成一個巨大的生存群落，他們各自有著並不相同的思想傾向，有過程度不同的文化論爭，但又在總體上形成了推動文化發展的有效力量。在當時，章

士釗與新文化宣導者激烈論爭，但論戰卻沒有妨礙雙方的基本交誼和彼此容忍，論戰之余，胡適與章士釗各自撰寫對方擅長的文體唱和打趣，章士釗有雲：「你姓胡，/我姓章；/你講什麼新文學；/我開口還是我的老腔。/你不攻來我不駁，/雙雙並坐各有各的心腸。/將來三五十年後，/這個相片好作文學紀念看，/哈，哈，/我寫白話歪詞送把你，/總算是老章投了降。」反對白話文學的章士釗將白話詩題寫在照片上送給胡適，還附言道：「適之吾兄左右：相片四張奉上，賬已算過，請勿煩心。」主張白話文學的胡適卻以舊體詩歌作答：「但開風氣不為師，龔生此言吾最喜。同是曾開風氣人，願長相親不相鄙。」

　　只有走出了傳統的意氣之爭的私人領域，共同體認到了某種公共領域存在的必要，才會有胡適章士釗二人的這段佳話。一個巨大的存在某種文化同約性的文化圈營造的是現代中國文化發展的十分寶貴的思想「氛圍」—— 它在根本上保證了現代中國文化從思想基礎到制度建設的相對穩定和順暢。

附錄：誰的五四？—— 論「五四文化圈」

　　時至今日，圍繞五四新文化運動的年度紀念一點都不能減少圍繞它的種種爭論，尤其是在文化保守主義聲名鵲起的當下，關於五四激進的判斷似乎早已蓋棺論定了。問題在於，這些判斷和爭論究竟在多大的意義上立足於對歷史事實的把握，會談的雙方又是否具有了文化研討所必需的思想認同的平臺。

　　先不論我們對所謂「激進」、「偏激」本身的認識是否完整，一個更初級的問題是：我們所假定的這樣一個可供質疑和批判的五四是否就是真實可靠的？五四的知識界究竟是怎樣構成的？在現代中國的歷史長河中，五四遺產真正包含了哪些內容？

作為思想平臺的五四

　　今天，但凡人們舉證五四新文化運動的「問題」，都要反覆引述這樣的材料：

　　陳獨秀《再答胡適之》有雲：「必不容反對者有討論之餘地，必以吾輩所主張者為絕對之是，而不容他人之匡正也」。[36]汪叔潛《新舊問題》說的是：「新舊二者，絕對不能相容。折中之說，非但不知新，並且不知舊；非直為新界之罪人，抑亦為舊界之蟊賊」。[37]這樣的言論的確相當「偏激」，如果五四文化界就是由這樣的思想與行動所組成，可能早就將傳統文化毀滅得千瘡百孔、體無完膚了。但問題在於，這樣的言論和行動足以代表五四文壇的完整格局嗎？經過五四新文化運動衝擊的現代中國社會與文化都接受了此等的「革命」洗禮，沿著「二元對立」、「非此即彼」的方向不斷前進了嗎？

　　五四，究竟屬於誰？

　　如果考察一下五四的詞語史與解說史，我們就不難發

36　見《中國新文學大系・建設理論集》56 頁，上海良友圖書印刷公司 1935年。

37　原載《青年雜誌》1915 年 9 月 15 日 1 卷 1 號。

現：關注五四，不斷提及五四，需要借五四說話的決非就是在《新青年》上發表過「偏激」言論的人們，在很大的程度上，它已經成為現代中國諸多階層「發聲」的基礎。

　　這裡有北京大學的青年學生，如羅家倫。就是他發表於《每週評論》上的文章第一次使用了「五四運動」一詞。[38]

　　這裡有更年長的近代學人，如梁啟超。在 1920 年他的《五四紀念日感言》一文中，第一次出現了「五四」一詞。[39]顧頡剛 1920 年畢業於北京大學，隨即就職於北京大學圖書館，對中國歷史文化深具學術興趣的這位青年學者在這一年發表了《我們最要緊著手的兩種運動》，[40]另一位在大學課堂旁聽的自學成才的青年學人郭紹虞也在同一期的報紙上發表了《文化運動與人學移植事業》，他們共同使用了「新文化運動」這一基本概念，在五四的言說史上，這也是第一次。

　　遠在美國留學的吳宓也多次在日記裡提到他對新文化運動的反應，他為這個運動的「邪說流傳」而痛心和絕望，甚至悲觀地想到了自殺。[41]從青年學生到青年學者，從置身「偏激」陣營的新文化運動的宣導者、反對者到旁觀的思想前輩，都充分意識到了五四與自己的人生世界的聯繫。到後來，左翼的「激進」的中國共產黨人從「新民主主義革命開端」確定了五四的革命意義（儘管從創造社、太陽社的「革命文學」到「民族形式討論」他們一度想超越五四），親歷五四的毛

38　毅（羅家倫）：《「五四運動」的精神》，載《每週評論》1919 年 5 月　26 日。
39　梁啟超：《五四紀念日感言》，載《晨報》1920 年 5 月 4 日。
40　顧誠吾（顧頡剛）文，載《晨報》1920 年 5 月 4 日。
41　吳宓：《吳宓日記》第二冊 148-154 頁，三聯書店 1998 年。

澤東在《五四運動》一文中提出：「二十年前的五四運動，
表現中國反帝反封建的資產階級民主革命已經發展到了一個
新階段。五四運動的成為文化革新運動，不過是中國反帝反
封建的資產階級民主革命的一種表現形式。」[42]而在一個相
當長的時期內，除了蔣介石 1940 年代初的批評言論外，相當
多的國民黨人也願意肯定和認同所謂的「五四精神」，[43]也
就是說，五四不僅屬於「左」，在某種程度上也屬於「右」，
它就是現代中國諸階層、諸文化共同的思想平臺。

五四平臺的多重組合

　　屬於現代中國諸階層、諸文化的共同思想平臺的五四很
難根據其中某種思想的單一的表現來加以界定，甚至我們的
褒貶好惡也不能以後來官方主流的「權威闡釋」為基礎。例
如，今天我們對五四新文化運動「偏激」的印象其實是來自
於 1949 年以後激進革命的話語，這個時候的「革命政權」將
自己視作五四遺產的唯一合法的繼承人，於是對五四新文化
運動激進革命的觀點的竭力突出就成了題中之意。這樣的闡
釋一方面單一地突出了陳獨秀「必不容」的決絕，將他視為
五四運動幾乎唯一合法的「總司令」，而另一方面則將另外
一位文化領袖胡適遺棄了。我們清除掉的不僅僅是「資產階
級文人」胡適，也是一位在文化態度上比陳獨秀更為複雜的

---

42 毛澤東：《五四運動》，見《毛澤東選集》第 2 卷 558 頁，人民出版社
　　1991 年。
43 蔣介石在 1941 年 7 月的一次題為《哲學與教育對青年的關係》講演中，
　　稱新文化運動「實在是太幼稚、太便宜，而且是太危險」。（見周策縱：
　　《五四運動史》483 頁，岳麓書社 1999 年）。

存在 —— 政治上的保守與文化上的某種激進並存，而文化上的所謂激進也與陳獨秀前述的「必不容」判然有別：胡適既是「文學革命」的主導人，又是「整理國故」的倡議者。一個省略了胡適的五四當然是很不真實的五四。

　　有意思的是，在「革命」話語不再佔據主導的時代和地區，我們對於五四偏激的指摘卻依然沿用著上述「革命」判斷的基本材料。於是，來自臺灣又去了美國的林毓生提出了五四「激烈的反傳統主義」問題：「就我們所瞭解的世界史中社會和文化改革運動而言，這種反傳統的、要求徹底摧毀過去一切的思想，在很多方面都是一種空前的歷史現象。」[44] 1990 年代以後，「革命」鼓噪不再的中國也四處響起了質疑五四的聲音，鄭敏先生的著名判斷就是極具代表性的：「我們一直沿著這樣的一個思維方式推動歷史：擁護—打倒的二元對抗邏輯。」

作為方法的「民國」

　　「這種決策邏輯似乎從五四時代就是我們的正統邏輯，擁有不容質疑的權威。」「從五四起中國的每一次文化運動都帶著這種不平凡的緊張，在六十年代史無前例的文化大革命中則筆戰加上槍戰，筆伐加上鞭撻，演成了一次流血的文化革命。」[45] 這樣的結論往往立足於五四時期的一些情緒化

44　林毓生：《中國意識的危機 —— 五四時期激烈的反傳統主義》6 頁，穆善培譯，貴州人民出版社 1986 年。

45　鄭敏：《世紀末的回顧：漢語語言變革與中國新詩創作》，《文學評論》1993 年 3 期。

色彩濃厚的片言隻語，而置其他更豐富複雜的歷史事實於不顧。例如，作為「發難者」的新文化先驅與作為創造者的新文化人之間的重要差別問題。正如有學者指出的那樣：「五四文學作者無不確認著自己站在『新』的一面的立場和態度，卻很少像發難者們那樣看重新/舊、傳統/現代之間對抗的尖銳性。」[46]而五四新文化運動，並非就是由發難者及其情緒化的發難之辭所構成，它是由挑戰、質疑、批判和引進、轉化、創造、開拓等一系列文化行為組成的全過程，以在今天備受爭議的初期白話新詩為例。事實很清楚，無論我們能夠從胡適、陳獨秀等人那裡找到多少表達「二元對立」的絕對化思維的言論，我們都不得不正視這樣的一個重要事實：中國新詩並沒有因為這些先驅者簡單的新/舊二分而變得越來越簡單。在 1949 年以前的歷史中，胡適或者其他的任何一位詩人都無法實現個人單一藝術風格之於詩壇的控制和壟斷。從上世紀初到 40 年代，中國新詩早已經擺脫胡適式的樸素單一的寫實追求，在開創中國式的浪漫主義、現代主義與古典主義方面各有建樹。國統區詩歌的政治吶喊與生命探索、解放區詩歌的革命理想與民間本色都獲得自己生長的天地。在作為藝術主流的新詩之外，舊體詩詞的創作並沒有遭遇到任何新文化力量的障礙和禁止。

　　以《新青年》為陣地的新文化運動的宣導者被我們稱為「五四新文化派」，除了這一派，或者說除了這一派別中某些「曾經」偏激的重要人物外，是否還有其他同樣存在於五

---

46 劉納：《二元對立與矛盾絞纏》，《中國現代文學研究叢刊》2003 年 4 期。

四的知識份子群體？他們是被歷史排斥在外了呢還是有機地
構成了歷史的一部分？作為現代中國的共同思想平臺，是否
也有不同傾向的文化人的參與？除了積極致力於新文化運動
的人們，我們是否還存在一個更大的參與時代主題的知識份
子群落——姑且稱之為「五四文化圈」？我想答案肯定。比
如前文提到的梁啟超。

　　在一般人印象中，戊戌失敗後流亡異邦的梁啟超曾經大
力學習西方文化，宣導了中國文學與文化在一系列領域的改
革，對中國傳統價值觀念進行大膽的批判。然而 1918 年底，
梁啟超赴歐，在接觸瞭解西方社會的許多問題和弊端之後，
卻轉而宣揚西方文明破產論，主張光大傳統文化，用東方的
「固有文明」來「拯救世界」，思想趨於保守，對五四新文
化運動多有批評，甚至就是五四新文化運動的敵對者。其實，
歐遊歸來的梁啟超雖然確有思想上的重要變化，但對這一場
正在導致中國變革的文化運動卻抱有很大的熱情和關注，甚
至認為它們從總體上符合了他心目中的「進化」理想：「曾
幾何時，到如今『新文化運動』這句話，成了一般讀書社會
的口頭禪。馬克思差不多要和孔子爭席，易卜生差不多要推
倒屈原。這種心理對不對，另一問題，總之這四十幾年間思
想的劇變，確為從前四千餘年所未嘗夢見。比方從前思想界
是一個死水的池塘，雖然許多浮萍荇藻掩映在面上，卻是整
年價動也不動，如今居然有了『源泉混混，不舍晝夜』的氣
象了。雖然他流動的方向和結果，現在還沒有十分看得出來，

單論他由靜而動的那點機勢，誰也不能不說他是進化」。[47]針對當時一些守舊人士的懷疑指摘，梁啟超提出：「有人說，思想一旦解放，怕人人變了離經畔道。我說，這個全屬杞憂。若使不是經、不是道，離他、畔他不是應該嗎?若使果是經、果是道，那麼，俗語說得好：『真經不怕紅爐火。』有某甲的自由批評攻擊他，自然有某乙某丙的自由批評擁護他，經一番刮垢磨光，越發顯出他真價，倘若對於某家學說不許人批評，倒像是這家學說經不起批評了。所以我奉勸國中老師宿儒，千萬不必因此著急，任憑青年縱極他的思想力，對於中外古今學說隨意發生疑問，就是鬧得過火，有些『非堯舜，薄湯武』，也不要緊。他的話若沒有價值，自然無傷日月，管他則甚？……若單靠禁止批評，就算衛道，這是秦始皇『偶語棄市』的故技，能夠成功嗎？」「至於罪惡的發現，卻有兩個原因:第一件，是不受思想解放影響的。因為舊道德本已失了權威，不復能拘束社會，所以惡人橫行無忌。你看武人、政客、土匪、流氓，做了幾多罪惡，難道是新思想提倡出來的嗎?第二件，是受思想解放影響的。因為提倡解放思想的人，自然愛說抉破藩籬的話，有時也說得太過，那些壞人就斷章取義，拿些話頭做護身符，公然作起惡來。須知這也不能算思想解放的不好，因為他本來是滿腔罪惡，從前卻隱藏掩飾起來，如今索性盡情暴露，落得個與眾共棄，還不是於社會有益嗎?所以思想解放，只有好處，並無壞處。我苦口諄

---

47 梁啟超：《五十年中國進化概論》，《飲冰室合集》第 39 卷 43 頁，中華書局 1989 年。

勸那些關心世道人心的大君子，不必反抗這個潮流罷。」[48]「凡一個社會當過渡時代，魚龍混雜的狀態，在所不免，在這個當口，自然會有少數人走錯了路，成了時代的犧牲品。但算起總帳來，革新的文化，在社會總是有益無害。因為這種走錯路的人，對於新文化本來沒有什麼領會，就是不提倡新文化，他也會墮落。那些對於新文化確能領會的人，自然有法子鞭策自己、規律自己，斷斷不至於墮落。不但如此，那些借新文化當假面具的人，終久是在社會上站不住，任憑他出風頭出三兩年，畢竟要屏出社會活動圈以外。剩下這些在社會上站得住的人，總是立身行己，有些根柢，將來新社會的建設，靠的是這些人，不是那些人。」[49]「革新的文化，在社會總是有益無害。」梁啟超的這個重要結論，保證了他作為現代中國知識份子對新文化發展的大致肯定，因此，他理當被劃入五四文化圈。

那麼，那些在五四時期對新文化運動激烈反對的人們又怎樣呢？例如被文學史描繪已久的五四新文化運動的三大反對勢力 —— 學衡派、甲寅派與林紓。

人們長期以來追隨新文化運動主流（「五四新文化派」）人物的批評，將學衡派置於五四新文學運動的對立面，視之為阻擋現代文化進程的封建復古主義集團，甚至是「與反動軍閥的政治壓迫相配合」的某種陰暗勢力。其實，吳宓、胡

48 梁啟超：《歐遊心影錄節錄》，《梁啟超選集》718-737 頁，上海人民出版社 1984 年。
49 梁啟超：《辛亥革命之意義與十年雙十節之樂觀》，《梁啟超選集》762 頁，上海人民出版社 1984 年。

先驅、梅光迪、劉伯明、湯用彤、陳寅恪、張蔭麟、郭斌和等都是留洋學生，學衡派中的主要成員都接受過最具有時代特徵的新學教育，目前也沒有證據表明他們與反動軍閥如何勾結配合。《學衡》竭力為我們提供的是它對中西文化發展的梳理和總結，是它對中西文學經驗的認識和介紹。全面審視《學衡》言論之後我們就會發現，學衡派諸人對於五四新文學的態度其實要比我們想像的複雜。這裡固然陳列著大量的言辭尖銳的「反潮流」論述，但是，除了這些被反復引證的過激言論以外，「學衡」諸人其實也在思考著新文化和新文學，探討著文化和文學的時代發展路向。他們並不是一味地反對文學的創新活動，甚至在理論上就不是以「新文化」、「新文學」為論爭對手的。正如吳宓自述：「吾惟渴望真正新文化之得以發生，故於今之新文化運動，有所訾評耳。」[50]這就是說，他所批評的不是新文化和新文學而是目前正以「不正確」的方式從事這一運動的人，支持它的文化學說的現實動力也並不來自於對傳統的緬懷而是一種發展中的西方文化理想。吳宓表白說：「世之譽宓毀宓者，恒指宓為儒教孔子之徒，以維護中國舊禮教為職志。不知宓所資感發及奮鬥之力量，實來自西方。」[51]由此觀之，學衡派其實應當屬於現代中國知識份子中的一個思想文化派別，同宣導「文學革命」的「五四新文化派」一樣，他們也在思考和探索現代中國文化和文學的發展道路，他們無意將中國拉回到古老的過去，也無意把中國文學的未來斷送在「復古主義」的夢幻中。在

---

50 吳宓：《論新文化運動》，《學衡》4 期。
51 吳宓：《吳宓詩集》卷末，《空軒詩話》197 頁，中華書局 1935 年。

思考和探討中國現代文化的現實與未來方面，學衡派與其說
是同各類國粹主義、復古勢力沆瀣一氣，還不如說與五四新
文學運動的宣導者們有更多的對話的可能。[52]今天我們對甲
寅派的描繪其實最為籠統和不真實，其實在日本創辦《甲寅》
月刊的章士釗恰恰在政治文化的理論探索方面完成了中國傳
統結構的根本突破。《甲寅》月刊無論是思想追求還是作者
隊伍都為《青年雜誌》（《新青年》）的出現奠定了堅實的
基礎。1922 年，正值新文化運動中的胡適對此是感念甚多
的，他在《五十年來中國之文學》一文中首先提出了「甲寅
派」這一名詞：「甲寅派的政論文在民國初年幾乎成為一個
重要文派」，並稱高一涵、李大釗、李劍農三人都是「甲寅
派」主將。[53]到後來章士釗任職北洋政府，《甲寅》以週刊
形式在京復刊，其反對新文化派的種種表現並不能扭轉《甲
寅》月刊曾經通達新文化運動這一重要歷史過程。而在總結
新文化運動歷史的後人眼中，也依然承認落伍的《甲寅》週
刊「若是僅從文化上文學上種種新的運動而生的流弊，有所
指示，有所糾正，未嘗沒有一二獨到之處，可為末流的藥石。」
[54]至於 1919 年的林紓，雖然在上海《新申報》上發表《荊生》、
《妖夢》，以人身攻擊的方式引發了新文化陣營的口誅筆伐，
以至有當代學者提出了「是文化保守主義還是文化專制主義」

---

52 關於學衡派和五四新文化運動的複雜關係，請參閱拙文《論「學衡派」
　與五四新文學運動》，《中國社會科學》1998 年 6 期。
53 胡適：《五十年來中國之文學》，見《胡適文存》二集 184 頁，黃山書
　社 1996 年。
54 陳子展：《最近三十年中國文學史》305 頁，上海古籍出版社 2000 年。

的嚴厲批判。[55]不過，這也不能改變正是林譯小說開啟了西方文學大規模進入中國，從而改變文化生態，最後走向新文學運動與新文化運動的重要現實，「一言以蔽之，從小說與思想學術變遷的層面看，不管他自己和新文化諸人是否承認，林紓可以說是個新人物」，[56]是五四文化圈的組成部分。

與《新青年》「新文化派」展開東西方文化的大論戰的還有《東方雜誌》。作為「東方文化派」的一方如杜亞泉等人同樣具有現代文化的知識背景。同樣是現代科學文化知識的傳播者，他早年曾在上海開設亞泉學館，創辦了中國第一個綜合性自然科學刊物《亞泉雜誌》，積極向國人介紹西方的自然科學知識。在商務印書館任職期間，杜亞泉還翻譯、編纂了大量自然科學教科書、工具書。

梁漱溟的《東西文化及其哲學》曾被視作五四東西文化論戰中最有分量的理論著作，但就是這樣一本著作卻包含了五四文化選擇時期最複雜的資訊。就努力揭示西方文化負面意義、維護中國傳統文化的道德價值而言，梁漱溟顯然與五四新文化派有異，然而有意思的卻在於，他最後為中國文化發展開出的藥方卻依然是「全盤承受」西方文化，[57]這裡無疑又包含了論者對於中國文化衰弱現實的深刻體會。一個深刻介入五四話題的梁漱溟顯然是主動進入了五四文化圈。

今天，在重新評價五四「文化保守主義」傾向的時候，

55 王富仁：《林紓現象與「文化保守主義」》，見張俊才《林紓評傳》，中華書局 2007 年。
56 羅志田：《林紓的認同危機與民初的新舊之爭》，《歷史研究》1995 年 5 期。
57 梁漱溟：《梁漱溟全集》第 1 集 528 頁，山東人民出版社 1989 年。

人們不斷將揭示西方文明弊端的美譽賜予這些傳統文明的辯
護者，好像在這一點五四新文化派都一律「偏激」，一律因
為「崇洋」而缺乏對異域文化的嚴肅審視。其實早在日本留
學時期，像魯迅這樣的新文化先驅就充分意識到了西方文明
的物質主義問題，1907 年的《文化偏至論》就一針見血地指
出：「遞夫十九世紀後葉，而其弊果益昭，諸凡事物，無不
質化，靈明日以虧蝕，旨趣流於平庸，人惟客觀之物質世界
是趨，而主觀之內面精神，乃舍置不之一省。重其外，放其
內，取其質，遺其神，林林眾生，物欲來蔽，社會憔悴，進
步以停，於是一切詐偽罪惡，蔑弗乘之而萌，使性靈之光，
愈益就於黯淡：十九世紀文明一面之通弊，蓋如此矣。」58一
個傳統文明的辯護者（如梁漱溟）主張的是對西方文化的「全
盤承受」，一個大力宣導「拿來主義」的新文化主將（如魯
迅）同樣也是西方文明之弊的洞察人，這就是五四，一個中
外文化視野混合、「新」「舊」交錯的時代。居於這個時代
的許多知識份子同樣出現了思想的交錯與混合，儘管他們彼
此有那麼多的意見分歧，但同時也有著那麼多的共同話題，
而就是這樣或顯著或潛在的共同關懷促使了一個更為廣闊的
五四文化圈的存在。有學者指出：「新文化運動的一個重要
時代意義，就在於其迫使所有的中國士人對中國傳統（雖然
當時並不用這個詞）進行全面的反思。不論新派舊派，都必
須面對中國在世界上日益邊緣化（中國在士人的心目中經過
了一個從世界的中心到世界的一個組成部分再到世界的邊緣

---

58 魯迅：《文化偏至論》，《魯迅全集》1 卷 33 頁，人民文學出版社 1981 年。

的歷程）這一不容忽視的事實。新舊兩邊實際上都想要找到
重新回到中央、或至少是達到與西方平等的地位這樣一條路
徑。這是中國最根本的問題,兩派的認識其實並無大的分歧。」
[59]總之,所謂五四文化圈就是指這樣一個同時存在於五四
時,共同關心新文化問題的由不同觀念和價值理想所組成的
知識份子群落。他們各自屬於不同的同人群體,具有不同的
知識背景,佔據不同的出版傳播媒介,擁有不同的讀者隊伍,
在如何建設新文化,如何對待傳統文化與西方文化方面產生
了不同程度的意見分歧,甚至出現了激烈的論爭。但是,所
有這一切,都不能否定他們同樣作為現代知識份子關注民族
文化的現代命運這一基本的事實,不能否認他們在現代世界
的巨大背景上面對「中國問題」的基本傾向,這都從根本的
意義上將他們與前朝舊臣、鄉村遺老嚴格區別開來。這些現
代中國的知識份子不管觀點還有多大的差異,都一同站在了
五四歷史的起跑線上,組成了色彩斑斕的五四文化圈。

　　這裡 ——

　　有總體上相對激進的群體,包括《新青年》、《新潮》
知識份子。其中,他們各自的「激進」程度、方向和階段卻
並不相同,所謂的新文化派內部分歧也大,不僅有具體問題
的認知差異,也有中心與邊緣之別,如一直自居邊緣的魯迅。
就其中的「文學革命」而言,也就《新青年》同人的首開風
氣之舉,又有創造社所謂的「文學革命第二階段」。對於「第
二階段」的郭沫若來說,其狂飆突進的氣概與他對孔子等先

59　羅志田:《林紓的認同危機與民初的新舊之爭》,《歷史研究》1995 年
　　5 期。

秦文化傳統的讚美又相伴而生。

有總體上相對保守的群體，包括《學衡》、《東方雜誌》與林紓等，但他們各自「保守」的程度、方向和階段同樣並不相同。

有前後變動群體，如《甲寅》從月刊、日刊到週刊。

還有更多的個體，或許在某些方面傾向於前者，又在另外的方面傾向於後者。有時候，簡單的「激進」或「保守」概念很難對他們加以準確的定義，如梁啟超、梁漱溟。

在五四文化圈存在的更廣闊的背景上，對五四的任何籠統的談論包括對它的「激進」、「偏激」的指摘，都不得不首先回答一個問題：我們所討論的究竟是誰的「五四」？

平臺的基本結構

提出五四文化圈的問題，並不意味著我們企圖將五四時期的一大堆毫無相干的歷史人物與思想勉強揉捏到一起。作為歷史的混雜的背景，也不意味著我們試圖通過引入一大批矛盾叢生的事件，以此形成對新文化方向的刻意的模糊與干擾。實際上，這些看似分歧、矛盾的不同思想傾向的存在恰恰證明了現代中國文化自五四開始的一種新的富有活力的存在。矛盾著的各個方面的有機的具有張力性的組合，其實保證了現代文化發展的內在彈性和迴旋空間，而在思想交鋒中坎坷成長的新文化也就尤其顯示了自身的韌性，經受住了來自方方面面的質疑和挑戰。這難道不正是現代中國文化，不正是現代中國文化之中扮演拉動力的五四新文化最富魅力的所在？在這樣的豐富、複雜的文化環境中蓬勃向上的中國文

化不就與中國古代文化形成了最顯著的「結構性」的差別嗎？

正是來自五四文化圈的複雜聲音鍛煉了現代文化主導力量 —— 五四新文化派的基本心態與精神氣質：一種兼具情感的激烈與理性的寬容的現代品格。今人為了證明五四新文化派是如何偏激獨斷，往往反復糾纏於陳獨秀的「必不容」的激烈。殊不知《新青年》、新文化派同人那裡同樣體現著另外一種理性的魅力。《新青年》通信欄中不時刊登讀者的批評與質疑，還有編者如胡適等的自律性告白，就是聲稱「本志同人大半氣量狹小，性情真率，就不免聲色俱厲」的陳獨秀也會表示罵人「本是惡俗」，「本志同人自當有則改之，無則加勉，以答足下的盛意。」[60]我們常常又只看到了五四文化論爭中水火不容的態勢，卻沒有發現論爭並沒有妨礙新文化人士與其反對派的交誼，沒有注意到論爭進行與論爭結束後他們給予對手的公正的評價和肯定。胡適與章士釗就白話文學發生論戰，卻各自以撰寫對方擅長文體唱和打趣，章士釗以「總算是老章投了降」自嘲，胡適則有「願長相親不相鄙」的大度。

陳獨秀在與梁啟超、章士釗、張君勱和梁漱溟激烈論戰的同時坦率表示：「我雖不認識張君勱，大約總是一個好學沉思人，梁任公本是我們新知識的先覺者；章行嚴是我的二十年好友；梁漱溟為人的品格是我所欽佩的。」[61]也正是五四文化圈的複雜存在催生了一個更富有包容性的現代知識份子的生存空間，而就是這個相對寬敞的生存空間給現代中國

---

60 真愛、獨秀：《五毒》，《新青年》1918 年 12 月 15 日 5 卷第 6 號。
61 陳獨秀：《精神生活與東方文化》，《前鋒》3 期，1924 年 2 月 1 日。

的諸種文化創造提供了可能。

　　古典時代結束以後，大學與出版傳媒是中國現代知識份子的兩大生存場所。在前者，我們看到了容納不同學說與思想的北京大學，見識了以「相容並包」聞名的大學校長蔡元培。與其說是蔡元培個人的仁厚接納了形形色色的思想人物，毋寧說就是五四文化圈多重思想傾向並存的現實擴展了這位現代管理者的思維空間。正如蔡元培在致傅斯年、羅家倫的信中所述：「校中同人往往誤以『天之功』一部分歸諸弟……在弟個人觀察實並不如此，就既往歷史而言，六、七年前，國內除教會大學而外，財力較為雄厚者惟北大一校，且校由國立而住在首都，自然優秀之教員、優秀之學生較他校為多，重以時勢所迫，刺激較多，遂有向各方面發展之勢力。然弟始終注重在『研究學術』方面之提倡，於其他對外發展諸端，純然由若干教員與若干學生隨其個性所趨而自由伸張，弟不過不加以阻力，非有所助力也。即就『研究學術』方面而論，弟旁通多，可實未曾為一種有系統之研究，故亦不能遽有所建設。現在如國學研究所等，稍稍有『研究』之雛形者，仍恃有幾許教員、幾許學生循其個性所趨而自由伸張，弟亦非有所助力也。」[62]的確，隨其個性所趨而自由伸張，這就是五四時代一批精英知識份子生存的方式。

　　在五四知識份子生存圈的背後，是歷經清政府衰弱、軍閥政權頻繁更迭的社會政治亂局。就是這樣的亂局，使得從1906 年《大清印刷物專律》到 1914 年袁世凱頒佈的《出版

---

[62] 高平叔、王世儒編：《蔡元培書信集》上冊 708 頁，浙江教育出版社 2000年。

法》試圖實施的出版傳媒控制常常出現較多的「空隙」，而近代以後中國逐漸形成的出版傳媒的民營體制格局與民國法律在「法理」上保護民權的相互結合，更給言論自由的存在創造了比較寬鬆的條件。所有的這些相對有利的因素都在五四前後的知識份子生存中聚集起來，成為傳達自由思想、形成多元化輿論陣地的重要基礎。五四前後中國的出版傳媒呈現為兩個特點，首先是數量激增，鄭振鐸說：「中國的出版界，最熱鬧的恐怕就是 1919 年了！雖然不能謂之『絕後』，而『空前』卻已有定論了！」[63]羅家倫感歎說：「中國近來雜誌太多，不能全看。」[64]其次是各種不同的追求 —— 政治的、商業的、消閒娛樂的、學術的、文學的、激進的、保守的 —— 都能夠找到自己的市場和空間，不同的文化思想獲得了各自的發佈管道，北京大學既有新文化派的《新青年》、《新潮》，又有研究傳統文化的《國故》以及以「增進國民人格，灌輸國民常識，研究學術，提倡國貨」為宗旨的新舊派都能夠接受的《國民》。這些刊物對內號稱尊重同人的個性（《新青年》宣言謂：「社人各人持論，也往往不能盡同」，《新潮》發刊旨趣書稱：「本志主張，以為群眾不宜消滅個性；故同人意旨，盡不必一致。」），對外則通過論爭形成思想的互動，從而推進社會文化的發展。羅家倫《今日中國之雜誌界》一文便將商務印書館主辦的各種雜誌罵得體無完

63 鄭振鐸：《1919 年的中國出版界》，宋放原主編：《中國出版史料》（現代部分）382 頁，山東教育出版社、湖北教育出版社 2001 年。

64 羅家倫：《今日中國之雜誌界》，宋放原主編：《中國出版史料》（現代部分）393 頁，山東教育出版社、湖北教育出版社 2001 年。

膚，最終導致了該方一系列雜誌機構的大改組。而像沈雁冰接掌《小說月報》更是直接推動了現代中國小說的繁榮。

　　如此 ── 既營造了知識份子生存空間，又借助思想論爭（而不是政治干預）的方式推進文化建設 ── 可以說正是在五四新文化的宣導、論爭和擴展中形成的現代文化的運行模式。它和蔡元培「相容並包」的大學理念一起最終構成了保證文化與文學發展的「民國機制」。中國現代文化與現代文學的繁盛，便得益於這一「機制」。五四，則是該機制的第一次自然形成的歷史見證。

　　就是在這個意義上，我認為五四的意義雖然是以新文化派的文化創造為標誌的，但又並不是這種主流的文化思想所能夠完全囊括的。在五四新文化派活躍的背景上，有著我們所謂更大的五四文化圈。就是這個色彩斑斕的文化圈中，展開了現代中國各種思想砥礪、碰撞的宏大圖景，中國知識份子從獨立思考出發，自由進行如此多方向的關於「現代」中國社會文化建設的設計，在整個中國的歷史上，只有春秋戰國時代能夠相比擬，而在中國現代的歷史上，則是第一次。由此而形成了中國現代思想多元格局的基礎，既是中國現代知識份子參與文化建設的心理基礎和思維基礎，又是現代中國社會如何容忍不同觀點發生和發展的「體制」基礎。所以說，五四多元思想的存在與《新青年》知識份子的思想挑戰一樣具有重大的意義。五四中國社會開始形成的對不同意見與文化形式的心理容忍與一些思想先鋒的銳意探索一樣難能可貴，而作為在此期間形成的具有彈性的文化發展機制（「民國機制」）與當時出現於思想界的各種觀點一樣值得珍視

—— 所有的這一切，從觀念、心理、氛圍到機制，共同構成了我們寶貴的「五四遺產」。面對這樣豐富的遺產，任何望文生義、以偏概全的指摘都無濟於事。當我們試圖「解構」五四、「超越」五四的時候，恐怕還需要首先反問一下，我們所說的究竟是「誰的五四」。

含混與矛盾：國民黨戰時文藝政策的一個特點
—— 從張道藩《我們所需要的文藝政策》談起

《我們所需要的文藝政策》是張道藩 1942 年發表於《文化先鋒》創刊號上的重要文章，考察國民黨所主導的民國文藝政策，這無疑是一篇標誌性的論文。但是，無論是出於對國民黨文學思潮的回避還是出於對於其內部的複雜性的忽略，我們的學術界都基本放棄了對這篇文論的深入研究，在今天看來不能不說是一大遺憾。本文試圖在剖析該文內在思路的基礎上闡述其作為現代中國主導文論的特殊形態，並結合民國時期文學發展的基本模式發現其特殊的時代意義。

雖然國民黨制定「文藝政策」的努力早在 1920 年代末就開始了，但《我們所需要的文藝政策》作為一篇明確以「政策」為題的文藝專論，卻還是第一次。

1929 年 6 月 3 日至 7 日，當時的國民黨召開了全國宣傳會議。會議在檢討以往宣傳工作的缺陷的基礎上，提出以「三民主義文藝」為國民黨的「文藝政策」。隨後，有周佛吸《宣

導三民主義的文學》、《怎樣實現三民主義的文藝》，[65]葉楚傖的《三民主義的文藝底創造》，[66]王平陵的《三民主義文藝的建設》等文章陸續出現，到《文化先鋒》問世的 1942年，據說「所見到的三民主義文學論文已在百篇以上」。[67]此外尚有趙友培《三民主義文藝創作論》、王集叢《三民主義文學論》和《怎樣建設三民主義文學》等著作。但是，能夠以執政黨中央宣傳部長身份，在「政策」的宏大名目下發表言論卻不能不說有一種特殊的代表性意味。[68]作為具有中國特色的集權政治的文藝要求，《我們所需要的文藝政策》中間那些保障社會「穩定」、加強思想控制的約束性的目的是顯而易見的。但在我看來，最引人注目的還是這些「政策」的表述頗為含混和矛盾：歷經十餘年的理論探索與制度實踐，代表執政黨主導意識形態的「文藝」論述竟然還充滿這種種的自我矛盾，不能不引起我們相當的關注。

　　請看張道藩立論的起點：

　　　　本來文藝一向處在自由的環境下發展，雖然它無時無刻不反映政治，無時無刻不受政治的束縛，但始終是

65　分別發表於 1929 年 9 月 29 日、10 月 1-2 日及 11 月 24 日《中央日報》「大道」副刊。

66　發表於 1930 年 1 月 1 日《中央日報》之《新年增刊》。

67　王集叢：《三民主義文學論文選・序言》，時代思潮社 1942 年。

68　材料證明此文系《文化先鋒》主編李辰冬起草，張道藩、戴季陶、陳果夫等詳加討論修訂，但既然最終由中宣部長張道藩署名，也就不能抹殺它作為官方主導意識形態話語的基本特徵。見李辰冬：《抗戰時期文藝政策的訂立》，原載《中央月刊》11 卷 9 期，見李瑞騰編：《抗戰文學概說》201 頁，臺北文訊出版社 1987 年。

不自覺，無意識的，今將三民主義與文藝政策「相提並論」，一定使許多人驚異，以為無稽之談，或投機之論。乍一看來，君主立憲政體，並無立憲文藝，共和政體，並無共和文藝，法西斯的獨裁政體也無獨裁文藝，因而三民主義的共和政體怎會產生三民主義的文藝呢？誠然，立憲、共和、獨裁各種政體不會產生它們自己的文藝，但要知道它們僅是一種政體，僅是資本主義社會的一種政治機構，幫助資本主義發達、領導民眾思想與意識的，不是它們，而是資本主義。三民主義與此相反，它要徹底改換人民的思想與意識。封建社會、資本社會、共產社會都有它們獨特的文藝，那麼，較之它們更為完美的三民主義社會既是另一樣社會意識形態，為什麼不能建立自己的文藝呢？封建、資本、共產社會都利用文藝作為組織民眾，統一民眾意識的工具，那麼，我們為什麼不能也拿文藝為建國的推動力呢？

這段文字至少包含了這樣一層值得注意的資訊：張道藩認定我們社會需要三民主義文藝的根據是三民主義屬於像封建主義、資本主義、共產主義一樣的「社會意識形態」，而不是一般意義的「政治機構」。然而，一個重視「民族」、「民權」與「民生」問題的民國社會是否是世界與歷史上的獨特創造，是否封建主義、資本主義、共產主義的社會就沒有各自的「民族」、「民權」與「民生」設計，也就是說，三民主義是否果真是區別於其社會形態的獨特的「意識形

態」？張道藩的論述自然還不夠充分，至少，在我們社會歷史形態的知識系統中，尚沒有將三民主義作為與封建主義、資本主義、共產主義相並立的「意識形態」的「共識」。

　　語焉不詳的理論根據自然也反映在了所謂三民主義文藝的具體內涵中，從總體上看，這些文藝追求的闡述都多有含混之嫌。例如「三民主義與文藝有關的四條基本原則」—— 全民性、中國的事實決定中國文藝的方法、仁愛之心、國家民族的觀念似乎都不能說是中國之三民主義的獨特主張，至於「六不」、「五要」的追求則大多令我們想到新古典主義的藝術法則。這樣，他所竭力標榜的以國家民族關懷與中國特色為核心的文藝獨特性實在相當模糊。

　　引人注目的還有其中的矛盾。例如作者一方面強調「事實定解決問題的方法」，但是又認定「總理已經將事實的材料擺在我們面前，我們從事文藝者只要在他的遺教裡汲引材料，解決問題就夠了。」作者一方面強調「不專寫社會的黑暗」、「不挑撥階級的仇恨」，卻又要求「要為最受痛苦的平民而寫作」。作者一方面論述「我們怎樣需要獨立的文藝」，稱頌「抗戰，給我國一種獨立自由的光明，同樣，也給新文藝一種獨立自由的光明。」然而，這些站在國家政權的立場、以約束和控制文藝思想為目標的主張本身就與文藝的「獨立自由」有悖。

　　不僅如此，我認為作者論文所設立的標題 —— 我們所需要的文藝政策 —— 其核心詞彙「政策」本身就是含混不清的。政策，顧名思義應該是政治集團為了實現自己的利益與意志，以權威形式標準化地規定在一定的歷史時期內，應該達

到的奮鬥目標、遵循的行動原則、完成的明確任務、實行的
工作方式、採取的一般步驟和具體措施。也就是說，實踐性、
操作性與直接的宣講性是它的基本特徵。然而，在這篇關於
「政策」的表述中，我們讀到的卻是作者對於當前文藝發展
的小心翼翼的探討、措辭謹慎的分析。所以後來臺灣文學史
家周錦會說：「這一篇文字，嚴格的說來，算不上文藝政策，
只是張道藩對於文學創作的討論。」[69]而且這些討論的被動
性痕跡與自我辯護的痕跡頗為明顯。文章充滿了對這樣的疑
問的回答：

> 今將三民主義與文藝政策『相提並論』，一定使許多
> 人驚異，以為無稽之談，或投機之論。

> 有人要問，文藝作品是用意象來表現，政治理論是用
> 觀念來顯示，那麼，觀念怎能變成意象，而意象又包
> 含觀念呢？意象與觀念是兩種判然殊異的東西，怎能
> 並為一談呢？

> 又有人要問，文藝作品的效果在美感，政治理論的效
> 用在行動，那麼，行動怎能變成美感，而美感中又怎
> 能產生行動呢？美感與行動又是兩種判然殊異的結
> 果，怎能並為一起呢？

69　周錦：《中國新文學史》554 頁，臺北長歌出版社 1976 年。

在作者的心目中，自己所提出的「政策」問題顯然形成了對這些「文藝常識」的挑戰，所以不得不勉力辯誣！

根據趙友培的記錄，張道藩還講述過這篇文章不得不含糊其辭的苦衷。他說，那時正在「國共合作」期間，我們不能不顧全大局，許多話不便明說，只能從字裡行間來暗示。本來打算在中央正式提出文藝政策，可是時機尚未成熟，黨內同志的意見也不一致，所以先由個人的名義來發表。[70]這的確道出了張道藩策劃推動「文藝政策」的被動性 —— 國民黨的文藝政策與文藝運動的出臺並非主動設計和追求的結果，而是對中國共產黨大力推動文藝運動的一種回應和抵抗。

然而張道藩被動回應的還不僅僅是中國共產黨一家，在這一「政策」宣示遭到某些文藝界人士（如梁實秋）的質疑之後，他又再度「退卻」。這樣的辯解顯然已經動搖了主導意識形態提出「政策」問題的根本：「乾脆講，我們提出的文藝政策並沒有要政府施行統治的意思，而是赤誠地向我國文藝界建議一點怎樣可以達到創造適合國情的作品管見。使志同道合的文藝界同仁有一個共同努力的方向。」[71]甚至還用「文藝規律」一詞替換之，提出：「文藝政策的原則由文藝界共同決定後之有計劃的進行。」[72]「文藝界共同決定」的當然就不再是執政黨的實現思想控制的「政策」了，張道藩的讓步其實是完成了對國民黨文藝政策的自我消解。

從政治統馭、思想控制的政策制定到小心翼翼、含糊其

---

70 趙友培：《文壇先進張道藩》194 頁，臺北重光出版社 1975 年。

71 張道藩：《關於「文藝政策」的答辯》，《文化先鋒》1942 年 1 卷 8 期。

72 張道藩：《關於「文藝政策」的答辯》，《文化先鋒》1942 年 1 卷 8 期。

辭地轉折、退讓，這樣有趣的流變既反映出了張道藩這樣的
官僚知識份子在價值觀念上的自我矛盾與衝突，也折射著三
民主義思想與集權政治的矛盾性結構，它所揭示的中國文學
的「民國機制」的特殊性更值得我們深思。

　　三民主義是孫中山在民主革命的實踐中逐步探索和發展
起來的政治綱領，最早由 1894 年興中會誓詞「驅除韃虜，恢
復中國，創立合眾政府」中所含民族、民權的「二民主義」，
到《民報》發刊詞中首次概括民族、民權、民生三大主義。
1906 年 12 月，在《民報》創刊一周年的慶祝大會上，孫中
山進一步闡述了三民主義，同時首次提出了五權分立。但對
三民主義的系統論述直到他去世前的一年，才由他在廣州以
演講的形式加以完成。三民主義思想的基礎是孫中山對歐美
民主政治的考察借鑒，所以三民主義的核心是「民權」，它
所追求的政治目標是現代的民主共和政體。然而民主革命的
挫折又讓孫中山將希望寄託於蘇俄，他有如此的教訓總結：
「在日本雖想改組，未能成功，就是因為沒有辦法。現在有
俄國的方法以為模範，雖不能完全仿效其辦法，也應仿效其
精神，才能學得其成功。」[73]晚年的孫中山將「聯俄聯共」
加入三民主義的論述，提出「以黨建國」、「以黨治國」、
「黨在國上」。認為「現尚有一事可為我們模範，即俄國完
全以黨治國，比英、美、法之政黨，握權更進一步；我們現
在並無國可治，只可說以黨建國。待國建好，再去治他」。[74]

---

73 孫中山：《關於組織國民政府案之說明》，《孫中山全集》第九卷 137
　 頁，中華書局 1981 年版。
74 孫中山：《關於組織國民政府案之說明》，《孫中山全集》第九卷 103
　 頁，中華書局 1981 年版。

從而為蔣介石以「訓政」的名義實行一黨專政，把「民國」
變成「黨國」埋下了伏筆。三民主義本身所包含的歐美民主
政治的理想與國民黨集權統治的現實操作之間便構成了種種
的「結構性矛盾」。這些矛盾一方面表現在「黨國」化的民
族主義消解了以「民權」為核心的現代民主政治的目標，但
另外一方面，作為原初理想存在的民主政治理念卻也在一定
程度上抵消和中和著現實政治的集權操作。僅以文學運動而
言，民國文學史上既有國民黨上海黨部要員及國民黨上層實
權派人物主導的 1930 年代民族主義文學運動，也有出自國民
黨中央宣傳部官僚知識份子的「三民主義文藝政策」，兩者
背景不同，而且不無矛盾。[75]即便是出自國民黨中央宣傳部
的「政策」，也會招致像梁實秋這樣「非左翼」的知識份子
的強烈批評。1929 年 6 月 6 日，梁實秋「在報紙上看到全國
宣傳會議第三次會議的紀錄」後，就立刻在他正在撰寫的《論
思想統一》一文中做出反應：「以任何文學批評上的主義來
統一文藝，都是不可能的，何況是政治上的一種主義？由統
一中國統一思想到統一文藝了，文藝這件東西恐怕不大容易
統一罷？」「我看還是讓它自由的發展去罷！」[76] 1942 年，
當張道藩《我們所需要的文藝政策》發表，又是梁實秋做出
了迅速的反應，他在《所謂「文藝政策」者》中，激烈抨擊
「政策」的提出：「『文藝』而可以有『政策』，這本身就
是一個名辭上的矛盾。」「只是幾種卑下的心理之顯明的表

---

75 參見錢振綱：《論三民主義文藝政策與民族主義文藝運動的矛盾及其政
　　治原因》，《江西社會科學》2003 年 3 期。
76 載《新月》1929 年第 2 卷第 3 號。

現而已：一種是暴虐，以政治的手段來剝削作者的思想自由；一種是愚蠢，以政治的手段來求文藝的清一色。」[77]此文刊發以後，引起了主導文藝界內部的熱烈討論。

有意思的還在於，梁實秋激烈批評「政策」的文章本身就發表在張道藩、李辰冬主持的《文化先鋒》雜誌上，在這裡，作為民國官僚知識份子身上所存在的角色矛盾也值得我們注意。像張道藩、李辰冬這樣的官方文藝政策的推行者，卻有著留學英法的文化背景。而且如張道藩，一個現代中國的知名美術家、戲劇家，一個曾經為人體藝術的開展與軍閥當局勇敢抗爭的鬥士，其對藝術本身的造詣和深切理解又是無法被官僚身份所簡單壓抑的。兩種角色、多重身份的矛盾、衝突實際上使得他們扮演的「文藝管理者」形象頗多艱難，左支右絀，難以協調，[78]最終為中國文學的民國官方控制留下了諸多的漏洞和破綻，當然，也就為文學的發展騰挪出了可觀的自由空間。

前文曾經論及過中國文學的「民國機制」一說。所謂「民國機制」就是由民國時期的社會文化制度所提供的促進現代中國文化與文學穩定發展的堅實的力量。它分別體現為知識份子的生存機制，文化創造、文學生產及其傳播機制，國家政府的相關管理控制機制等等，這一「機制」在五四新文化運動中展示了雛形，促進了一個多元共生又充滿創造活力的新的文化時代的誕生。五四以後的階級分化與政黨搏殺讓中國日益走向了一黨獨裁的道路，保證知識份子創造空間的良

---

77 載《文化先鋒》1942 年 1 卷 8 期。
78 參見馮祖貽：《國民黨宣傳部長張道藩》，《貴陽文史》2009 年 1 期。

性機制遭遇到了嚴重的干擾，但是民國社會的複雜形態和民國文化的複雜形態依然以自己的特殊方式支援了這一「機制」的基本運行。即便是在國民黨血腥的「清黨」之後，左翼文化還得到了蓬勃的發展，並且努力抵抗專制獨裁勢力的絞殺迫害，為自己爭取到了基本的生存空間，這說明了五四時代就開創出來的「民國機制」的有效性。戰爭年代特殊國家使命一方面強化著官方意識形態實施文化控制的可能，但「國共合作」的大局卻又再一次抵消了中國取締一切文化創造機制、走向絕對的官方話語獨霸的基礎。國統區文學、解放區文學都在各自的領域內成長壯大，張道藩含混的「政策」與矛盾的「需要」，以及這些「政策」遭受各方質疑以至無法真正實施，都證明了作為創造性保障的中國文學的「民國機制」的生命力。

四　民國文學研究的學術論衡

「民國熱」與民國文學研究

經過多學界多年的宣導和努力，「民國文學」的概念在越來越大的範圍內獲得了人們的理解和接受，從民國歷史文化的角度闡述文學現象也正在成為重新定位「現代文學」的重要思路，從某種意義上看，這可以說是近年來中國文學研究的一大動向。當然，面對我們業已熟悉的一套概念、思路和批評方式，「民國文學」的價值、意義和研究方式也依然需要更多的學者共同參與，並貢獻自己的創造性思想，在更獨特更具規模的「民國文學史」問世之前，種種的疑問是不可避免的。其中之一，就是困惑於社會上越來越強烈的「民國熱」：在不無喧鬧、魚龍混雜的「民國消費」的浪潮中，所謂的「民國文學研究」又意味著什麼？它根源於何方？試圖通往何處？如何才能將流俗的迷亂與學術的理性劃分開來？

在這個意義上，釐清當前中國社會的「民國熱」與學術研究的「民國文學」思潮之相互關係，也就成了一件極有必要的事情。

作為當代大眾文化的民國熱

民國熱，這個概念的所指本身並不明確：一種思想潮流？一種社會時尚？一種消費傾向？我們只能先這樣描述，就目前一般報章雜誌的議論而言，主要還是指由媒體與出版界渲染之後，又部分轉入社會時尚追求與大眾想像的「趣味的熱潮」。

在一個相當長的時期內，「民國」這一概念通常被另外一個色彩鮮明的詞語代替：舊中國，它指涉的就是那一段早已經葬身歷史墳墓的「軍閥當道，萬馬齊暗，民不聊生」的時代，因早已結束而記憶發黃，因過於黑暗而不願詳述。而所謂的「民國熱」就是對這些固化概念的反動，重新生髮出瞭解、談論這段歷史的欲望，並且還不是一般的興趣，簡直引發了全社會範圍內的廣泛而強烈的熱潮。據說，當代中國的「民國熱」要追溯到 2005 年。餘世存的《非常道》、美籍華人學者唐德剛的《袁氏當國》、張鳴的《歷史的壞脾氣》相繼出版，一反過去人們對「民國」的刻板印象，種種新鮮的歷史細節和「同情之理解」，喚起了中國人對原本早已塵封的這段「舊中國」歷史的新的興味。接下來的幾年中，陶菊隱、傅國湧、何兆武、楊天石、智效民、邵建、李輝、孫郁等「民國見證人」與「民國史學者」不斷推出各種鮮活的「民國話題」，使得我們在不斷「驚豔」的發現中似乎觸摸到了「真實」的歷史脈搏。而且，這些關於民國往事、民國人物的敘述又不時刺激到了我們當今生活的某些負面，今昔對比，但不再是過去那種模式化的「憶苦思甜」，在不少的

時候，效果可能恰恰相反，民國的細節令人欣羨，反襯出今天的某種不足。這裡顯然不無記憶者的美化性刪選，也難免闡釋者的想像與完善，但對於廣大的社會讀者而言，嚴謹考辨並不是他們的任務，只要這些講述能夠填補我們的某種欠缺，滿足他們的某些精神需要，一切就已經夠了。「民國熱」在「辛亥百年」的紀念中達到高峰，如今，在稍具規模的書店裡，我們都能夠看到成套、成架、成壁的民國專題圖書，圖書之外的則是更多的報刊文章、電視節目，甚至服飾的民國懷舊潮流。中國大陸的民國熱還在一定程度上波及了海峽對岸，在臺灣的圖書與電視中，也不時晃動著「民國記憶」的身影，只是，對於一個自稱「民國進行時」的所在，也會同我們一起講述「過去的民國」，多少令人覺得詫異，它本身似乎也生動地提醒我們：民國熱，主要還真是一種大眾趣味的流變，而非知識精英的文化主題，儘管我們的知識界在其中推波助瀾。[1]作為當代大眾文化體現的「民國熱」是由知識份子津津樂道的「民國掌故」喚起興味的，正是借助於這些「恍如隔世」的故事，人們逐漸看到了一個與我們熟悉的生活格局迥然有別的時代和社會，以及生活於其中的個性色彩鮮明的歷史人物。出於某種可以理解的現實補償心理，人們不免在這一歷史意象中寄予了大量的想像，又逐漸將重塑的歷史意象召喚進現實，成為某種時尚趣味的符號，如在一些婚紗藝術照與大學畢業紀念照中流行「民國服飾」。應當說，作為這一社會趣味的推動力量，一些知識份子的「關於

---

1 參看周為筠：《「民國熱」之下的微言大義》，《南方都市報》2008 年 1 月 20 日。

民國」的寫作發揮了明顯的作用。但是，作為流行的社會趣
味本身的「民國熱」卻還不能是一種自覺的時代思潮，而只
是知識份子的個人的某種精神訴求與社會情緒的並不嚴密的
合流。一方面，知識界對這些「民國文化」的提取和發掘尚
未進入系統的有序的理性層面，本身就帶有明顯的趣味化和
情緒性色彩，包括目前流行甚廣的所謂「民國範兒」，這個
本來是一個值得深入探討的精神現象，但是到目前為止，依
然主要流於種種極不嚴格的感性描述與文學比喻，而且據說
提出者本人也還試圖放棄其概念發明權。[2]大眾文化，不管我
們今天對它的評價究竟如何，都應該看到，這是一種與通常
所說的由知識份子自覺建構的並努力納入精英文化傳統的追
求所不一樣的「文化」，它更多地與人們的日常生活方式及
生活趣味緊密聯繫，是指普通大眾基於日常生活的需要而生
成的種種精神性追求和傾向，它與精英知識份子出於國家民
族意識、歷史使命或文化獨創性目標而刻意生產的成果有所
不同。當然，作為個體的知識份子既致力於精英文化的建構，
又同時置身於大眾生活的氛圍之中，所以嚴格地講，他同樣
也擁有大眾文化的趣味和邏輯，受到日常生活文化的影響，
也自覺不自覺地影響著以日常生活為基礎的大眾文化。

　　從精英知識份子的邏輯出發，我們不難發現大眾文化的
若干消極面，諸如與媒體炒作對真正的個性的誤導甚至覆
蓋，工業化生產的趣味同質化，五彩繽紛背後隱含的商業利
益，對世俗時尚缺乏真正的批判和反思，甚至對國家意識形

---

2 舒非：《「民國熱」》，見 2012 年 8 月 10 日「大公網」，
　　http://www.takungpao.com/fk/content/2012-08/10/content_913084.htm。

態的某種粉飾和媾和等等，當年的法蘭克福學派就因此對資本主義的大眾文化大加鞭撻。的確，源於日常生活需要的物質性、享受性與變異性等特點使得大眾文化往往呈現出許多自我矛盾的形態，這裡就有法蘭克福學派所痛心疾首的「商品性」、「同質化」、「工業生產式的批量化」、「傀儡化」、解構主體意識等消極面，如霍克海默和阿多諾在《啟蒙辯證法》中指出的那樣：「文化工業的產品到處都被使用，甚至在娛樂消遣的狀況下，也會被靈活地消費。」[德]霍克海默、阿多諾：《啟蒙辯證法》118 頁，洪佩郁、藺月峰譯，重慶出版社 1990 年。「文化工業反映了商品拜物教的強化、交換價值的統治和國家壟斷資本主義的優勢。它塑造了大眾的鑒賞力和偏好，由此通過反復灌輸對於各種虛假需求的欲望而塑造了他們的幻覺。因此，它所起的作用是:排斥現實需求或真實需求，排斥可選擇的和激進的概念或理論，排斥政治上對立的思維方式和行動方式。」[3]所以，我們今天也不難發現大眾「民國熱」中的一些為消費主義牽引的例證。例如今天的「民國熱」也開始透露出不少獵奇和窺隱的俗套，諸如《民國公子》、《民國黑社會》、《民國八大胡同》一類黑幕消費、狹邪消費同樣開始流行一時，走上被法蘭克福學派抨擊的文化解構、文化異化的萎靡之路。

作為學術史演進的「民國文學研究」

上述大眾之熱，在最近一些年給人留下了深刻的印象（有

---

3 [英]斯道雷：《文化理論與通俗文化理論導讀》71 頁，楊竹山譯，南京大學出版社 2001 年。

人稱之為「愈演愈烈」），所以當「民國文學研究」的呼聲出現，便自然引起了不少的聯想：這是不是「民國熱」的組成部分呢？又會不會落入獵奇窺隱的窠臼呢？

在我看來，「民國熱」與「民國文學研究」的出現，其最大的相關性可能就在時間上。拋開臺灣學界基於意識形態原因而書寫「中華民國文藝史」不算，中國大陸最早的「民國文學」設想出現在 1990 年代末（陳福康），最早的理論宣導出現在 2000 年代早期（張福貴），但形成有聲有勢的多方位研究則還是在 2000 年代後期（張中良、丁帆、湯溢澤、李怡及「西川論壇」研究群體），這一逐漸成熟的時間剛好與所謂的「民國熱」相重疊，所以難免會令人從中尋覓關聯。不過，值得我們注意的是，在前述大眾趣味的民國熱之外，其實還有另外一條線索被我們忽略了，這就是學術界對中國近現代歷史的考察和追問方式。

20 世紀初，劍橋史書已經成為英語世界的多卷本叢書典範，《劍橋中國史》從 1966 年開始規劃，迄今已經完成 16 卷，它對歷史的劃分很自然地採用了朝代與政治形態的變化加以命名，至我們所謂的現代與當代分別編寫了《中華民國史》與《中華人民共和國史》各兩大卷，在這裡，「民國」歷史的梳理和描述已經成為國際學界的正常工作，絲毫不涉及流行趣味的興起問題。

在大陸中國，雖然因為政治原因，「民國」一詞一度包含了某種政治禁忌，需要謹慎使用，但總體來看，除了「文化大革命」這樣的極端的文化專制時期之外，對「民國史」的關注和研究一直獲得了國家層面的包容甚至支持。《中華

民國史》的編修工作可以追溯到半個世紀以前，早於《劍橋中國史》的編寫計畫。1956 年，在「向科學進軍」及「百花齊放、百家爭鳴」的熱潮中，國家科學發展十二年規劃中就已經列入了「民國史」的研究計畫。1961 年是辛亥革命 50周年紀念，作為辛亥革命親歷者的董必武、吳玉章等人又提議開展民國史研究。1971 年全國出版工作會議期間，周恩來總理親自指示，將編纂民國史列入國家出版規劃，具體交由中國科學院哲學社會科學學部（今中國社會科學院）近代史研究所負責組織實施，由著名史學家李新先生負責統籌。由於「文革」的環境所限，編寫工作真正開始於 1977 年，但作為專案卻始終存在。作為民國史研究系列之一，《民國人物傳》第一卷於 1978 年出版；1981 年，《中華民國史》第一卷上下兩冊亦由中華書局正式出版；至 2011 辛亥革命 100周年前夕，全套《中華民國史》共 36 卷全部出齊，被稱為是中國出版界在近年來的一件大事。有趣的是，《中華民國史》第一卷在當年問世之後，遭到了臺灣學界的激烈批評，被認為是政治色彩濃厚，評價偏頗的「官史」，當時大陸方面特意回應，辯解說我們民國史研究不是政治行為，是完全的學術行為。雖然這辯解未必完全道出了我們學術制度的現實，但是從那時起，「民國史」的研究至少在形式上已經成為學術而不是政治的一部分，卻是值得肯定的事實。到今天，史學界內部的民國史研究已經成為中國學術重要的方向，中華民國史研究被確立為中國社會科學院重點學科也已經十多年了；致力於「民國史」研究的自然也不只中國社會科學院一家，如南京大學、復旦大學、北京師範大學、中國人民大學

等諸多學術機構都在這方面投入甚多，且頗有成就。就是一部《中華民國史》今天也不僅有中國社會科學院牽頭版，也另有南京大學版（南京大學出版社 2005 年，張憲文主編）、中國現代史學會版（四川人民出版社 2006 年）等。2000 年 9月，南京大學中華民國史研究中心被批准為教育部普通高等學校人文社會科學重點研究基地，多年來，他們通過編輯出版《民國研究》，承擔國家重點科研項目、連續舉辦中華民國史國際學術研討會、不斷推出大型研究叢書等方式穩健地推動著民國史的研究。

這一「民國史」的學術努力試圖突破當代「以論代史」之弊、還原歷史真實，承襲的是實事求是的中國學術傳統，與當下社會文化的時尚毫無關係。

民國文學研究的出現和發展同樣是歷史學界追求實事求是的一種有力回應。

同整個歷史學界一樣，中國文學史研究也一度成為「以論代史」的重災區，甚至作為學科核心概念的「現代」一詞也首先來自於政治思想領域，與中國文學發生發展的事實本身沒有關係，以致到了 1980 年代，我們的文學博士還滿懷疑惑地向學科泰斗請教「何謂現代」。1990 年代的「現代性」知識話語讓中國文學研究在概念上「與國際接軌」了，但同樣沒有解決「以中國術語表述中國問題」的困惑。凡此種種，好像都在一再證實「論」的重要性，於是，「以論帶史」的痕跡依舊存在。

如何回到中國歷史自己的現實，如何在充分把握這些歷史細節的基礎上梳理和說明我們文學的發展，我們需要走的

路還很長很長。

　　「民國文學」概念的重新提出，其實就是創造了一種可能：我們能不能通過回到自己的國家歷史情態之中，就以這些歷史情態為基礎、為名詞來梳理文學現象 ── 不是什麼爭議不休的「現代」，也不是過於感性的「新文學」，就是發生在「民國」這一特定歷史語境中的精神現象和藝術追求，一切與我們自己相關，一切與生存於「民國」社會的我們相關。

　　就是這樣，本著實事求是的治史傳統，我們可以盡可能樸素地返回歷史的現場，勘探和發掘豐富而複雜的文學現象。實事求是，這本來是當年「民國史」負責人李新先生的願望，他試圖宣導人們從最基礎的原始材料做起，清理和發現「民國」到底有哪些值得注意的史實，這樣的願望雖然在「文革」的當時並不能實現，但卻昭示了一代民國史學人的寶貴的學術理想。今天，文學史研究也正在經歷一場重要的轉型，這就是從空洞的理論焦慮中自我解放，重新返回歷史，在學術的「歷史化」進程中鳳凰涅槃，迎來自己新的生命。

　　只有在這樣的學術脈絡中，我們才有可能洞悉民國文學研究的真諦，也才可能將真正學術的自覺與大眾文化的潮流區分開來，為將來的文學史研究開闢嶄新的道路。

　　社會的時尚是短暫的，而文學史研究的發展卻有它深遠的思想淵源。

　　大眾的文化是躁動的，而我們需要的學術卻是冷靜的、理性的。

　　當下的潮流總是變動不居的，除了「民國」之熱，照樣還有「啟蒙」的熱，「黨史」的熱，「國學」的熱……不是

每一樁的「時髦」都可以牽動學術思想的重大演變，儘管它們可以在某種程度上相遇，也可以發生某種對話。

一切都是如此不同，一切本來也就根本不同。

熱中之冷與冷中之熱

我如此強調文學史學術的冷靜與理性，與鼓噪一時的社會潮流區別開來，這當然並不意味著我們的工作是封閉於社會、不食人間煙火的學院活動。當代學術向著「歷史化」的方向轉型，這並不意味著學術從此與主體感受無關，與社會關懷無關，從根本上看，這是一種對於研究主體與歷史客體雙向關係的全新的調適。我們必須最充分地尊重未經干擾的事實本身，同時也要善於從豐富的歷史事實中把握我們感受的真實性。在過去的歷史敘述中，我們對此經驗欠缺，希望「民國文學史」研究能夠讓我們重新開始。

這也就是說，雖然我在根本上強調了學術邏輯與時尚邏輯的不同，但是，我也無意拒絕從社會的普遍感受中獲得關於「歷史價值」的追問和思考，包括對大眾文化內在意義的尊重和關注。法蘭克福學派曾經激烈地抨擊大眾文化的諸多弊端，不過，這不能掩蓋另外一些學者如英國的文化研究（如費斯克的學說）從相反的角度所展開的正面的發掘與肯定，這指的是對大眾文化追求中積極的建構性意義的褒揚。如費斯克所欣賞的反抗性、自由選擇性，正所謂「身體的快感所進行的抵抗是一種拒絕式的抵抗，是對社會控制的拒絕。它的政治效果在於維持著一種社會認同。它也是能量和強有力的場所：即這種拒絕提供強烈的快感，並因而提供一種全面

的逃避，這種逃避使身體快感的出現令上層覺得驚慌，卻使下層人民感到了解放。」[4]中國的大眾文化是在結束「文革」專制、社會改革開放的過程中發展壯大的，這樣的過程本身就與法蘭克福學派所警惕的成熟的資本主義文化不盡相同，它在問題重重的同時依然帶有抵抗現實秩序的某些功能，因此值得我們認真對待。即以我們目前看到的「民國熱」為例，一方面其中肯定充斥了消費主義的萎靡之態與嘩眾取寵的不負責任，但是，在另外一方面，我們卻也應該承認，帶動了「民國熱」的許多講述者本身也是民國史的研究者和關注人，他們兼具知識基礎與人文關懷，即使是對「民國」的浪漫化的想像也部分地指向了某種對理想信念的緬懷 ── 教育理念、文化氛圍、人格風骨等等 ── 顯然不都是歷史的事實，但是提出問題本身卻不無鑒古知今，繼續變革中國、造福民族的意味，這卻不是無的放矢的。這樣的大眾文化包含了某些值得深思的精神訴求，在信仰沉淪、物質至上、唯利是圖的時代，尤其不可為「治民國史」者所蔑視，在某些時候，其本質上胸懷民族未來的激情恰恰應該成為學術的內在動力。

　　當然，社會情懷的擁有並不就是學術本身。學術自有自己的理念和法則，作為學者，我們思考的不是改變這些法則去遷就大眾的情趣，相反，是更好地尊重和完善法則，讓法則成為社會情懷的合理的延伸和提煉。民國文學的研究首先是學術，不是轉瞬即逝的社會潮流，與那些似是而非的「民國熱」比較，我們起碼還應該在下面幾個方面意識清晰：

---

4 [英]費斯克：《理解大眾文化》64頁，王曉珏、宋偉強譯，中央編譯出版
　社2001年。

　　第一，作為學者而不是媒體人，思想是學者的第一生命，而思想的提煉必須來自於對現實生活的有距離的觀察和判斷。我們要特別強調一種理性的認知，以代替某些煽情式的文字書寫。之所以這樣強調，乃是在「學術通俗化、市場化」的今天，學術著作有時混同於媒介時代大量的「抒情讀物」，如果單純依從大眾閱讀的快感，難免會模糊掉學者的本位，使思想讓位於抒情。

　　其次，作為歷史敘述的工作者，我們應該盡力還原歷史的複雜性，以區別於對歷史的想像。作為大眾文化的精神需求，其實不可能「較真」，有時候似是而非的故事更能夠調動人們的情緒。但是對於歷史工作者就不同了，它必須對每一個細節展開盡可能的考察、追問，即使充滿矛盾之處，也必須接受仔細的勘探和分析。當然，這樣的刨根問底可能會打破不少的幻夢，瓦解曾經的想像。就是「歷史見證人」的「口述實錄」也必須接受專業的質疑，未經質疑和考證的材料不能成為我們完全信賴的根據。這樣的「工作」常常枯燥而煩瑣，並不如一般大眾想像的那麼自由和愜意，但是學術的真相必須在直面這樣的事實之中，只有洞察了所有這一切的矛盾困惑，我們方能獲得更高的事實的頓悟，也只有不間斷的疑問，才能推動我們對「問題」的不斷發現。正如有學人指出的那樣：「民國自有許多值得我們繼承、借鑒的遺產，如自由之精神，如相容並包的大學氣度等等，但我們不應不加辨析，只選取光鮮處，一味稱歎；更無意於要在民國諸賢中分個高低上下，使孔子大戰耶穌，魯迅 PK 胡適，只是覺得我們在關注歷史人物時，首先要研究其思想、事功，而非

僅僅作為飯後談資的八卦、段子。」5第三，民國文學的研究最終是為了解釋說明文學本身的問題而不是其他。這裡的「其他」常常就是大眾豐富的需求，或者為了各自的政治道德目標，或者為了心理的釋放，或者就是獵奇與八卦，一切事物都可以成為談資，一切談論的方式都無不可，超越「專業」的任性而談往往更具某種「自由」的魅力。但是，一旦真正進入專業研究，這都是學術的大敵。民國文學研究最終是為了深刻地解釋和說明民國時期的文學何以如此，所有「文學之外」的資訊都必須納入對「文學之內」的認定才有其必要的價值，而且這些資訊的真正性也須得我們反復校勘、多方考辨。在「文學解釋」的方向上，關於「民國」的種種逸聞趣事本身未必都有價值，未必都值得我們津津樂道，只有能夠說明我們重新進入文學文本的「故事」才具有學術史料的意義。

　　最後，也是我們必須格外重視的一點，那就是學術研究所包含的社會情懷主要是通過對社會文化環境的緩慢的影響來實現的，它並不等於就是目標單純的政治抨擊，也不同於居高臨下的道德訓誡。就民國文學研究而言，如果我們能夠在學術研究中發掘某些民國文學的發展規律，揭示某些民國作家的精神選擇，闡述某些文學文本的藝術奧妙，本身就對當前的文學生態發生默默的轉移，再經過文學的啟迪通達我們更大的當代精神，誠如斯，學術的價值也就實現了。學術研究有必要與傳統所謂的「現實隱射」嚴格區別開來，雖然

5　王晴飛：《冷眼「民國熱」》，《文學報》2012 年 7 月 5 日。

我們能夠理解傳統中國的專制主義壓抑下「隱射」思維出現的理由，但是在總體上看，精神活動對社會現實的影響應當是正大光明的，而「隱射」思維卻是偏狹的和陰暗的。文學研究是排除「預設」的對歷史現象的豐富呈現，「影射」卻將思想牽引到一個特定的主觀偏執的方向之上，不僅不能真正抵達真相，而且還可能形成對歷史事實的扭曲和遮蔽；學術擁有更為開闊的目標和境界，而「影射」則常常被個人的私欲所利用。和一切嚴肅的學術研究一樣，民國文學研究是在健康和積極的方向上為中國的當代文化貢獻自己的智慧和力量。

恰恰是「民國熱」之中，我們需要一種「冷」的研究，當然，這「冷」並非冷漠，而是學術的冷靜和理性的清涼。

重寫文學史視域下的民國文學研究

「重寫文學史」思潮曾經在 1980 年代影響廣泛，在 1990 年代以後卻不斷遭到種種的質疑，到如今，新的文學史書寫的討論再次出現，民國文學史及民國文學研究引出了新的話題。那麼，在學術史的意義上這新的話題與舊的思潮與質疑之間又有怎樣的關係呢？或者說，要進一步討論新的文學史研究，也有必要重估學術史觀。鑒往知來，因此，本節擬在 1980 年代以降中國現代文學學術史的角度上再評「重寫」問題，並以此觀察民國文學研究的可能性。

必須質疑的「重寫文學史」？

「重寫文學史」在 1980 年代後期由王曉明、陳思和提出，影響廣泛，而作為學術思潮的「重寫」則可以說貫穿了整個新時期，這還不包括眾所周知的「重寫」大旗 ──「二十世紀中國文學」。其實，新時期中國學術史的開啟就是源於對既往政治意識形態主宰敘述的改寫，人民文學出版社1978 年創辦《新文學史料》，文學的史料可以重新挖掘、披露和研究，這在長時期「以論代史」或者說「有論無史」的中國顯然具有劃時代的意義。中國現代文學研究會 1979 年開始主編《中國現代文學研究叢刊》，「作家作品的重評」成為引人注目的欄目，這都可以說是「重寫」的先聲。1980 年，嚴家炎先生首先提出了「從歷史實際出發，還事物本來面目」的設想。[6] 1982 年，唐弢先生提出：「文學應當首先是文學，文學史應當首先是文學史。」[7]1983 年初，許志英對五四文學指導思想問題提出了不同於《新民主主義論》的觀點，同年第 3 期的《中國現代文學研究叢刊》開闢「如何開創中國現代文學研究新局面」的專欄，發表的文章大大地活躍了人們的思維，打開了研究的新天地。[8]陳學超有感於「極左思潮加於歷史上資產階級進步文學的致命刀傷」，提出了「建立

6　嚴家炎：《從歷史實際出發，還事物本來面目 ── 中國現代文學史研究筆談之一》，《中國現代文學研究叢刊》1980 年 4 期。

7　唐弢：《中國現代文學研究近況》，見《西方影響與民族風格》，人民文學出版社 1989 年。

8　許志英：《「五四」文學革命指導思想的再探討》，《中國現代文學研究叢刊》1983 年 1 期。

中國近代百年文學史研究格局的設想」，試圖「建立起一個
獨立的科學的研究」。[9]王富仁的博士論文提出了尊重魯迅自
身的文學意圖，「回到魯迅那裡去」的問題，對中國現代文
學這一領袖作家的再認識無疑具有巨大的震撼效應。[10]1985
年「中國現代文學創新座談會」在北京萬壽寺召開，陳平原
介紹了他和錢理群、黃子平醞釀已久的「二十世紀中國文
學」，「重寫中國現代文學史」的努力在歷史框架上完成了
具有重大意義的突破。在上海，則有陳思和提出了「新文學
研究的整體觀」問題：「人們習慣以政治的標準對待文學，
因此把新文學史攔腰截斷，形成了『現代文學』與『當代文
學』的概念。這實際上是一種人為的劃分，它使兩個階段的
文學都不能形成一個各自完整的整體，妨礙了人們對新文學
史的進一步研究。」[11]陳思和說，這一設想後來就成為「重
寫文學史」的基本出發點：「當時我們倆共同的想法就是消
解 1949 年作為劃分文學史的界限，一些老先生跟我們的想法
也是一致的。這種消解的辦法就是把前 30 年和後 30 年打通，
所以我們就是要搞現代文學 60 年。」[12]然而，從 1990 年代
至今，這一影響學術史進程的「重寫」思潮卻受到了較多的

9　陳學超：《關於建立中國近代百年文學史研究格局的設想》，原載陝西
　　省社會科學院內刊《理論研究》1982 年 11 期，由《中國現代文學研究
　　叢刊》1983 年 3 期轉載。

10　王富仁：《中國反封建思想革命的鏡子 —— 論〈吶喊〉〈彷徨〉的思想
　　意義》（《中國現代文學研究叢刊》1983 年 1 期）、《〈吶喊〉〈彷徨〉
　　綜論》（《文學評論》1985 年 3、4 期）。

11　陳思和：《新文學史研究中的整體觀》，《復旦學報》1985 年 3 期。

12　陳思和、楊慶祥：《知識份子精神與「重寫文學史」—— 陳思和訪談錄》，
　　《當代文壇》2009 年 5 期。

質疑，其主要的問題被歸結為：當時「重寫」思潮所標榜的擺脫政治的「純文學」追求其實不過是烏托邦的幻想，最終不過是另外一種「政治正確」的評價標準，以對「政治」距離的測量來確定文學史地位的高低，同樣以政治性的評價代替了文學性的評價，充滿了意識形態的「預設性」；整個「重寫」思潮都陷入了似是而非的自我封閉的所謂「文學性」評判之中，缺乏更為豐富的「歷史」視野。

應當說，這樣的質疑有其顯然的合理性，它一方面體現了 1990 年代成長起來的年輕一代學人新的知識視野，另外一方面也反映了當年的文學史重寫親歷者的自我反省，這包括錢理群、王曉明等人的思考，例如其中的一些言不由衷的策略性考慮。[13]但是，源自 1990 年代的質疑（以下簡稱「質疑」）同時也顯露了與這一思潮及其社會歷史情景的某種隔膜，一些判斷並沒有深入把握歷史的基本事實。從總體上看，1990 年代以後的學術批評是沿著「學術規範化」方向發展的結果，這一「規範」有兩個重要的推動力，一是因為當時的「動亂事件」而必須在知識份子固有的追求方面有所切割，二是努力與大規模傳入中國的「西方學術」特別是具有批判精神的西方左翼文化思想接軌。就前者而言，如此空前的自我切割在 1980 年代的「改革開放」時代未曾出現，切割之後的「噤聲」能否準確傳達當時各種微妙的「聲音」？就後者而言，對「學術規範」的特別重視又盡力排除了一切思想追求的模

---

13 參見錢理群、楊慶祥：《「二十世紀中國文學」和 80 年代的現代文學研究》（《上海文化》2009 年 1 期）及王曉明、楊慶祥：《歷史視野中的「重寫文學史」》（《南方文壇》2009 年 3 期）。

糊性，而這樣一種越來越清晰的表述是否能夠對應 1980 年代的「天然」的含混呢？

1990 年代以降的質疑莫不依靠著「學理」的清晰性，這在表面上看起來理所當然，但是 1980 年代的學術起點恰恰是多少年極「左」專制積澱下來的文化荒蕪，除了政治意識形態的霸權判斷（其實並不是「理論」），一切的真正能夠自我表述的理論和學術形式都還處於萌芽和稚嫩的生長中。人們的諸多思想追求常常都裹挾著豐沛的情感與情緒，情感和情緒常常是不夠明晰和「規範」的，但是恰恰是這樣的情感與情緒飽含了學術思想最真切的內核，這就是真誠的體驗，也就是說，看似混沌的理論形態中其實孕育了未來理性發展的最具有價值的根基。相反，如果無奈的「噤聲」讓我們的真情實感不得不「順勢」調整，如果更有魅力的外來理論的邏輯有可能牽引我們「適應潮流」的時候，我們如何能夠在兩個不同的時代間建立有效的溝通？如果基本的體驗和追求都已經發生了深刻的變化，我們又如何能夠用另外一種邏輯去解釋和批判迥然不同的歷史事實？

所以說，重要的還不是對既往思潮的認識，而是這些評價方式的本身所包含的問題。在我看來，新時代的質疑在某些方面其實並不如有缺陷的 1980 年代更有學術的力量，或者說質疑在表面上擊中了歷史的弊端，其實作為替換的卻可能是更加值得警惕的一些思維。

例如，「質疑」分析了「重寫」思潮所激賞的「純文學」與「審美」如何既虛妄又形成了新的話語霸權，以致造成了對左翼文學的貶低甚至忽略。但是，從來就不存在「不偏不

倚」的學術動向，1980 年代的「重寫」思潮本身就是為了實現對學術領域的文化專制與政治意識形態主宰的突破。在當時，政治意識形態的主宰主要通過對左翼文化的「獨尊」來排斥其他文化取向。為了改變這一格局，顯然就需要我們的學術格局進一步擴大，不僅要容納固有的左翼傳統，也應該重新納入那些被長期排斥的文學現象，例如被過分貶低的自由主義文學現象，一時間，自由主義文學的確廣獲好評，倒是盛極一時的左翼文學似乎銷聲匿跡起來。但是，這樣的傾向是不是真的構成了學術霸權呢？是不是「重寫文學史」的學人都成了排斥左翼文化的自由主義者呢？當然不是。陳思和對此有過說明：「只不過我們當時是為了表示一種傾向，為了強調一個方面啊，其實我們對趙樹理，對柳青都很尊重，他們都是被『四人幫』迫害死的。但我覺得我們對待他們的創作要實事求是，要看到他們的處境，他們的困難，包括他們受到的局限，這很正常啊。」[14]不僅僅是一種自我辯白的表述，作為「重寫」的代表人物如王富仁、錢理群自始至終都致力於文學史研究格局的豐富與擴大，左翼、右翼與自由主義文學都是他們重新觀照和思考的對象。早在 1985 年，王富仁就提出了深入開展左翼文學研究的問題，他認為：「我們不必因為肯定『左聯』的功績而人為地抬高『左聯』的文藝創作成就，又人為地貶低巴金、老舍、曹禺及其他民主主義作家的藝術成就；我們也不要因為後者在藝術創作成就上超過了絕大多數左翼無產階級革命作家而否認『左聯』在中

---

14 陳思和、楊慶祥：《知識份子精神與「重寫文學史」── 陳思和訪談錄》，《當代文壇》2009 年 5 期。

國現代文學史上的巨大貢獻。」[15]在 1980 年代，相當多「重寫」人都是反對文化專制的奮鬥者，在 1990 年代，他們同樣深入勘探了左翼文化與左翼文學，並且，在他們的 1980 與 1990 之間，我們還看不到順勢而動、自我否定的跡象，這一切的思想不過都是他們自我延伸、自我發展的結果。嚴格說來，1980 年代的「重寫」思潮才真正開啟了左翼文學的學術研究，而在此之前政治意識形態借左翼文化之名主宰思想，其實不僅談不上什麼左翼的「研究」，就是曾經獻身於左翼文化事業的許多作家也深受政治運動的困擾和迫害，生死未蔔。今天的新左派憑想像描述 1942 至「文革」的左翼文化「盛景」，實在是一廂情願！

　　1980 年代的「重寫」思潮本質上就是這樣：與其說是某一種話語獨霸了學界，還不如說是開啟了一個學術研究的更大的格局。在這裡，「啟蒙」也好，「救亡」也好，「左翼」也好，「自由主義」也好，李澤厚的思想史論、「啟蒙/救亡」雙重變奏說打開了許多人的視野，但一個被打開的視野卻並不就是這一具體結論的奴隸。夏志清的小說史以「純文學」自我標榜，也給中國學界莫大的啟示，但夏志清的政治偏見在一開始就為 1980 年代的學人所警惕。「張愛玲熱」與「錢鍾書熱」絲毫也不意味著中國現代文學史從此成為夏志清的翻版。今天，我們糾察李澤厚、夏志清當年的「學理」問題不難，但如果就此認定他們的「學理」就是中國文學研究的學理，就是人們「重寫文學史」的學理，未免就過於想當然

---

15 王富仁：《左聯研究點滴談》，《文學評論》1985 年 2 期。

了。1980 年代的學術以劉再復「主體性」的探索作結，這本身就是意味深長的。不管劉再復當年的「主體性」學說還有多少缺陷，至少都可以成為一個時代的精神嚮往的標誌：在那時，努力站立的中國學人至少不願意成為精神的奴隸，願意重建中國學術的主體性。

重新文學史，無論它真正「重寫」的成果有多少，歸根結底地講，是一個時代企圖重建中國學術主體性的奮鬥。所以，在 1980 年代，不是「質疑」者歸納的幾個悖謬的話題成了主宰，而是更多的或悖謬或矛盾或不悖謬也不矛盾的事物通通成了啟動人們學術激情的話題。當然，它們的陳述在概念上可能不盡嚴密，在學理上可能不夠嚴謹，情感濃於理性，願望多於邏輯，但是，所有這些缺陷都不能掩蓋一個基本的事實：沒有 1980 年代的「重寫」格局，就不會有 1990 年代的繼續探求，包括對 1980 年代本身的自由的質疑。而且，與 1990 年代某些「質疑」背後的連自我也未必覺察的精神扭曲比較，1980 年代的簡陋和淺顯另有一種未曾自我扭曲的真實，而這樣的真實的力量可能更能推動未來中國學術的健康發展。

「歷史化」取向與民國文學研究

我願意將民國文學研究看作是「重寫」與「質疑」這一脈絡中的學術新聲，它的出現，本身就充滿了某種學術對話的意味：與中國現代文學史研究固有的方式形成某種延續、駁詰。

延續與駁詰的關鍵點便在文學研究的歷史意識。民國文

學研究之所以引入「民國」這一概念就是為了強調文學研究
對於中國現代歷史具體國家社會情態的「返回」，宣導從民
國歷史的實際出發研討文學問題。[16]當年「重寫文學史」的
思潮同樣將「歷史」作為與「審美」相並舉的追求，陳思和
稱「我們提出既要歷史的，也要美學的，這兩個是不能分離
的。歷史的，就是你要把所有的作家還原到當時的歷史環境
下去考察；所謂審美的，就是文學有它的特徵，它的社會性、
政治性都是通過美的方式來表達的。」[17]陳平原在論述「二
十世紀中國文學」概念之初，就提出過「走出文學」的問題：
「『走進文學』就是注重文學自身發展規律，強調形式特徵、
審美特徵；「走出文學」就是注重文學的外部特徵，強調文學
研究與哲學、社會學、政治學、民族學、心理學、歷史學、
民俗學、文化人類學、倫理學等學科的聯繫，統而言之，從
文化角度、而不只從政治角度來考察文學。」[18]要真正實踐
「走出文學」，也就是要「走進歷史」。1990 年代以後文學
研究的轉向，更被概括為文學性擴張、文化研究興起之後的
「歷史化」傾向，尤其中國當代文學研究的「歷史化」呼聲
更起了推波助瀾的作用。在一些當代文學學者看來，雖然「重
寫文學史」也提到了「歷史的審美的」研究方法，「但是『歷
史』在此不過是『虛晃一槍』，其重心還是落在『審美』上

---

16 李怡：《中國現代文學史的敘述範式》，《中國社會科學》2012 年 2 期。

17 陳思和、楊慶祥：《知識份子精神與「重寫文學史」──陳思和訪談錄》，
　　《當代文壇》2009 年 5 期。

18 陳平原、錢理群、黃子平：《「二十世紀中國文學」三人談：文化角度》，
　　《讀書》1986 年 1 期。

面。」19在我看來，這樣的批評固然是揭示了 1980 年代的某些疏漏，但是也可能遮蔽某些重要的內容，比如究竟什麼是「歷史」，什麼是「歷史意識」。在質疑詹姆遜「永遠歷史化」的命題時，特里‧伊格爾頓（Terry Eagleton）舉例說：「以一種適當的謙虛態度，黑格爾最後總結說：歷史在他的頭腦中已經抵達終點。這個斷言其結果卻導致出現了更多的歷史，從未停止過與之爭論的克爾凱郭爾、馬克思、尼采、阿多諾以及其他思想家的歷史。終止歷史的企圖總是成功地使歷史重新開始。」20也就是說，所謂「歷史」並不是一個純客觀的與主體無關的進程，而「歷史意識」更與主體感受及我們存在的語境有直接的關係。在「回到魯迅那裡去」的口號中令魯迅研究擺脫階級鬥爭學說的窠臼，是不是更接近魯迅文學本身？將二十世紀中國文學的發生從五四政治革命的戰車上解脫，轉而在上世紀之交的「現代化」訴求中尋覓淵源，是不是更符合歷史的真實？當然他們的論述不夠那麼「細節」，未及深入包括作家「日常生活」在內的更為精細的情節，但是在我們的感受中政治大歷史依然是歷史至關緊要的部分，尤其當這些大歷史的內容在根本上鉗制我們的生存與思維的時候。沒有對政治「大歷史」格局的改變，可能也沒有對「小歷史」細節的發現，重寫文學史思潮的基本價值恰恰是中國文學研究開始回歸更接近歷史自身的進程，雖

---

19 賀桂梅：《人文學的想像力：當代中國思想文化與文學問題》66 頁，河南大學出版社 2005 年。

20 [英]特裡‧伊格爾頓：《我們必須永遠歷史化嗎？》，許嬌娜譯，《外國文學研究》2008 年 6 期。

然最初的觀察可能還比較粗糙，但粗糙的觀察究竟也是一種正常的學術工作的開始，較之於「不能觀察」、「不許觀察」的時代已經完全不同了，而且，從「不能觀察」、「不許觀察」到可以觀察，就是一代學者歷史意識空前增長的結果。

重寫文學史思潮的真正問題不是沒有歷史意識，而是其主要工作皆集中於「大歷史」的辨析和證明，清掃政治意識形態獨佔的漫長而深刻的歷史印記，對影響文學的一些具體而微的歷史情形來不及精細把握和剖析。同時，也因為急於借助開放的力量獲得進一步的思想解放，人們格外看重在「世界性」的格局中解釋中國文學的來龍去脈，「走向世界」的夢想和對「現代化」普遍性的信賴都一再促使人們在巨大的主題中談論文學，反而對中國文學問題的細節有所忽略。當然，我不認為這些缺陷有多麼致命，一個時代有一個時代急需解決的問題，評論一個時代的原則不是它還忽略了哪些問題而首先是它是否解決了本可以解決的問題。如果沒有繼動亂事件而至的種種生態變遷，我相信「重寫」思潮完全可以深入發展，更健康地開展後來的「小歷史」追問。同樣以 1980年代文學研究的代表人物王富仁為例，從舉起「思潮革命」的旗幟替代「政治革命」的招牌，到對中國現代文學重要作家歷史貢獻的多元化解讀，再到 1990 年代質疑中外古今的各種「二元對立」思維，反思 1980 年代簡單西化式的求新逐異，宣導中國學術主體性的「認知文化學」的提出，他一系列思想追求的深化和轉化都可以說折射出了深遠的歷史景觀。但這樣的轉化卻又與一般知識份子從自我規範到市場經濟的後現代變遷毫不相干，屬於王富仁自己對 1980 年代思想啟蒙精

神的深化和發展 —— 它沒有與大多數的知識份子一樣，在質
疑和批判啟蒙的邏輯中與當下西方思潮「接軌」，以花樣翻
新的最新的國外學說裝點自己，而是進一步推進了對啟蒙、
五四、國學等等關鍵問題的思考，在一個新的歷史層面上展
示了「大歷史」思考的新的可能。[21] 1990 年代文學研究的貢
獻就在於充分注意到了為 1980 年代所忽視的諸多歷史細
節，特別是日常生活細節、大眾文化細節，注意從小歷史的
複雜元素中解釋影響文學的現象，這樣的努力有效地推進了
文學研究的發展。但是，值得注意的是，為了與 1980 年代劃
清界限，糾纏不休的小歷史不時取代了對大歷史的追問，歷
史的碎片遍地，歷史過程中的是非曲直好像反而不那麼重要
了，這種模糊了社會政治大格局的細節述說難免令人迷惑不
已。與此同時，為了突出學理的合法性，這些研究常常籠罩
在西方「文化研究」、「場域研究」、「知識考古」等等顯
赫的思想學說之中。從理論模式、概念術語都一再移用著舶
來的成果。能夠引領這些思潮的首先是英美學說，然後是留
居英美的華人學術，至少我們常常可以見到中國當代學術樂
於接受這些引領的陶然之態。雖然「發現中國問題」的呼聲
不斷，但是即便號稱要發現中國者，也常常習慣於從最新西
方學術動態入手確立自我，所謂的中國問題不過是這些理論
動態的例證。由此，我們或許就不難解釋對「重寫」思潮的
「質疑」往往似是而非，而質疑之後的中國文學的敘述也不
時有霧裡看花之感，例如新左派對十七年文學、「文革」文

21 參見李怡：《王富仁與二十世紀晚期的啟蒙文化思潮》，《當代作家評
論》1997 年 6 期。

學的肯定。

　　民國文學研究的提出是對上述學術史反思的結果，我們感佩於「重寫」時代的人格真誠，但不滿於它的種種粗疏，希望從細節追問歷史的點滴；我們取法於「質疑」時代的見微知著，但有別於它有意無意的焦點轉移和理論先行，試圖真正回到中國現代歷史現場。

　　學術研究的「歷史化」同樣是民國文學研究的努力目標，但是，在我看來，與其說這是為了追趕當前的「歷史化」潮流，尊崇詹姆遜「永遠歷史化」的理念，引進西方「文化研究」的方法，還不如說是中國文學自我揭示的要求。不是「永遠歷史化」應該成為「放之四海而皆準」的公理，而是不斷逼近歷史的真相應該成為所有學者的自覺的工作。在當前，中國現代文學究竟是在怎樣一種國家、社會與文化的環境中成長起來的，它遭遇了什麼，凸顯了什麼，又回避了什麼，這都還沒有獲得更真切的說明，階級分析的籠統、現代性話語的模糊都並不讓我們滿意。那麼，回到「民國」框架的敘述，就不失為一種質樸而可靠的選擇。在現代的中國，不是抽象的地主、資本家和工人農民展開著歷史的搏鬥，而是割據的軍閥、新舊交雜的士紳和各種具體的社會角色上演著不同的故事；不是資本主義必然滅亡、社會主義必然勝利的趨勢推動了文學，而是民國不同時期具體的政治法律制度、經濟狀況和教育環境不斷放大或縮小著文學的空間；不是「民族國家想像」、「公共空間」、「反現代的現代性」這些華麗的解釋可以展開複雜的現象，在中國現代歷史的問題中難以厘清什麼是「民族國家」，什麼是我們自己的文學交流空

間，什麼又是或正或反的現代性，更容易解釋現代中國的是「民國」，是民國時代的各種歷史元素，是「民國人物」的具體想像。

晚清之後是民國，這個歷史問題並不需要太多的「現代性」理論，因為它首先是一個需要我們認真觀察和剖析的事實。「帝國」終結，「民國」當立，一切都如此不同了，一切新的文化現象和文學現象也都期待我們在「民國」的框架中得到闡釋。最近幾年，在民國文學研究的視野中，西川論壇的同仁開展了「民國經濟與現代文學」、「民國法律與現代文學」、「民國歷史環境與現代文學經典生成」等問題的研討，先後出版多種論著，發表多篇論文。據我觀察，這些研究都有意識地從過去連篇累牘的西方批評術語中跳脫出來，還文學研究以樸素、本色的形態，通過大量歷史材料的分析研究呈現真實的問題。此等努力，昭示了一種新的學術研究的「歷史化」的可能。[22]自然，我們對外來理論的警覺並不意味著學術思維上的故步自封與敵對排斥，作為一種有益的方法，它對我們研究的啟示意義毋庸諱言，我們所想指出的還是一種學術主體性的確認。

民國文學史與民國文學研究

如果不算海峽對岸對「民國」概念的使用，「民國文學」概念的提出已經超過十五年了，先是經過了一段漫長的沉寂期，爾後逐漸引起了越來越多的關注。在今天，伴隨著又一

---

22 《民國經濟與現代文學》、《民國憲政、法制與現代文學》均由臺灣花木蘭文化出版社出版，時間分別是 2012 年、2013 年。

輪文學史寫作的潮流的出現，人們對民國文學的研究出現了
兩種期待，一是希望儘快見到一部《民國文學史》，似乎只
有這樣的通史架構才能顯示民國文學研究的意義和成效，才
能夠與當前各種「現代文學史」版本相抗衡；二是深入展開
各種題目的民國文學現象研究。

　　中國文化具有悠久漫長的「治史」傳統，通過歷史框架
的確立似乎可以達到某種裁決與審判的高度，所謂「名刊史
冊，自古攸難，事列春秋，哲人所重。」[23]王瑤先生《中國
新文學史稿》初版於 1951 年，奠定的是中國現代文學學科的
基礎；唐弢先生主編《中國現代文學史》在 1970 年代末出版，
集中代表了「撥亂反正」過渡時期的文學史觀，無論是推重
其穩健扎實還是詬病其保守、落伍，都繞不開這三卷大著，
甚至也部分激發了「重寫文學史」的欲望；《中國現代文學
三十年》因為體現了新時期的現代文學視野，早已經成為中
國高校最普及的文學史著作；陳思和《中國當代文學史教程》
實踐了他的「重寫」理想，被視作最有代表性的中國當代文
學史論之一；洪子誠的《中國當代文學史》生動地體現了 1990
年代以降學術研究的「歷史化」取向，堪稱經典之作；為了
挖掘「文學之外」因素的文學史價值，吳福輝獨撰插圖本《中
國現代文學史》；最近，則有錢理群主編三卷本《中國現代
文學編年史》問世，這是為了展示那些為傳統研究所忽略的
文學生產、流通、接受及其他社會文化環節，從而豐富文學
敘述的圖景：「從廣告出發，就意味著我們不僅關注文學的

---

23 劉知幾撰，浦起龍釋：《史通通釋・人物》240 頁，上海古籍出版社 1978
年版。

生產與流通，還關注文學創作的語境和接受，關注廣告所揭示的典型文學現象，關注廣告背後的文化活動、文學事件、文人生活和交往，包括文人之死……這些都是以往的文學史不涉及，也很難進入文學史敘述的，卻恰恰成為我們的最大特點，並會有自己的獨立發現。」[24]今天，為了證明「民國社會歷史框架」具有特殊的文學視野價值，勢必應該編寫一部扎實厚重的《民國文學史》。

但是，在我看來，文學史編寫的工作顯然重要卻又不可操之過急，因為，今天所宣導的「民國文學研究」，並不僅僅是一個名稱的改變（以「民國」替代「現代」），更重要的是一些研究視角和方法的調整：正視民國社會的特殊性，而不簡單流於半封建版殖民地的「世界史」判斷；發掘民國歷史的若干細節，揭示中國現代文學生存發展的具體語境；解剖民國精神的獨特性、民國文本的獨特性，凸顯而不是模糊這一段文學歷史的「空前絕後」的形態。這樣的研究，從大的歷史框架的設立與理解到局部事件的認定和把握，乃至作為歷史事件呈現的文本的闡釋都與此前我們熟悉的一套方式 ── 革命史話語、現代性話語 ── 有所不同，如果只是抓住名稱大做文章。幾乎可以肯定的是，其結果必然很快陷入業已成熟的那一套知識和語言中去，所謂「民國文學史」也就名不副實了。早在 1994 年，人民出版社就出版過《中國民國文學史》，這個奇特的書名 ── 不是「中華民國文學史」而是「中國民國文學史」 ── 顯然反映出了當時的某種政治

---

24 錢理群主編：《中國現代文學編年史‧總序》，《中國現代文學編年史》
　　3 頁，北京大學出版社 2013 年。

禁忌，因為這一禁忌，所謂「民國」的諸多歷史細節都未能成為文學史觀察和分析的物件，所以最終的成果還是普遍性的「現代化」歷史框架，「中國民國文學史」的主體還是不折不扣的「現代文學三十年」，對歷史性質、文學意義的描述都依然如故，只不過增加了一點補充：民國建立到五四新文化運動發生的幾年。[25]當然，也有能夠「正視民國」的文學史版本，如尹雪曼主編《中華民國文藝史》，問題是，它要維護的中華民國依然是以國民黨統治為唯一合法性的「黨國」，民國社會歷史的真正的豐富與複雜並不是它關心的物件。[26]以民國歷史的豐富性為基礎構建現代中國的文學敘述，始終是一個難題，對大陸如此，對臺灣也是如此。

如果試圖將海峽對岸的文學創作也囊括其中，民國文學史的完成可能又增加了一個難度：如何描述海峽對岸當今的文學狀況，是排除於「民國文學」還是繼續延伸，排除於現實不符，納入卻也同樣問題重重，不僅有悖於大陸的基本政治理念，就是在當下的臺灣也糾纏不清，繼續奉「民國」之名的臺灣目前正大張旗鼓地推進「臺灣文學」甚至「台語文學」，所謂「民國文學」至少也不再是他們天然認同的一個概念，「民國」之說曖昧而混沌。

凡此種種，實際上是為我們的民國文學研究指出了方向：在當前，我們的主要任務應該是對民國社會歷史中影響文學的因素展開詳盡的梳理和分析，對民國文學歷史的一些基本環節（如民國建立初年的文學變遷、五四新文學運動的

25 葛留青、張占國：《中國民國文學史》，人民出版社 1994 年。
26 尹雪曼主編：《中華民國文藝史》，臺北正中書局 1975 年。

民國意義、民國主導意識形態中的黨派分歧及文學意義、民國社會制度下的文學生態等等）與具體的文學現象進行新的闡述和研究，至於若干因為各種原因成為「著史」難題的課題則暫時擱置（如 20 世紀下半葉「臺灣文學」與「民國文學」的關係問題）。總之，並不急於構建一部完整系統的民國文學史，而將主要的精力放在民國文學具體問題的梳理和認識之上，時間也集中於民國建立至共和國建立這一段「民國歷史」的「典型」時期。歷史的整體敘述有賴於更多更豐富的細節的完善，歷史認識的深化也得益於更多的物件之間的關係的發現，相信對民國文學現象持續不斷的思考將有助於民國文學史整體描述的最後成形，有助於我們歷史智慧的增長，而這樣那樣的難題也有希望在歷史智慧的增長中獲得最後的解決。

命運共同體的文學表述
—— 兩岸華文文學視野中的「民國文學」

「民國文學」是近年來中國現代文學研究提出來的新的設想，在現代文學日益成為海內外學術共同話題的今天，在華文文學創作與研究的交流越來越頻繁的當下，任何一個概念的闡發和運用都不再是一個局部的活動，它必然引起更大範圍內的思考和討論，特別作為現代華文文學的大本營 —— 海峽兩岸。因此，如何在當今兩岸學術文化的格局中釐清這一概念的價值和意義，梳理它與其他的華文文學概念的相互關係，就成為深化民國文學研究的不可缺少的環節。

兩岸視野下的「民國」

　　當「民國文學」這一概念跨出中國大陸，可能就會遇到新的問題。其實，這問題在今天中國大陸內部的民國文學討論中，就已經有學者意識到了，這就是「民國」概念在當今世界範圍具有不同含義。就我們大陸學界的立場來看，它理所當然就是一個歷史性的概念，中華民國在 1949 年已經結束，我們的民國文學研究如果不加特別說明，肯定是指 1912 民國建立到 1949 年中華人民共和國成立、民國結束這一段歷史中的文學。但是，眾所周知的是，海峽對岸迄今依然沿用著「民國」的稱號，單就自我的概念表述上講，他們的文學依然是進行中的「民國文學」，除了最近一些年「文學台獨」刻意回避「民國」，甚至論證「後民國時代」種種，竭力彰顯「臺灣」概念之外，臺灣的主流文學組織繼續掛有「民國」之名，並通過這一名詞昭示出對整個中華文學傳統的承襲關係。臺灣的文學研究也依然在「民國」的框架內書寫現代、當代的文學發展，從 1975 年尹雪曼擔任總纂的《中華民國文藝史》到 2011 年陳芳明、林惺嶽等著的《中華民國發展史·文學與藝術》都是如此。[27]甚至也有大陸學者冷靜地看到了這一現實：「『民國文學』的表述在大陸自一九四九年中斷後，在臺灣地區仍然在沿用，承認這樣的表述並非完全是從

---

27 尹雪曼總纂：《中華民國文藝史》，臺北正中書局 1975 年；陳芳明、林惺嶽等著：《中華民國發展史·文學與藝術》上下冊，系臺灣政治大學組織編寫的《中華民國發展史》第 9、10 卷，臺灣政治大學與聯經出版公司 2011 年出版。

政治文化的角度來考慮問題，同時也是從文學自身的變化來考慮問題的」，「它的民國主體文學思潮和創作相當一段時間裡壓制了臺灣本土的土著創作，而成為主流。」[28]從國家政治的角度看，我們顯然具有明確的民國概念 —— 指的是清王朝覆滅之後、中華人民共和國成立之前的歷史階段，對於現實而言，民國早已經結束，不復存在。主張「民國」與「人民共和國」並存，絕對是我們堅決反對的「兩個中國」的立場。但是，在反對「兩個中國」的同時，我們也必須看到，在當前，政治「台獨」所標舉的「一中一台」同樣具有極大的危險，甚至在華人世界裡構成了更為迫切的分裂危機。在這個前提下，如何能夠理性地分析對岸學者的各種術語和思想，最大程度地相互溝通和實現最大程度的認同，就成了一件意義重大而操作微妙的工作。也就是說，如果學術研究不是孤芳自賞、閉門造車的話，就有必要在更大範圍內展開討論，包括與海峽對岸學者以及認同對岸某些理念的海外學人討論。但是，現實的困難恰恰在於，因為不斷放大的歷史概念的分歧，我們「民國文學」研究的範圍無法確定，我們又如何在彼此融通的概念之上交流呢？或者說，因為明顯的政治意識形態的分歧無法面對和解決，我們也會失去在更大範圍內繼續學術對話的可能性。

　　對此，曾經有學者做過可貴的努力，這就是區分政治意義的「民國」和作為文化遺產的「民國」，在他看來，政治意義的「民國」已然結束是我們明確的結論，但是，作為文

---

28 丁帆：《關於建構民國文學史過程中難以迴避的幾個問題》，《當代作家評論》2012 年 5 期。

化遺產的「民國」卻有可能跨出政權存在的時段，這就如同
中國文學史上的「唐詩」與「宋詩」，跨出唐宋政權，其影
響依舊綿長。和在以後的歷史中不斷再現「唐詩派」與「宋
詩派」一樣，作為文化遺產的「文學民國」可以被概括為「民
國文學風範」，而這樣的「風範」歸根到底來自五四。研究
「民國文學」並不等於研究政權形態下的文學，而是對這種
「風範」的研究。而如果民國文學就是「民國風範文學」的
話，顯然，在一定時間之內這樣的「風範」是可以延續到海
峽對岸的。所以，臺灣的文學在一定的時間裡和在一定的條
件下也依然是「民國文學」，可以納入我們的討論範圍當中。
正如丁帆先生所說：「雖然，在很長一段時間裡，國民黨政
府還是以『民國文學』自居，但是它在國家層面上的合法性
實際已不復存在。然而，從文學自身的訴求來說，作為對『民
國文學風範』和精神層面的承傳和反傳承，還是一直有著連
續性的。」[29]

　　我認為這樣的思想具有重要的突破意義，有利於學術活
動的開展，但是，依然可以提出進一步的追問：是否臺灣的
文學就是對五四文學的延續而沒有發生重要的變化？眾所周
知，隨著國民黨遷台的僅僅是極少的文人，他們在何種意義
上傳承了五四的傳統？又在多大的範圍內發揚了這一傳統？
我們一方面深知超越政治意識形態限制返回文學本身進行考
察的良好用心，但是另外一方面也不得不說，這裡還是有不
少的後續工作（包括實際的調查問卷等）需要跟上。同時，

---

29 丁帆：《「民國文學風範」的再思考》，《文藝爭鳴》2011 年 7 期。

經過多少年的政治、社會生活的變遷，當今臺灣文學生態其實也與五四至 1949 年的民國大相徑庭，我們又該如何描述之？

我們不得不承認，直到今天，涉及兩岸華文文學世界之時，「民國文學」的概念依然棘手。

在真正解決這個棘手問題之前，我想暫時擱置一下糾纏，從另外一個問題談起，那就是，提出民國文學的概念，對兩岸文學研究的推進，究竟意味著什麼？有沒有特殊的意義？也許經過另外一個角度的討論，我們再回過頭來，討論概念使用問題，就會多出一些思路和應對之策。

我想談的是當前兩岸文學交流中的一點困境。

一方面，我們無不欣喜地看到，在經過多年的分割之後，我們逐漸有了思想交流的願望和可能，兩岸學者頻頻出現在「現代文學」或「華文文學」研究的同一場所。大陸的臺灣文學暨海外華文文學研究陣容日漸壯大，「如果從 1982 年 6 月第一屆台港文學研討會在廣州暨南大學召開算起，中國大陸研究臺灣文學至今已有十七年的歷史。其研究者人數之眾多，研究領域之廣博，以及研究成果之豐碩，恐怕連臺灣文學界自身，也難望其項背。」[30]最近一些年，臺灣學界對大陸文學的關注和研究也逐漸加強，由臺灣中國文化大學等高校發起成立的「中國現代文學學會」也已經十年了，學會舉辦了九次以「兩岸華文文學」為主題的學術研討會，每一屆都有兩岸學人共同參與，同場切磋，最近幾屆還先後與武漢大學、四川大學聯合舉辦，吸引了大批臺灣學者深入大陸高

---

30 白舒榮：《臺灣文學研究在大陸》，《世界華文文學論壇》1999 年 4 期。

校學術的現場。他們創辦的「《中國現代文學》學術叢刊研究」出至二十三期，每期都刊登面對兩岸現代文學的學術論文，雜誌編委由來自兩岸現代文學學人共同擔任。借助這一平臺，兩岸高校博士碩士研究生群體的「現代文學研究」學術交流也正在逐步開展。

　　但是，在另外一方面，隨著交流的進行，我們也發現了一個問題，就是兩岸學者對「現代文學」討論交流的深度和廣度都嫌不足。目前雙方最有深度的交流似乎在一些特殊的「理論」層面，諸如後殖民文化與文學、東亞問題等等，但是這些問題的理論依據恰恰並不是來自兩岸，不過是西方批判理論或歐美（其實主要又是美國）華人漢學界「問題」的傳播與回饋，至於涉及彼此文學現象的複雜之處，則基本上歸於自說自話。到目前為止，中國大陸的中國現代文學研究會議邀請到的對岸學者寥寥無幾，而出席對岸文學會議的大陸學人同樣不多，許多時候還是由專門從事台港澳文學研究的少數學者為代表，而他們的臺灣敘述也不時受到臺灣學界的質疑。對此，曾有學者做過較為客觀的分析：「事實上，臺灣與祖國大陸之間的隔閡與相通並不能完全以政治一言而論，在臺灣文學的定位問題上，若僅從意識形態的問題來討論，未免有過於狹隘的弊病。二是臺灣學者在當地掌握很多確鑿的資料，在閱讀大陸學者的研究成果時，很容易發現資料方面的錯誤，從而造成了閱讀中的不信任感。三是大陸學者在撰寫臺灣文學史的相關論著時，無法對臺灣文學有通盤的瞭解，以致產生許多謬誤與曲解，很多論斷過於簡單化、

武斷化。」[31]問題在哪裡呢？拋開一些非學術的意識形態偏見不論，我覺得，重要的是在於我們還沒有能夠進入一個共同的感受系統當中，通過尋找彼此共同的關注點展開對話。出於一種根深蒂固的「中原文化中心論」的心態，大陸學者自覺不自覺地將臺灣文學作為「旁支」，沒有深入清理其內在的生命理路，只有在生命體察的層面上，文學的解讀者才可能實現跨地域的溝通和連接，文學的闡釋者也才能通過挖掘自己的感動元素完成有效的表達，畢竟，當代中國大陸的生存感受與臺灣是大相徑庭的。同樣的情況其實也見於臺灣，歷史波詭雲譎、滄海桑田，臺灣學者的感受要能夠毫無阻礙地進入中國大陸的悲歡離合之中照樣不易，缺乏生命的共振點，彼此都只能是隔靴搔癢。

　　所以，即便不使用「民國文學」概念，雙方的學術對話也存在問題，這才是問題的根本。

　　要改善目前的狀況，需要的就是尋找和擴大一種生命體驗的共同性，並將之散佈於文學的感受當中。那麼，是否存在這種共同的可能呢？

　　其實存在這樣的可能，這就是一種「命運共同體」的感受：

　　我們同樣具有中華文化的傳統，從共同的民族記憶中走出，融入全球現代化的走向中。

　　文學同樣經歷了從農業文明到工業文明、後工業文明的歷史過程，甚至在其間成為「世界工廠」的遭遇也是一樣。

　　文學同樣經歷了從威權專制到現代民主的過程，雖然後

---

31 張羽：《對臺灣學界評祖國大陸的臺灣文學研究之述評》，《廈門大學學報》2006 年 1 期。

來對民主的理解和實施形式尚有不同。

　　就文學而言，我們同樣經過了中國古典文學的修養和基礎的積澱，同樣進入現代白話文學的時代，雖然因為政治意識形態的介入，中國新文學傳統的理解和繼承方式有別，彼此有過對新文學傳統的不同的認識 ── 大陸以左翼文學為正統，臺灣以胡適等自由主義文學為正統，但是作為大的現代文學系統依然具有相當的同一性。

　　可以說，正視和發掘我們共同的人生命運，才能夠真正加強我們在文學的理解上的溝通。文學是情感的藝術，它本身就是人類溝通的最好形式，我們在文學方面共同的認識反過來也會加強我們命運一體的感受。

　　命運共同體的存在是我們彼此熟悉、情感溝通的基礎，是學術對話的前提。

命運體的認同感

　　作為兩岸命運共同體，在目前最容易認同的文學表達就是「民國文學」，並且首先是我們共同經歷過的一段「民國文學」，即 1912 至 1949 年間的「民國文學」。

　　上述命運的體驗都在這一文學記憶中有生動的體現。

　　如果我們不只從政治意識形態的角度來認定民國的黑暗，那麼就能夠承認，從 1912 至 1949 年，這本身就是無數中國人努力奮鬥的一個時期，包括中國共產黨在內的仁人志士，曾經以建設真正的「民國」為己任。真正的「民國」是告別千年帝制，反對封建專制，走向民主共和的國家，是全中國人心目中的「新中國」。包括左翼文學，包括臺灣曾經

禁止發行的魯迅等左翼力量在內的作家對民國不僅僅是抨擊、批判，可以說，越是批判民國，心目中越是有一個理想的民國、完美的民國。魯迅曾經以這樣激憤的文字捍衛「民國」的理想：「我覺得有許多民國國民而是民國的敵人。我覺得有許多民國國民很像住在德法等國裡的猶太人，他們的意中別有一個國度。我覺得許多烈士的血都被人們踏滅了，然而又不是故意的。我覺得什麼都要從新做過。退一萬步說罷，我希望有人好好地做一部民國的建國史給少年看，因為我覺得民國的來源，實在已經失傳了，雖然還只有十四年！」[32]同樣，雖然今天的臺灣知識圈出於某種體驗，更願意自我表述為「臺灣」，甚至宣稱自己步入了「後民國」的時代，其實，離開民國時期的歷史記憶，根本無法理解今天臺灣社會、文化與文學的深層基因，無法更深入地認識自己。即便面對解嚴以至「民主化」之後的今天，其實並不完全是臺灣人在臺灣奮鬥的結果，許多歷史演進的淵源已經包含在民國歷史文化的深刻的記憶當中，包括民國建立之初主權在民的理想，雖然由於後來的威權統治不斷被干擾、破壞與中斷。應當說，民國反對專制、實行憲政的精神脈絡始終延續，始終形成對專制統治者極大的壓力。從知識份子而言，雖然激進的左翼知識份子都留在了大陸，但是如胡適、殷海光這樣的自由主義者依然在臺灣保持了獨立不依的姿態，與專制政府展開持續的抗衡，沒有他們的努力，就不會有後來衝破蔣氏父子的統治，要求民主改革的前赴後繼的浪潮。包括在極

---

32 魯迅：《忽然想到》，《魯迅全集》第 3 卷 16、17 頁，人民文學出版社 2005 年。

端白色恐怖的時期，臺灣社會格局中還能延續那麼一點自由理想的火種，原因都可以追溯到民國時期各階層共同努力形成的社會形態（雖然在臺灣的白色恐怖之中，其格局已經不能與大陸國共鬥爭時代相比），也可以追溯到五四新文化運動所探索和建立的現代科學、民主、人權的精神傳統 —— 即丁帆先生所謂的「民國文學風範」。在我看來，這「民國風範」已經超過了單純文學的範圍，成為現代中國文化的寶貴的財富與精神傳統。

作為文學的傳承也有相當生動的體現，這裡可以看到的是：

1.以胡適、林語堂等為代表的民國時期的自由主義傳統繼續在臺灣延續、發展，在今天，包括陳芳明這樣本土意識鮮明的作家也承認 1920、1930 年代文學對於 1950 年代以後臺灣文學的深刻影響。[33] 2.作為「民國風範」—— 對自由的憧憬與嚮往 —— 的現實延續，臺灣知識份子即便在戒嚴時期也努力衝破種種桎梏，努力從左翼文學中汲取精神力量，魯迅等人的書雖然被當局禁止，但從來都是臺灣二手房店私下出售的品種，成為那些具有反抗精神的知識份子與文學青年閱讀的物件。不用說陳映真、尉天聰這樣的左翼知識份子一直都將魯迅作為自己的精神資源，就是今天的陳芳明也在重新閱讀魯迅、在臺灣高校講述魯迅的精神與文學。

3.部分遷台作家，如台靜農、林語堂、梁實秋、蘇雪林、紀弦、謝冰瑩、張秀亞、琦君、姜貴、夏濟安、尹雪曼、陳

---

33 參見陳芳明：《民國新文學前史的史觀探討》，中國近代文學史料及文獻研究工作坊交流論文，2013 年 5 月臺灣政治大學。

紀瀅、歌雷、駱駝英（羅鐵鷹）、孫達人（孫志煌）、何無
感（張光直）、揚風、雷石榆、錢歌川、林海音、陳大禹、
蕭荻、覃子豪、王平陵、任卓宣、王集叢、趙友培、周錦、
孫陵、陳敬之等等，他們雖然不是胡適、殷海光、傅斯年那
樣的激烈批評政府的政論人士，可能在政治傾向上更願意靠
近國民黨，對共產黨抱有相當的陳見甚至敵意，但是在另外
一方面，他們也曾經是民國時期中國文壇的見證人和不同程
度的參與者，也擁有對五四文學傳統的敬意和熱情。「臺灣
在五十多年前結束『日據』重歸祖國後，遷台作家們的創作
及其培育活動，不僅把『五四』所開創的中國新文學的傳統
在臺灣進行了延續，並使之發揚光大;而且，遷台作家們在重
建臺灣新文學體系，培育臺灣新文學園地，培養文學新人等
方面，都成為了最重要的一支力量。」[34]值得一提的是，其
中的一些學者，還通過種種的努力試圖系統梳理民國文學的
歷史和傳統，編輯和寫作了許多記載歷史的文學史與學術叢
書，包括《中華民國文藝史》、《中國新文學史》、《中國
現代文學研究叢刊》等，這都一再強化了臺灣人的民國文學
記憶。

　　4.與臺灣聯繫密切或從臺灣跨入西方社會的學者繼續利
用有利的學術條件研究民國時期的中國文學，做出了舉世矚
目的貢獻，如夏志清、李歐梵、王德威、奚密等，他們不僅
影響了大陸學界的現代文學史觀，也不斷通過在臺灣的交
流、傳播加強臺灣學界對民國文學的瞭解和興趣。近來，他們

---

34 吳曉川：《從遷台作家創作看中國新文學傳統的延續》，《當代文壇》
　　2007 年 6 期。

往返臺灣與大陸的學術活動，更是串聯起了兩岸的學術認識。

5.作為民國多元格局的殘餘，雖然遭受到專制的打壓，但是依然倔強生長。在臺灣的白色恐怖時期，文學家並沒有被「反共文學」等官方意識形態所完全鉗制，總是以各種方式努力伸展文學自己的觸覺，包括一批軍旅出身的作家，反倒是走向了「橫的移植」，通過引進西方現代主義藝術努力撐開文學的空間。他們的實踐證明，打壓雖嚴，但藝術多樣性的嘗試依然存在，並不能由專制統治者一統天下，這樣的「格局」不也依稀可辨「民國文化」的影像？

這些民國記憶和民國文學記憶雖然容易被人遺忘，但認真清理，實在是構成今日臺灣人生活的一個內在的元素，更成為知識份子精神結構的潛在組成，雖然有時候需要適當啟動。

順便一提的是，迫於某種社會文化的情勢，今日部分臺灣知識份子似乎更願意追溯日據時代的記憶，這是既有無奈，也可能潛伏著一種文化認同的悲劇。因為，民族記憶依然在人類一個可以預見的相當長的時間內影響甚至決定著我們的命運，這只能正視，無法回避。

所以說，在依然存在的學術隔膜與體驗隔膜之中，我們的「民國時期的文學記憶」，真是共同的現代歷史的表達，共同的命運遭際的書寫，也是共同的文學討論的話題選擇，總之，是目前最大的精神交集。

兩岸的學術對話，理應由此開始。

民國文學的經典時代：我們對話的起點

以這一共同的歷史記憶為基礎，我們如何更好地開展學

術活動呢？

　　首先，應當直面「民國文學」這一雖然兩岸各自理解和表述不同，但是究竟屬於深厚精神交集之所在，展開深入的歷史研究，並在研究中加強雙方對話，為冷靜的學術找到第一個可以熱烈對話的主題。兩岸學者首先需要回到我們共同的文學史記憶的部分：1912 至 1949 年以前的文學。

　　應當說，這種研究對於雙方都具有明顯的合理性，並非勉強的遷就。在我們一方面，民國文學就是到 1949 年為止，進行研究合理合法；對於臺灣而言，因為後來社會形態的巨大變化，民國文學那樣一個作家眾多、流派眾多、黨派激烈相爭的「最典型」的歷史形態也是 1949 年以前，對民國文學典型形態的研討同樣具有首選的學術價值。單純的「臺灣文學」在日據時代是殖民地文學，在光復至 1949 年屬於地區性文學，在解嚴後則進入更為多元而繁複的新時期，但是其重要的基礎卻無法脫離 1949 年以前民國文化意識的整體記憶，今日之臺灣文學也是遷台的民國記憶深入滲透、改變歷史的結果，面對如此豐厚的文化遺產，試圖以匆忙宣佈自己進入「後民國」來切割歷史，既膚淺，又虛妄。

　　當然，因為學術背景的差異，社會文化觀念的不同，我們對於民國文學現象的分析認識肯定也有許多不同，這就有了對話與交鋒的機會，學術也有了彼此取長補短、共同發展的可能。這些形式的交流實際已經開展並且有必要進一步加強直至形成某種「機制」，比如共同召開主題明確的文學史研討會，加強兩岸學者的往來交流，互換授課和共同承擔兩岸的學術課題，同時有意識加強文學教育的交流，特別是加

強「中國現代文學專業」學生間的交流。較之於傳統國學與
「勢力」強大的西方學術，現代文學（民國文學）研究還是
一門比較年輕的學科，無論歷史感和還是理論性都有不足，
目前兩岸教育界都體會到了這一學科發展的某種不景氣。我
覺得，通過擴大視野，引進兩岸交流機制，或可改變目前的
窒悶之態，重新啟動學術氛圍。從學科發展來說，民國文學
研究思路的確立彷彿幽暗時期的一束光亮，可以為我們打開
新的研究空間；從民族文化精神的傳承來說，則可以稱作是
歷史記憶的守護者，為兩岸華人世界的深切溝通搭建起學術
的橋樑。

　　其次，在共同的研討中，有必要特別注意對歷史傳承與
學術史的梳理和發掘，例如遷台作家的歷史境遇與創作，這
一批知識份子的創作實際上除了少數先前的知名作家外，相
當部分大有被淹沒的可能，因為後來的臺灣文學發展更加豐
富多樣，他們並非主角。但是，作為一種文化傳統和精神的
傳承者，這些作品理應受到特別的注意，特別對於大陸學者
而言，可能更有把握深入其精神世界，這比單純追蹤當下臺
灣文學的動態，隔岸觀火式的解讀，更能顯示出一種生命感
懷與學術對話的意義。

　　第三，兩岸學人可以強化民國文學的當代流變與記憶研
究，例如大陸如何評價民國文學現象的學術史研究，民國時
期文學對臺灣後來文學發展的影響研究，海峽兩岸對同樣一
個民國文學人物（如魯迅、郭沫若、胡適）或文學現象（左
翼文學、國民黨文學）的比較研究等等。這樣，對同一文學
現象，因為文化語境的不同而形成了接受的差異、傳播的差

異和闡釋的差異，而這些差異恰恰就暗藏了破解現當代不同的華人文化圈生存秘密的鑰匙，這樣的對比可以大大地拓寬我們固有的學術思維，在彼此的對望中，發現自己的問題。

　　最後，通過強化民國文學研究的方法論的提煉和總結，與目前全球意義上各種華文文學研究的概念與學術方式形成有效的對話。目前華文文學在世界範圍內產生著越來越大的影響，對華文文學的研究也方興未艾，吸引了相當多的目光。當然，因為涉及不同區域華人的自我認同問題，人們紛紛提出了不同的設計，包括學術概念。大陸先是有「台港澳文學」之說，後來擴展成為「華文文學」，[35]後來又有感於這一研究的空泛、表像而提出拋棄「語種的華文文學」，轉而深入各個華人圈的生命感受，研討「文化的華文文學」，因為，「國外華人生活作為自成系統的生存形態和自有體格的人生形式，其最主要也是最重要的體現就是，它擁有自己獨特而又個性成熟的自我表達方式。」[36]顯然，這體現了大陸學者從自我學術反省的意義出發，對海外華人生存方式與文化獨特性的尊重。最近，又有王德威等人提出「華語文學研究的進路與可能」，概念雖然再次回到了語言，但是卻充滿了對後殖民時代的深刻的文化反思：「這一研究希望在國家文學的界限外，另外開出理論和實踐的方向。語言，不論稱之為漢語、華語、華文還是中文，成為相互對話的最大公約數。

---

35 錢虹：《從「台港文學」到「世界華文文學」——一個學科的形成及其命名》，《學術研究》2007年1期。

36 彭志恒、趙順宏、劉俊峰：《文化的華文文學的觀念及其方法論意義》，《中國現代文學研究叢刊》2004年4期。

這裡所謂的語言指的不必只是中州正韻語言，而必須是與時
與地俱變，充滿口語方言雜音的語言。」「華語文學提供了
不同華人區域互動對話的場域，而這一對話應該也存在於個
別華人區域以內。以中國為例，江南的蘇童和西北的賈平凹、
川藏的阿來和穆斯林的張承志都用中文寫作，但是他們筆下
的南腔北調以及不同的文化、信仰、政治發聲位置，才是豐
富一個時代的文學的因素。」這是來自海外漢學的立場對「文
化中國」的中心意識的質疑。37總之，華文世界的文學研究
在尊重和強調各自獨立性的方向上大步前進，通過學術命名
為各自認同的文化區域確立合法性的意圖十分明顯。這些努
力我們在一方面完全可以理解，因為新的命名方式顯然有利
於學術多元化的發展，絕不是一件壞事。不過，在我們各自
證明自己的同時，是否還需要一種文化融匯和生命認同的努
力呢？在我看來，認同與疏離、尋找共同的普遍性與強調自
身的特殊性永遠是學術思想發展的兩股力量，彼此糾纏，彼
此博弈，最後共同推進思想的運行。在當今普遍強調各自特
殊性的時候，我們以「民國文學」的共同記憶提醒生命的過
去，提醒所有現代華文文學都與五四白話文學的開啟有萬千
聯繫，都從民國時期曾經的榮光中受益這些基本事實，絕對
也是一件有益的事情。

　　從另外一方面說，兩岸學界對百年來華文文學的研究，
自覺不自覺地長期受制於西方的思想與方法。當然，文化的
開放無可置疑，但是作為學術創造的主體性卻不應因此大受

---

37 王德威：《華語語系文學：邊界想像與越界建構》，《中山大學學報》
　2006 年 5 期。

影響。日本學者溝口雄三提出研究中國問題，反對「沒有中國的中國研究」，提出應該深入把握「作為方法的中國」，[日]溝口雄三：《作為方法的中國》，孫軍悅譯，三聯書店 2011 年。這對中國自己的學術選擇無疑也是當頭棒喝。我們當然應該發現自己的問題，理所當然地運用自己的方法，既然有中國人自己的「民國」，那麼就有「作為方法的民國」。民國歲月，一個東亞大陸的古老民族走進現代，如此不同的歷史，如此不同的命運，如此不同的人生與文學形態，當然就應該有符合民國的觀察、描述方式。在將來的某一天，來自華文文學世界的「作為方法的民國」日漸成熟，衍生出來種種概念、思維和視野，這將是對世界學術的一大貢獻。

在擁有千年文化傳統的華文學術世界裡，實現這個目標乃應有之意。

而「民國」，正是所有華文學術世界 ── 無論是中州正韻抑或方言雜音 ── 的經驗的彙集、最大的公約數，從民國文學研究出發，或許最具有一種深度交流的可能性。

行筆至此，我想起本章開頭提出的困惑和難題：如何在兩岸分治的現實面前，既不破壞「政治正確」，又能夠有效地開展「民國文學」研究？我覺得以上的設想已經足以表達一個新的思路：讓我們的學者能夠盡可能將政治意義的分歧放在一邊，首先進入我們共同的歷史記憶和文學表達之中，透析典範，讀解經典，尋找深層的對話和交流，然後各自推進自己的學術發展。

「民國文學」與「民國機制」的三個追問

　　「民國文學」的設想最早是從事自己的現代史料工作的陳福康教授在 1997 年提出來的，陳福康：《應該「退休」的學科名稱》，原載 1997 年 11 月 20 日《文學報》，後收入《民國文壇探隱》，上海書店 1999 年。但是似乎沒有引起太多的注意。2003 年，張福貴先生再次提出以「民國文學」取代「現代文學」的設想，希望文學史敘述能夠「從意義概念返回到時間概念」。張福貴：《從意義概念返回到時間概念 —— 關於中國現代文學的命名問題》，香港《文學世紀》2003 年 4 期。不過，響應者依然寥寥。沉寂數年之後，終於有更多的學者注意到了這個問題，特別是最近幾年，主動進入這一研究的學者大量增加，國內期刊包括《中國社會科學》、《文學評論》、《中國現代文學研究叢刊》、《文藝爭鳴》、《海南師範大學學報》、《鄭州大學學報》、《現代中國文化與文學》都先後發表了大量論文，《文藝爭鳴》與《海南師範大學學報》等還定期推出了專欄討論，張中良先生進一步提出了中國現代文學研究的「民國史視角」問題，我本人也在宣導「文學的民國機制」研究，當然，也有不少的學者從這樣那樣的角度提出了自己的質疑。在我看來，「民國文學」研究的興起和隨之而來的質疑都十分正常，它們都顯示了中國現代文學研究在經歷了半個多世紀的探索之後一次重要的學術自覺和學術深化，並且與在此之前的幾次發展不同，這一次的理論開拓和質疑並不是外來學術思潮衝擊和感應的結

果，從總體上看屬於中國學術在自我反思中的一種成熟。

　　正因為如此，我覺得很有必要以這些爭論和質疑為契機，對因「民國文學」而生的種種分歧和疑問作出認真分析和回應。從根本上說，這與其說是為了說服他人，毋寧說是為了更好地自我清理，將討論的問題引向深入。準確地說，這是一次自我的追問，我追問的問題有三：提出「民國」的文學而不是繼續簡單沿用「現代」的文學，究竟有什麼特殊的意義，「民國」何謂？作為文學研究的一種概念，所謂的「民國文學」究竟可以推進文學研究的什麼，即「民國文學」何為？最後，我本人致力於宣導文學的「民國機制」，這樣的研究方式究竟來自哪裡，即「民國機制」何求？

「民國」何謂？

　　新文學、近代/現代/當代文學、二十世紀中國文學，我們今天已經有了這些成熟的概念，繼續提出「民國文學」，還有特殊的意義嗎？雖然以上概念或有不足，但究竟約定俗成，至於更多的弊端也可能在遙遠的未來顯現，今天的「新論」，是不是一種替未來人做無謂的操心呢？

　　的確，作為對百年來中國文學史的描述，「現代文學」常常是可以替代「民國文學」的；「現代文學」如果是在「現代性」意義上理解，使用時間更長，還包括了當代，這樣，「民國文學」概念可以使用的地方幾乎都可以使用「現代文學」。至少在新中國建立以前、五四以後的這一段文學，既理所當然屬於我們過去所謂的「現代文學」，又無疑可以稱作是「民國文學」。就是 1911～1917 年這一段過去屬於「近

代文學」一部分的文學，除了今天可以冠名「民國文學」，
但同樣稱呼「現代文學」其實也沒有什麼絕對不可以的 —— 既
然我們可以在「現代性」的取向中廣泛使用「現代文學」到
當代，那麼在今天，我們似乎也沒有必然的理由拒絕繼續將
「現代」的概念向前延伸，涵蓋 1911～1917 年甚至更早，就
像今天的「現代文學史」寫作不斷將「現代」的起點前移一樣。

　　所以，如果不是特別所指，我對百年來文學現象的描繪
還是常常使用「現代文學」，例如主編的叢書名曰「民國歷
史與文學」研究，承擔的課題是「民國歷史文化與中國現代
文學研究」。在這裡，顯然與「民國」更緊密的聯繫是那一
段獨特的「歷史文化」，而定義「文學」的常常還不得不是
「現代」 —— 雖然這「現代」的含義充滿矛盾和歧義，但究
竟已經約定俗成，也就成為我們表達的最方便的一個概念吧。

　　但是，即便如此，我依然認為，提出「民國」概念作為
「文學」的修飾與限定，卻有著它特殊的意指，在我們的「現
代」長期以來不加分別地覆蓋一切的時候，這種意指微妙卻
重要，需要仔細辨析。

　　「現代文學」依託的「現代」屬於一個世界性的歷史進
程，昭示了中國文學對世界性歷史過程的一種回應和融入。
但是，作為一種獨立的精神形式，中國作家肯定不是簡單以
世界歷史的動向為材料書寫自我的，更激蕩他們心靈的是中
國歷史自身的種種情形與生命體驗，這就產生了一個「現代」
的中國意義的問題。仔細討論，我們發現用中國對世界歷史
的被動回應也許並不能說明「中國現代」的真正源起，中國
的「現代」是中國這個國家自己的歷史遭遇所顯現的。在這

個意義上，特定的國家歷史情境才是影響和決定「中國文學」
之「現代」意義的根本力量。這一國家歷史情境所包孕的各
種因素便可以借用這個概念 —— 民國。

　　民國從表面上看屬於特定政權的概念，或者說是以政權
概念命名的歷史階段的概念，就如同兩漢文學、魏晉文學、
唐宋文學、元代文學、宋代文學一樣，但是由於民國所代表
的這一段歷史恰恰遭逢了巨大的歷史變遷（千年帝制的結
束、中外文化的空前融會等等），所以它的確有值得挖掘和
辨析的歷史性質 —— 雖然漢代文學不一定有如此強烈的漢代
性、唐代文學不一定有鮮明的唐代性，但我們卻可以說民國
時期的文學有值得挖掘的「民國性」，「民國性」就是中國
現代文學自身的「現代性」的真正的落實和呈現。從民國社
會歷史的種種特性出發理解和闡述文學現象就是對中國自身
歷史文化的深切觀察和尊重，中國的現代趨向自然就是民國
生長的歷史現象。這裡並不存在一個邏輯上的外來的「現代
性」價值轉化認證的問題，事實上也沒有中國作家將西方文
學現代性的動向如何「本土化」的問題，它就是中國作家生
存、發展於民國時代的種種社會歷史感受的自然表達的過
程，中國文學的「現代」在「民國」的概念框架中獲得了最
自然最妥帖的醞釀和表達。

　　在這個時候，使用「民國文學」一說不就是對文學歷史
的一種十分自然的命名方式嗎？

　　至少在以下兩種情形下，使用「民國文學」一說具有不
可替代的意義：

　　其一是突出歷史從晚清至以後一段時間的演變，例如吉

林文史出版社 1980 年代至 1990 年代初陸續出版的《晚清民國小說研究叢書》，團結出版社推出的《晚清民國小說珍本叢刊》，學術論著《清末民國小說史論》38、《晚清民國志怪傳奇小說集研究》[39]、《清末民初漢譯法國文學研究，1897～1916》[40]、《清末民國兒童文學教育發展史論》[41]及學位論文如《清末民初文學作品中的甲午戰爭 —— 以歷史小說為中心》[42]等等。這些名稱都與近年出現的重寫「民國文學」的思潮關係不大，屬於對歷史階段的樸素而真實的命名，就如同「民國」概念進入歷史學界，並早已經成為歷史領域的基本概念一樣。在呈現歷史階段的基本事實的時候，樸素的「民國」比糾纏於各種意識形態色彩的「現代」更為貼切。所謂「晚清盡頭是民國」，這本來就是一個無須爭論的事實。

其二是在需要特別是強調這一時期文學與國家歷史的某些特點之時，使用「民國文學」更能傳神，比如我們考察 1930 年代的國家經濟政策與文學的關係，這個時候籠統使用「現代文學」不如稱其為「民國文學」；[43]發掘建國前數十年的自然災害與文學書寫的關係，[44]研究國民黨政治文化與書報

---

38 錢振綱：《清末民國小說史論》，河北人民出版社 2008 年。

39 張振國：《晚清民國志怪傳奇小說集研究》，鳳凰出版社 2011 年。

40 韓一宇：《清末民初漢譯法國文學研究，1897-1916》，中國社會科學出版社 2008 年。

41 張心科：《清末民國兒童文學教育發展史論》，北京師範大學出版社 2011 年。

42 翟文棟碩士論文，浙江大學 2007 年。

43 例如李怡、布小繼主編：《民國經濟與現代文學》，臺灣花木蘭文化出版社 2012 年。

44 例如張堂會：《民國時期的自然災害與現代文學書寫》，中國社會科學出版社 2012 年。

檢查制度對文學的影響，[45]或者考察民國時期的某些獨特的文化與文學現象如民國小報，這個時候取名「民國文學」顯然也更合適……[46]總之，但凡涉及民國社會歷史與國家制度等具有明確標識性意義的文學考察，為了更明晰地描述，都不妨直接使用「民國文學」。同理，在我們需要突出某種現代世界的共同遭遇在中外文學歷史的對比性呈現之時，如全球資本主義文化對文學的影響，也可以繼續冠名「中國現代文學」。

考慮到目前學界對「現代文學」的廣泛使用，為了不因為概念的糾纏而干擾我們對問題本身的討論，我自己常常採取折中方案，即強調中國現代文學的「民國時期」，或者加強修飾語「民國時期的中國現代文學」「民國時期歷史文化與中國現代文學的種種關係」等等。當然，我知道這是權宜之計，歷史的發展總是在不斷擴大過去的「相似」而認定當下的「特殊」，未來一百年或者更長時間，「現代」沒有理由永遠延長，到那時，以國家社會形態的具體演變時段標示文學，或者就自然而然無須爭議了。

「民國文學」何為？

另外一個關於「民國文學」概念的使用爭論就是它的價值取向問題。回首歷史，我們必須看到，「民國文學」之說在一開始就是本著「價值中立」的角度加以引入的。最早提出「民國文學」設想的陳福康就有這樣的主張，後來相當多

---

45 例如魏朝勇：《民國時期文學的政治想像》，華夏出版社 2005 年。
46 例如李楠：《晚清民國時期上海小報》，人民文學出版社 2006 年。

的「民國文學」宣導者也有大體相同

　　的看法，他們先後討論了舊體詩詞、通俗文學無法進入「現代文學」的現實，希望借助「民國文學」的框架予以解決，這裡有一個假定：民國文學是一個價值中立的闡述框架。

　　這似乎暗示了「民國文學」研究的一種可能：暫時擱置先進/落後、新/舊、現代/傳統之辨，在一個更寬闊的視域內闡述文學現象，取得比「現代文學」敘述更豐富的成果。

　　作為一種新的研究方式，我基本上認同這樣多方位多層面的展開努力，不過，在我看來，這裡依然存在兩種不同的思路，其所謂「價值中立」的情形也並不相同，需要我們加以辨析。

　　一是文學史寫作的思路，也就是說，我們提出「民國文學」就是為了完成一部新的《民國文學史》，作為「重寫文學史」的最新的厚重的成果。在我看來，真正文學史的敘述實際上都有著自己的價值基礎，絕對的「價值中立」其實並不存在。在當前，強調文學的「民國」意義，其主要目標是為了那些為「現代」敘述所遮蔽的文學現象入史，問題在於，被「現代」所遮蔽的文學現象主要是什麼呢？是「非現代」的傳統文學樣式嗎？在我看來，這些「非現代」的傳統文學樣式固然也存在被遮蔽的現實，但是更大的被遮蔽卻存在於對整個文學史演變細節的認識和理解之中，無論是來自蘇聯的革命史「現代觀」還是來自今日西方現代性知識話語的「現代觀」，都形成了對中國社會具體歷史情境的種種忽視。

　　例如前者的「反封建」之說 —— 問題在於，中國歷史的進程本身就具有相當的特殊性，並不存在近似於西歐中世紀

式的「封建制」，秦帝國形成的一直延續到晚清乃至在民國
依然影響深刻的專制集權統治與思維的「封建專制」並不是
一回事。封土建國的「封建」時期是在秦始皇建立中央集權
制之前，尤其是西周，到了東周時期，諸侯小國逐步被兼併
成大國，直到秦國併吞六國，建立的是郡縣制的中央集權制。
早在晚清一代覺悟的知識份子那裡，與其說是要「反封建」
不如說是「反秦制」，譚嗣同的名言是：「常以為二千年來
之政秦政也，皆大盜也。」[47]與其說民國的「現代」意義是
「反封建」，毋寧說就是從實施秦政的「帝國」走向「民國」
之後，以「三民主義」、「憲政理想」為旗幟走出傳統專制
主義的努力，當然也包括後來的中國共產黨人繼續反對國民
黨獨裁壓迫、追求共產主義理想的努力。「反封建」一說雖
然源遠流長，影響深遠，但是嚴格說來，依然似是而非。

　　後者如現代性批判中的「兩種現代性」之說，但在事實
上，這樣的分類在中國文學中卻是混沌不清的，李歐梵先生
一方面正確地指出：在中國，基本上找不到「兩種現代性」
的區別，大多數中國作家「確實將藝術不僅看作目的本身，
而且經常同時（或主要）將它看作一種將中國（中國文化，
中國文學，中國詩歌）從黑暗的過去導致光明的未來的集體
工程的一部分。」[48]但是，在另外一方面，他卻對中國文學
在五四時代所追求的這種現代性缺乏足夠的同情與認同：「中

47　譚嗣同：《仁學‧二七》，見周振甫選注：《譚嗣同文選注》147 頁，
　　中華書局 1981 年。
48　轉引自賀麥曉：《中國早期現代詩歌中的現代性》，《詩探索》1996 年
　　4 輯。

國『五四』的思想模式幾乎要不得的，這種以『五四』為代表的現代性為什麼走錯了路？就是它把西方理論傳統裡面產生的一些比較懷疑的那些傳統也引進來。」[49]為什麼會出現這樣的情況呢？其實就是我們還不能真正回到民國歷史的現場。置身於中國文學發生發展的歷史情景中，我們就會知道，單純運用這些「現代性」知識無法準確描繪中國文學的獨特遭遇與選擇，五四新文化運動不是輸入了一個什麼抽象的「現代」觀念，而是如郁達夫所說「第一要算『個人』的發現」。[50]如果說西方現代作家是在超越世俗文化的基礎上實現了精神的同一性，那麼中國現代作家卻正是在重新建構自己的世俗文化的基礎之上體現了某種精神的同一性。在反抗專制、建設「民國」的過程中，中國知識份子的物質需求與精神需要同等重要，批判專制文化的「傳統」與批判資本主義的罪惡同等重要，這裡所呈現的價值需求、文化分割與資源依託都與西方完全不同。像這樣從西方的「現代性」概念出發觀察中國現代文學的方式，其實並沒有為中國文學的問題敞露更多的細節。在這些地方，包括在與受西方知識體系影響的海外漢學的商榷方面，都還需要在民國歷史的發展中辨認我們自己的「價值」。

　　當然，提出「民國文學」也存在對民國時期的文學現象加以研究、闡發的思路。在這個時候，大量的文學現象的確都可以成為我們整理、分析的目標，而研究本身就是一個不

49　李歐梵：《徘徊在現代和後現代之間》153 頁，上海三聯書店 2000 年。

50　郁達夫：《〈中國新文學大系〉散文二集·導言》，上海良友圖書印刷公司 1935 年。

斷去除遮蔽，釋放被掩蓋資訊的過程。在這個意義上，將那些為「現代」遮蔽的「非現代」文學現象加以發掘自然也有其不可替代的意義，而且在「民國文學」現場情況並不清楚的今天，各類文學材料的挖掘整理實在必不可少。

在這個意義上，我主張目前對「民國文學」的研究目標持一個寬容的態度：既大力提倡返回民國歷史現場，重新梳理中國文學重要事實的學術，也需要盡可能窮究各種文學現象的學術。對於一段長期被壓抑、被混淆的歷史，目前最缺乏的是學術界一致的努力。既要有理論建構，也要有史料發掘；既要有歷史觀的辨析，又要有大量文本的再解讀；既要有新的價值體系的建立，也要有最基礎的被遺忘的材料的梳理；既需要個性鮮明的思想開拓，也需要同舟共濟的奮力並行。只有這樣，一個新的學術空間才能夠出現並逐漸邁向成熟，而更高品質的學術成果包括有分量的《民國文學史》的問世，都必須建立在這樣一個成熟而富有對話機制的學術空間當中。

「民國機制」何求？

民國時期文學值得我們挖掘和剖析的「民國性」我稱之為「文學的民國機制」，在前面的表述中，我將發掘「民國機制」的思路概括為「在具體的國家歷史情態中考察中國文學的民國特性」，顯然，從大的方面說，這種歷史文化的批評依然屬於傳統的文學社會學的研究方式。於是，有對「民國文學」概念有所質疑的學人表達了這樣的困惑：既然已經有了傳統的研究，為什麼還要提出「民國機制」的研究？

　　在我看來，恰恰因為傳統的歷史文化批判存在種種的問題，所以需要在進一步的文學研究中加以完善和調整，針對中國現代文學提出的「民國機制」首先就是一種有效的完善方式。

　　《孟子‧萬章下》謂：「頌其詩，讀其書，不知其人，可乎？是以論其世也。是尚友也。」這就是今天人們常常說到的「知人論世」閱讀與批評方法，章學城《文史通義‧文德》對此進一步解釋道：「不知古人之世，不可妄論古人之辭也。知其世矣，不知古人之身處，亦不可以遽論其文也。」[51]按照這個說法，中國文學的歷史文化批評「古已有之」，而強調文學與社會歷史的聯繫似乎就是一個由來已久的顛撲不破的道理，未來一切相似的理論包括來自西方的文化批評都統統可以納入這個範疇。但問題在於，所謂的「知人論世」其實本身相當籠統和模糊，朱自清《詩言志辨》就曾經指出，孟子的「知人論世」，「並不是說詩的方法，而是修身的方法。」[52]當代學者也指出，孟子之說「實際上只是一種隨感式的評論，缺乏嚴密的內在邏輯性，因此，『知人論世』研究範式本身的理論內涵便隱含著三重意義指向：其一，讀者經由『頌其詩，讀其書』，然後才『知其人』；或讀者經由『頌其詩，讀其書』而達到『論其世』；或讀者經由『頌其詩，讀其書』，從而『知其人』，並進而『論其世』。其二，與之相反，讀者因為先『知其人』，然後才由『頌其詩，讀

---

51 章學誠：《文史通義‧文德》60 頁，中華書局 1961 年。
52 朱自清：《詩言志辨》，《朱自清全集》6 卷 153 頁，江蘇教育出版社 1996 年。

其書』」；或讀者為『論其世』而『頌其詩，讀其書』；或讀者為『論其世』、『知其人』，而去『頌其詩，讀其書』。其三，以上兩種兼而有之。」在實際操作中，「『知人論世』的文學研究範式便先天性地秉賦了兩種痼疾：首先，它往往導致一種先入為主的文學闡釋活動，讀者不惜淡化其應有的審美感受，並忽略作品文本獨具的審美特性，而直接地將對作者或對社會的先驗理解用於對作品的解讀，以求得到一種貌似符合邏輯的有序的推理，和一種『終極審判』式的獨斷定論。」[53]例如，在儒家「詩教」觀照下，「知人」往往被簡單化為一種道德評價，「論世」則淪為線性因果的政治決定論。

　　進入現當代以後，對我們思維產生決定性影響的馬克思主義也一向強調社會歷史之於個人精神創造的巨大決定作用，所謂存在決定意識，經濟基礎決定上層建築等等。所以早在新時期到來之前，文學的社會歷史批評幾乎就是我們唯一的研究方式。法國著名文學社會學家雅克·萊納爾德指出：「從 19 世紀開始，馬克思主義就給了文學方面的社會學研究一個很好的出發點。」[54]但是，眾所周知，在那個「唯一」的時代，我們是將馬克思主義的文學社會學與庸俗社會學混為一談，將文學的豐富性簡化為階級鬥爭政治直接反映，不是深化了對文學的認識反倒是造成了對文學的諸多傷害。

　　1980 年代，西方古典的社會學研究傳入中國，包括維柯

---

53 郭英德：《論「知人論世」古典範式的現代轉型》，《中國文化研究》1998 年秋之卷。
54 見張英進、于沛編：《現當代西方文藝社會學探索》68 頁，海峽文藝出版社 1987 年。

的「特定時代、特定方式」說、斯達爾夫人的「民族精神」
說、丹納的「種族、時代、環境」三動因說和聖伯甫的傳記
批評等，對新時期中國文學研究界影響巨大。借助對「文化」
的寬泛理解，各種「文化」現象與中國現代文學的關係都成
了我們學術研究的新課題，諸如政治文化與文學、區域文化
與文學、宗教文化與文學、校園文化與文學等等。這些研究
連同 1990 年代以後興起的文學體制、文學制度研究一起，從
根本上衝破了「唯一」時代的庸俗社會學的藩籬，將中國文
學研究帶入到一個生機勃勃的新天地。在這個時候，「文化」
扮演的是與建國後前三十年庸俗的政治批判相對立的角色，
正如當時有學者所說：「『走出文學』就是注重文學的外部
特徵，強調文學研究與哲學、社會學、政治學、民族學、心
理學、歷史學、民俗學、文化人類學、倫理學等學科的聯繫，
統而言之，從文化角度，而不只是從政治角度來考察文學。」
55 不過，類似的文化研究在取得自己顯著的成績之時卻也相
對忽略了對作家主體性的深入挖掘，仿佛就是這林林總總的
「文化」直接造就了作家的創作，形成了我們中國現代文學
的基本面貌，作家自身生命感受的複雜性、藝術創造的可選
擇性在很大的程度上被簡化了，社會文化、歷史過程與文學
之間的若干「仲介」環節往往不甚分明。

　　1990 年代至今，又從西方傳入了「文化研究」，並逐漸
成為我們學術的主流趨向之一。如果說，前述的各種「文化
視角」的研究主要還是透過文化來觀察文學的發展演變，即

---

55 黃子平、陳平原、錢理群：《二十世紀中國文學三人談》61 頁，人民文
　學出版社 1988 年。

運用各種文化學說的成果來剖析文學的品質和趣味，那麼如今的「文化研究」則是打破了文學與各種社會文化之間的間隔，將文學作為社會文化關係版圖中的有機元素。其重點不在品味文學的審美個性，而是掂量和解剖其中的「文化意義」，特別是熱衷挖掘社會結構中種種的階級、權力、性別與民族的關係。這顯然大大地拓寬了我們的眼界，為我們關注尋覓文學細節與歷史細節之內在聯繫打通了思路。不過，「文化研究」理論的西方淵源也註定了它的一些關注中心（如後殖民主義批判、文化/權力關係批判、種族與性別問題、大眾文化問題、身份政治學等）與我們的「中國問題」之間並不都能夠重合。

從總體上看，我們宣導發掘「民國文學機制」，就是在汲取以上社會歷史的批評方法各自優勢的基礎上實現新的學術的超越。這種超越的方式有二：

通過充分返回民國歷史現場、潛入歷史細節實現對各種外來理論「異質關注」的超越。無疑，我們觀察、思考的諸多角度都會得益於 1980 年代以降的「文化視角」、1990 年代至今的「文化研究」，還有馬克思主義的社會歷史批評等等。但是，我們同時也必須返回到中國國家社會的情境 —— 民國社會歷史的具體場景之中，經過自己的體驗感受到中國文學自己的問題，並以此為基礎實現對外來理論中那些「異質關注」的過濾，

今天，我們所追求的就是過濾之後的歷史文化批評 —— 一種最大限度地貼合於中國社會歷史的細節，或者說是在中國社會歷史元素的醞釀之中「再生長」的理論批評形態。

　　通過充分返回中國作家的精神世界、發掘其創造機能實現對文學的「外部研究」的超越，努力將「文學之內」與「文學之外」充分地結合起來。「民國文學機制」一方面要充分展示文化視角研究及文化研究的所長，但另外一方面，它又不同於純粹的文學外部研究，「機制」不等同於「體制」和「制度」，「機制」之中除了有「體制」和「制度」因素外，還有人主觀努力的因素，或者說中國作家努力實現自己創造力的因素。從「體制」的角度研究文學，我們考察的是政治、法律、經濟對於文學形態（內容和形式）的影響；從「機制」的角度剖析文學，需要我們留意的則不僅是作家如何「適應」政治、法律與經濟而創作，重要的還包括他們如何反抗這些政治、法律與經濟而創作，並且在反抗中確立和發展自己的精神追求。民國時代的政治、經濟危機促進了左翼作家的現實批判，批判現實的黑暗絕不僅僅是現實政治與經濟的簡單「反映」，它更是中國作家主動的、有意識的選擇；民國時代的書報檢查相當嚴苛，大批「不合時宜」的文學成為反復掃蕩的對象，但顯而易見，民國文學並不是這些掃蕩的殘餘之物，掃蕩的間隙，產生了異樣的「鑽網」的文學，生成了倔強的呼喚自由的「摩羅詩力」。

　　研討文學的「民國機制」，將帶來中國文學歷史文化研究的全新格局。

民國文學：闡釋優先，史著緩行

　　中國學界提出「民國文學」的概念已經超過十五年了，

在新一波的文學史寫作的潮流之中，人們對民國文學的研究也出現了一種期待，這就是希望儘快見到一部《民國文學史》，似乎只有完整的文學通史才足以證明「民國文學」研究的合理性，或者說在當前林林總總的文學史寫作意見裡，證明自己作為新的學術範式的存在。在我看來，受各種主客觀條件的限制，目前最需要開展的工作還不是撰寫一部體大慮深的文學史著，而是努力從不同的角度深入勘探、考察，對這一段歷史提出新的解釋。

建構民國文學史的前提

眾所周知，中國文化具有悠久漫長的「治史」傳統。在一個宗教裁決權並沒有獲得普遍認可的國度，人們傾向於相信通過歷史框架的確立可以達到某種裁決與審判的高度，所謂「名刊史冊，自古攸難，事列春秋，哲人所重。」[56]中國最早的史官除了司職記事，還負責主持祭祀，占卜吉凶，溝通神靈。史不僅可以成為「資治通鑒」，甚至還具有某種道德的高度，所謂「孔子成《春秋》，亂臣賊子懼」，[57]史家如司馬遷等也是以「究天人之際，通古今之變」自我期許。

文學史的出現原本是現代的事物，它顯然不同於古代的史官治史，這種來自西方的學術方式更屬於學院派知識份子的個體行為。但是，歷史的因襲依然存在，尤其是在一些世

---

56 劉知幾撰，浦起龍釋：《史通通釋·人物》240 頁，上海古籍出版社 1978年。

57 《孟子·滕文公章句下》，見楊伯峻：《孟子譯注》上冊 155 頁，中華書局 1960 年。

代交替的時節，無論是政治家還是知識份子本身，都自覺不自覺地認定「著史」可以樹立某種新的「標準」，完成對過往事物的「清算」。於是，如下一些史著的意義是可以被我們津津樂道的：

奠定中國現代文學學科基礎的是王瑤先生的《中國新文學史稿》。

集中代表了「撥亂反正」過渡時期的文學史觀的是唐弢、嚴家炎先生主編的《中國現代文學史》。

體現了新時期的現代文學視野，集中展示研究新成果的是錢理群、陳平原、溫儒敏等人的《中國現代文學三十年》。

生動體現著「重寫文學史」意義的是陳思和的《中國當代文學史教程》。

展示 1990 年代以降學術研究的「歷史化」傾向的是洪子誠的《中國當代文學史》。

揭示「文學周邊」豐富景觀的是吳福輝獨撰的插圖本《中國現代文學史》。

錢理群主編的最新三卷本《中國現代文學編年史》展示了以「廣告為中心」的文學生產、流通、接受及其他社會文化環節，讓文學敘述的圖景再一次豐富而生動。

今天，隨著「民國文學」研究的呼聲漸起，在一系列命名和概念的討論之後，應該展示更多的文學史研究實績，只有充分的實績才能說明「民國社會歷史框架」的確具有特殊的文學視野價值，如何集中展示這些實績呢？目前容易想到的似乎就是編寫一部扎實厚重的《民國文學史》。

但是，在我看來，文學史編寫的工作固然重要卻又不可

操之過急。因為，今天所宣導的「民國文學」，並不僅僅是一個名稱的改變（以「民國」替代「現代」），更重要的是一些研究視角和方法的調整。這些重要的改變至少包括：

正視民國歷史的特殊性，而不是簡單流於「半封建半殖民地」等等的簡略判斷。據史學界的知識考古，「半封建」一詞曾經出現在馬克思、恩格斯筆下，列寧第一次分別以「半封建」「半殖民地」指稱中國，以後共產國際以此描述中國現實，「半殖民地」一說先後為中國國民黨人與中國共產黨人所接受，又經過蘇聯內部的理論爭鳴及共產國際的理論演繹，「半封建半殖民地」的並稱出現在 1926 年以後，[58] 又經過 1930 年代初的「中國社會性質問題論戰」，逐步成為中共領導的馬克思主義史學的基本概括。到延安時期，毛澤東最為完整清晰地論述了這一學說，從此形成了對中國知識份子歷史認知的主導性影響，直到今天應該說都有其獨到的深刻的一面。但是作為一種總體的社會性質的認定，是不是就完全揭示了民國歷史的特點呢？就不需要我們具體的歷史問題的研究了呢？當然不是。例如對「封建」一詞的定義在史學界一直就爭議不已，民國時代的經濟已經明顯走上了資本主義的發展道路，忽略這一現實就無法解釋中國近現代工商業

---

58 一般認為，1926 年上半年，蔡和森在莫斯科中共旅俄支部會上作《中國共產黨的發展（提綱）》，已經提到「半殖民地和半封建的中國」和「半封建半殖民地的國家」（《聯共（布）、共產國際與中國國民革命運動（1926-1927）》下冊 408 頁，北京圖書館出版社 1998 年），另據李洪岩考證，最早的「半殖民地半封建」字樣，則是 1926 年 9 月 23 日莫斯科中山大學國際評論社編譯出版的中文週刊《國際評論》創刊號上的發刊詞，見《半殖民地半封建理論的來龍去脈》（《中國社會科學院近代史研究所青年學術論壇 2003 年卷》，社會科學文獻出版社 2005 年）。

文化對於文學市場的重要作用。辛亥革命之後的中國儘管軍閥混戰，也難掩其專制獨裁的性質，但是卻也不是「帝國主義買辦與走狗」這樣的情感宣洩就能「一言以蔽之」的。對於民國史，國外史學界同樣多有研究，有自己的性質認定，這也需要我們加以研讀和借鑒。之所以強調這一點，乃是因為在此之前的《中國現代文學史》，幾乎都是以主流史學界的社會性質概括作為文學發展的前提：從舊民主主義革命到新民主主義革命就是中國現代文學發生發展的基礎，文學的偉大和深刻就在於如何更加深刻地反映了這一歷史過程。1980 年代以後，為了急於從這些政治判斷中脫身，我們的文學史又試圖在「回到文學自身」的述求中另闢蹊徑，所謂「審美的文學史」成為口號，但是關於中國現代文學在民國時代的諸多歷史基礎的辨析卻被擱置了起來。今天，如果不能正視民國歷史的特殊性，也就不能在文學的歷史前提方面有真正的突破。

　　發掘民國社會的若干細節，揭示中國現代文學生存發展的具體語境。無論是政治、經濟、社會文化等方面，民國社會的種種特徵都直接影響了現代中國文學的生產、傳播和接受，決定著文學的根本生存環境。關於這方面的研究，最近幾年已經在「文化研究」的推動下頗有收穫。不過，鑒於文化研究在來源上的異質性，實際上我們的考察也還較多地襲用外來的文化理論，沒有更充分地回到民國自己的歷史環境。例如性別研究、後殖民批判、大眾文化理論等等的運用，迄今仍有生吞活剝之嫌。要真正揭示這些歷史細節，就還需要完成大量扎實的工作，例如民國經濟在各階段的發展與運

營情況，各階層的經濟收入及其演變，社會分化與社會矛盾的基本情形，經濟與政治權利的區域差異問題，法制的發展及對私人權利（包括著作、言論權利）的保護與限制，軍閥政治對輿論及思想的控制方式，國民黨政權對輿論及思想的控制方式，國民政府時期的「黨政關係」及其內在的間隙，國民黨內部各派系的矛盾及其對思想控制的影響，民國各時期書報檢查制度的制定與實施情況，民國時期出版人、新聞人、著作人各自對抗言論控制的方式及效果，主流倫理的演變及民間道德文化的基本特點，文學出版機構的經營情況與文學傳播情況，民國時期作家結社及其他社會交往的細節等等。所有這些龐雜的內容，倉促之間也很難為「文學史」所容納，在一個相當長的時間裡都將成為文學研究的具體話題。

解剖民國精神的獨特性、民國文本的獨特性，凸顯而不是模糊這一段文學歷史的形態。文學史究竟是什麼史？這個問題討論過很多年，至今也可能存在不同的意見。在我看來，儘管我們今天一再強調歷史研究與文化研究的重要性，但是所有這些討論最終還都應該落實到對於文學作品的解釋中來，否則文學學科的獨立性就不復存在了。最近幾年，民國文學研究的宣導與質疑並存，但更多的時候還都停留在口號的辨析和概念的爭論當中。就文學研究本身而論，這樣並不是對學術發展的真正的推進。如果民國文學研究的提倡不能以大量的具體文學作品的闡釋為基礎，或者說民國文學的理念不能落實為一系列新的文學闡釋的出現，那麼這一文學史框架的價值就是相當可疑的。如果我們尚不能對若干文學作品的獨特性提出新的認識，那麼又何以能夠撰寫一部全新的

《民國文學史》呢？

以上幾個方面的工作都是一部新的文學史寫作的必需的前提。我們的文學史的新著，從大的歷史框架的設立與理解到局部事件的認定和把握，乃至作為歷史事件呈現的文本的闡釋都與應該此前我們熟悉的一套方式 ── 革命史話語、現代性話語 ── 有所不同，如果只是抓住名稱大做文章，幾乎可以肯定的是，其結果必然很快陷入業已成熟的那一套知識和語言中去，所謂「民國文學史」也就名不副實了。

正如我們曾經看到的《中國民國文學史》那樣。

曾經的民國文學史及其問題

當然，能夠標舉「民國」概念的文學史論已經出現了，這就是臺灣學者尹雪曼主編的《中華民國文藝史》及周錦主編的《中國現代文學研究叢刊》系列叢書，也包括最近兩岸學者的最新努力。

尹雪曼（1918～2008），本名尹光榮，河南汲縣（今衛輝市）人。抗戰時期西北聯合大學畢業，美國密蘇里大學新聞學院文學碩士。曾主編重慶《新蜀夜報》副刊，在上海、天津、西安等地擔任報社記者，1949年去臺灣。曾任臺灣中國作家藝術家聯盟會長，《中華文藝》月刊社社長，在成功大學、中國文化大學等校任教。自1934年起，創作發表小說、散文及文學評論多種，是很有代表性的遷台作家。周錦（1928～1992），江蘇東台人，1949年赴台，曾經就讀於臺灣師範大學、淡江大學等，後創辦燕智出版社，擔任臺北中國現代文學研究中心主任。兩人的最大的貢獻便是撰寫、主編或者

參與編撰了一系列的中國現代文學研究論著，在新文學記憶幾近中斷的臺灣，第一次系統地總結了五四以來的中國文學發展歷史。尹雪曼撰寫有《現代文學與新存在主義》、《五四時代的小說作家和作品》、《鼎盛時期的新小說》、《抗戰時期的現代小說》、《中國新文學史論》、《現代文學的桃花源》，總纂了《中華民國文藝史》。[59]其中，《中華民國文藝史》大約是第一部以「民國」命名的大規模的系統化的文學史著作，民國歷史第一次成為文學史「正視」的對象。周錦著有《中國新文學史》、《朱自清作品評述》、《朱自清研究》、《〈圍城〉研究》、《論〈呼蘭河傳〉》、《中國新文學大事記》、《中國現代小說編目》、《中國現代文學作家本名筆名索引》、《中國現代文學作品書名大辭典》、《中國現代文學鄉土語彙大辭典》等，此外還主編了《中國現代文學研究叢刊》三輯共 30 本，於 1980 年由成文出版社有限公司印行出版。《中國現代文學研究叢刊》的史論也具有比較鮮明的「民國意識」。《中國現代文學研究叢刊編印緣起》這樣表達了他的「民國意識」：

中國新文學運動，是隨著中華民國的誕生而來。儘管後來有各種文藝思潮的激盪以及少數作家思想的變遷，但中國現代文學卻都是在國民政府的呵護下成長茁壯的……[60]

這樣的表述，固然洋溢著大陸文學史少有的「民國意識」，不過，認真品讀，卻又明顯充滿了對國民黨政權形態的皈依和維護。這種主動向黨派意識傾斜，視「民國」為「黨

---

59 《中華民國文藝史》由臺北正中書局 1975 年初版。
60 周錦：《中國新文學簡史》1 頁，臺北成文出版社 1980 年。

國」的立場並不是我們所追求的學術客觀，也不利於真正的
「民國」的發現。因為，眾所周知的事實是，疲於內政外交
的「國民政府」似乎在「呵護」民國文學方面並無傑出的築
造之功，嚴苛的書報檢查制度與思想輿論控制也絕不是現代
文學「茁壯成長」的理由。民國文學的真實境遇難以在這樣
的意識形態偏好中得以呈現。

　　同樣基於這樣的偏好，民國文學的優劣也難以在文學史
的書寫中獲得準確的評判，例如尹雪曼《中華民國文藝史·
導論》做出了這樣概括：「中華民國的文藝發展，雖然波瀾
壯闊，變幻無常；但始終有民族主義和人文主義作主流；因
而，才有今日輝煌的成就。」「至於所謂『三十年代』文藝，
則不過是中華民國文藝發展史中的一個小小的浪花。當時間
的巨輪向前邁進，千百年後，再看這股小小的浪花，只覺得
它是一滴泡沫而已。其不值得重視，是很顯然的。」[61]民國
時期的現代文學是不是以「民族主義」為主流，這個問題本
身就值得討論，至少肯定不會以國民政府支持下的「民族主
義文藝運動」為主導，這是顯而易見的。至於所謂的「三十
年代文藝」當指 1930 年代的左翼文學，事實上，無論就左翼
文學所彰顯的反叛精神還是就當時的社會影響而言，這一類
文學選擇都不可能是「小小的浪花」、「是一滴泡沫而已」，漠
視和掩蓋左翼文學的存在，也就很難講述完整的民國文學了。

　　由此看來，20 世紀下半葉的冷戰不僅影響了中國大陸的
學術視野，同樣扭曲了海峽對岸的學術認知。受制於此的文

61　尹雪曼總纂：《中華民國文藝史》1 頁，臺北正中書局 1975 年。

學史家，雖然不忘「民國」，但他們自覺不自覺地要維護的中華民國依然是以國民黨統治為唯一合法性的「黨國」，民國社會歷史的真正的豐富與複雜並不是「黨國」意識關心的物件。以民國歷史的豐富性為基礎構建現代中國的文學敘述，始終是一個難題，對大陸如此，對臺灣也是如此。

　　當然，考慮到臺灣歷史與文學的種種情形，《民國文學史》的寫作可能還會再添一個難度：如何描述海峽對岸當今的文學狀況，是排除於我們的「民國文學史」還是繼續延伸囊括？

　　排除於現實不符，從「民國」敘述轉向「臺灣」敘述，恐怕也正是「獨派」的願望，相反，努力將「臺灣」敘述納入「民國」敘述才能體現中華統一的「政治正確」；不過，納入卻也同樣問題重重，「民國」與「人民共和國」並行，不僅有悖於「一個中國」的基本政治理念，就是在當下的臺灣也糾纏不清。我們知道，在今日，繼續奉「民國」之名的臺灣目前正大張旗鼓地推進「臺灣文學」甚至「台語文學」，所謂「民國文學」至少也不再是他們天然認同的一個概念，學術考察如何才能反映出研究對象本身的思想追求，這個問題也必須面對。也就是說，在今日臺灣，「民國」之說反倒曖昧而混沌。

　　2011 年，臺灣學者陳芳明、林惺嶽等著的《中華民國發展史·文學與藝術》出版。較之於此前冷戰時期的文學史，這一著作終於跳出了「黨國」意識的束縛，體現出了開闊的學

術視野，[62]但是由於歷史的阻隔，關於民國文學的豐富細節都未能在這一史著中獲得挖掘。我們看到的章節就是：《百年來文學批評的開展與轉折》，《百年女性文學》，《百年現代詩發展與自我身份的探求》，《故事萬花筒 —— 百年小說圖志》，《美學與時代的交鋒 —— 中華民國散文史的視野》，《百年翻譯文學史》，《從啟蒙救亡開始：中華民國現代戲劇百年發展史》等等。從根本上說，《中華民國發展史·文學與藝術》由多位學者合作，各自綜述一個獨立的文學藝術領域，在整體上更像是一部各種文學藝術現象的概觀彙集，而不是完整的連續的歷史敘述。

也是在 2011 年，大陸學者湯溢澤、廖廣莉出版了《民國文學史研究》（1912～1949）。[63]湯先生是大陸中國較早呼籲「民國文學史」研究的學者，在這一部近 40 萬字的著作中，他較好地體現了先前的文學史設想：回歸政治形態命名的歷史紀事，上溯民國建立的文學發端意義，恢復民國時期文學發展的多元生態。可以說這都觸及了「民國文學史」的若干關鍵性環節，《民國文學史研究》由「史觀建設」與「編史嘗試」兩大部分組成，前者討論了民國文學史寫作的必要性，後者草擬了「民國文學史綱」，嚴格說來，「史綱」更像是民國時期文學的「大事記」，似乎是湯先生進一步研究的材料準備，尚不能全面體現他的「民國文學史」面貌。

---

62 陳芳明、林惺嶽等著：《中華民國發展史·文學與藝術》，臺灣政治大學、聯經出版公司 2011 年。

63 湯溢澤、廖廣莉：《民國文學史研究》（1912-1949），吉林大學出版社 2011 年。

　　海峽兩岸的學者都開始彙集到「民國文學」的概念下追述歷史，這令人鼓舞，但目前的成果也再次說明，書寫一部完整的《民國文學史》，無論是史觀還是史料，都還有相當的欠缺，時機尚未成熟，同志仍需努力。

歷史闡釋為什麼必要

　　民國文學史，在沒有解決自己的史觀與史料的時候，實在不必匆忙上陣。在我看來，民國文學研究在今天的主要任務還是對民國社會歷史中影響文學的因素展開詳盡的梳理和分析，對現代文學演變中的一些關鍵環節與民國社會的各方面的關係加以解剖，如民國建立與新文學出現的關係、民國社群的出現與現代文學流派的形成、民國政黨文化影響下的思想控制與文學控制、民國戰爭狀態下的區域分割與文學資源再分配等等，至於文學自身力量也不能解決的文學史寫作難題當然更可以暫時擱置（如當代臺灣文學進入民國文學史的問題）。只要我們並不急於完成一部完整系統的民國文學史，就完全可以將更多的精力放在民國文學一個一個的具體問題之上，可供我們研究的範圍也完全可以集中於民國建立至人民共和國建立這一段。我想，海峽兩岸的學者都可以認定這就是「民國歷史」的「典型」時期，這同樣可以為我們的雙邊交流營造共同的基礎。在《民國文學史》誕生之前，我們應該著力於歷史更多更豐富的細節，對細節的了悟有助於我們歷史智慧的增長，而歷史智慧則可以幫助我們最終解決這樣或那樣的歷史書寫的難題。

　　那麼，在一部成熟的《民國文學史》誕生之前，還有哪

些課題需要我們清理和辨析呢？

　　我覺得在下列幾個方面，還有必要進一步研討。

　　一是「民國文學」研究究竟能夠做什麼。隨著近幾年來學界的宣導，對於「民國文學」研究的優勢大約已經獲得了基本的認識，但是也有學者提出了自己的疑慮：研討民國文學，對於那些反抗民國政府的文學該如何敘述？例如左翼文學、延安文學。或者說，民國文學是不是就是國統區追求民主、自由這類「普世價值」的文學，「民國機制」是不是與「延安道路」分道揚鑣？在我看來，「民國文學」就是一種近現代中國進入「民國時期」以後所有文學現象的總稱，既包括國統區的文學，也包括解放區的文學，因為「民國」不等於「黨國」，也代表了某種「革命者」共同的「新中國」的夢想。左翼文化、解放區反抗的是一黨專制的「黨國」，而不是民主自由均富的「新中國」，尤其在抗戰時期，當解放區轉型為民國的特區之後，更是恰到好處地利用了民國的憲政理想為自己開闢生存空間，為自己贏得道義與精神上的優勢。只有在作為「新中國」的「民國」場域中，左翼文學與延安文學才體現出了自己空前的力量，「延安道路」才得以實現。「民國文學」也不是歌頌民國的文學，相反，反思、批判才是民國時期知識份子的主流價值取向。所以，我們可以發現，「民國批判」往往是民國文學中引人矚目的主題，左翼文學精神恰恰是民國時代一道奪目的風景，儘管它的文學成就需要實事求是地估價。在這個意義上，民國文學史的研究肯定是中國近現代史學的組成部分，而不是大眾時尚潮流（如所謂「民國熱」）的結果。

　　民國文學研究更深入的理論問題還在於，這樣一種新的文學史研究範式的出現究竟有什麼深刻的學術意義？對整個文學史研究的進行有何啟發？我認為，相對於過去強調「現代性」時間意義的「中國現代文學史」而言，「民國文學史」更側重提醒我們一種「空間」的獨特性。也就是說，從過去的關注世界性共同歷史進程的「時間的文學史」轉向挖掘不同地域與空間獨特含義的「空間的文學史」，以空間中人的獨特體驗補充時間流變中的人類共同追求。這就賦予了所謂「民族性」問題、「本土性」問題與「中國性」問題更切實的內涵。從此出發，中國文學研究的新的範式也許可以誕生？

　　二是「民國文學」研究當以大量的具體文學現象的剖析為基礎。這一方面是繼續考察各類民國文化現象對於文學發展的重要影響，包括經濟、政治、法律、教育、宗教之於文學發展的動力與阻力，也包括各區域文化現象對於文學生長的有形無形的影響，包括民國時期一些重要的歷史事件對於文學的特殊作用，例如國民革命。過去我們梳理中國現代的「革命文學」，一般都從 1927 年大革命失敗之後的無產階級文學宣導開始，其實「革命」是晚清以來一直就影響思想與現實的重要理念。中國現代文學的「革命意識」受到了多重社會事件的推動，從晚清種族革命到國民革命再到無產階級革命等等都在各自增添新的內容。仔細追溯起來，「革命文學」一說早在國民革命之中就產生了，國民革命也裹挾了一大批的中國現代作家，為他們打上了深刻的「革命」意識，不清理這一民國的重要現象，就無法辨析文學發展的內在脈絡。大量現代文學現象（特別是文學作品）的再發現、再闡

釋是民國新視野得以確立的根據。如果我們無法借助新的視
野發現文學文本的新價值，或者新的文學細節，就無法證明
「民國視野」的確是過去的「現代文學視野」能夠代替的。
所幸的是，最近幾年，一些年輕的學者已經在「民國機制」
的視野下，發掘了中國現代文學的新的內涵。這裡僅以《文
學評論》雜誌為例：顏同林從「法外權勢的失落與村落秩序
的重建」這一角度提出對趙樹理小說的嶄新認識；[64]周維東
結合延安文化，剖析了解放區文學「窮人樂」主題的意味；[65]
李哲發現了矛盾小說中沉澱的民國經濟體驗；[66]鄔冬梅結合
1930 年代的民國經濟危機重新解讀了左翼文學；[67]羅維斯發
現了民國士紳文化對矛盾小說的影響；[68]張武軍透過「民國
結社機制」挖掘了從南社到新青年同仁的作家群體聚散規
律，賦予社團流派研究全新的方向；[69]在重新研討新文學發
生過程的時候，李哲發現了北京大學教育「分科」的特殊意
義；[70]王永祥則解剖了民國初年的國家文化所形成的語境與

---

64 顏同林：《法外權勢的失落與村落秩序的重建 —— 以趙樹理四十年代小
　　說為例》，《文學評論》2012 年 6 期。
65 周維東：《解放區的天是明朗的天 —— 延安時期的移民運動與「窮人樂」
　　敘事》，《文學評論》2013 年 4 期。
66 李哲：《經濟‧文學‧歷史 —— 〈春蠶〉文本的三個維度》，《文學評
　　論》2012 年 3 期。
67 鄔冬梅：《民國經濟危機與 30 年代經濟題材小說》，《文學評論》2012
　　年 3 期。
68 羅維斯：《「紳」的嬗變 —— 〈動搖〉的一種解讀》，《文學評論》2014
　　年 2 期。
69 張武軍：《民國結社機制與文學的演進》，《文學評論》2014 年 1 期。
70 李哲：《分科視域中的北京大學與「新文化運動」》，《文學評論》2013
　　年 3 期。

氛圍。[71]這樣的研究都在很大程度上突破了過去的「現代文學」研究視域，通過自覺引入民國歷史視角而推動了文學史研究的發展。

當然，類似的文本再解釋、歷史再發現工作還遠遠不夠，我們期待更多的研究者加入。

三是對於從歷史文化的角度闡釋現代文學的這一思路本身也要不斷反思和調整。在相當多的情況下，民國文學研究與現代文學研究都擁有相似的研究物件、相近的研究方法，不過，相對而言，「民國」一詞突出的是國家歷史的具體情態，「現代」一詞連接的則是世界歷史的共同進程。所以，所謂的民國文學研究理所當然就更加突出民國歷史文化的視角，更自覺地從歷史文化的角度來分析解剖文學的現象，宣導文學與歷史的對話。鑒於民國歷史至今仍然存在諸多的晦暗不明之處，對於歷史的澄清和發現往往就意味著主體精神的某種解放，所以澄清外在歷史真相總是能夠讓我們比較方便地進入到人的內在精神世界之中，因而作為精神現象組成部分的文學也就得到了全新的認識。最近幾年，中國現代文學研究中較有收穫的一部分就是善於從民國史研究中汲取養分，詩史互證，為學術另闢蹊徑。文學研究主動與歷史研究對話，歷史研究的啟發能夠啟動文學研究的靈感，「民國文學」的概念賦予「現代文學」研究以新機。雖然如此，我們也應該不斷反思和調整。因為，隨著歷史研究、文化研究在文學考察中的廣泛運用，新的問題也已經出現，那就是我們

---

71 王永祥：《〈新青年〉前期國家文化的建構與新文學的發生》，《文學評論》2013 年 5 期。

的文學闡述因此而不時滑入純粹的歷史學、社會學之中，「忘情」的歷史考察有時竟令我們在遠離文學的他鄉流連忘返，遺忘了文學學科的根本其實還是文學作品的解釋。捨棄了這一根本，模糊了學科的界限，我們其實就面臨著巨大的自我挑戰：面向文學的聽眾談歷史是容易的，就像面對歷史的聽眾談文學一樣；但是，如果真的成了面對歷史的聽眾談歷史，那麼無疑就是學科的冒險！對此，每一位文學學科出身的學人都應該反覆提醒自己：我準備好了嗎？

在這個意義上，我們應該始終牢記，從歷史文化的角度研究文學，最終也需要回到「大文學本身」，民國文學研究是對民國時期的文學現象的研究，而不是以文學為材料的民國研究。將來我們可能要完成的也不是信馬由韁的《民國史》而是不折不扣的《民國文學史》。

沒有對這些研究前提、研究方法的反思，就不會有扎實的研究，當然最終的文學史是什麼樣子，也就難以預期了。闡釋優先，史著緩行，民國文學史的寫作，當穩步推進。

五　「民國歷史情境」與知識社會學方法

提出返回國家歷史情境，宣導對文學的「民國機制」的重視，在文學與歷史的深刻對話中發現文學的精神創造，這並不是我們一時的標新立異。從根本上說，它屬於一種新的「知識社會學」的追問方式，這種追問方式在新世紀以來逐步成熟，並產生了越來越多的成果。當然，在理解和運用這一研究方式的同時，我們依然需要保持足夠的反省和警惕。更重要的是，如何在民國歷史的細節中發掘文學的意義，知識社會學只能是啟示的開端而不是運用的終點。也就是說，它的概念和原則並不能代替我們的文學闡釋和解讀，作為現代中國的文學研究，我們繼續需要一系列更具體切實的方法論的概括和總結，「民國機制」這樣的概念就由此誕生了。

在這一部分，我們將對知識社會學方法的價值及限度，特別是它之於現代文學研究的方法論的延伸意義作出分析。

知識社會學與中國現代文學研究

回顧自所謂「新時期」以來的中國現當代文學研究的發展，我們會明顯發現一條由熱烈的思想啟蒙到冷靜的知識建構的演變軌跡：1980 年代的鋪天蓋地的思想啟蒙讓無數人為

之動容，1990 年代以來的日益冷靜的學科知識建構在當今已漸成氣候。前者是激情的，後者是理性的；前者是介入現實的，後者是克制的，與現實保持著清晰的距離；前者屬於社會進步、思想啟蒙這些巨大的工程的組成部分，後者常常與「學科建設」、「知識更新」等「分內之事」聯繫在一起。

　　當文學與文學研究都承載了過多的負荷而不堪重負，能夠回返我們學科自身，梳理與思索那些學科學術發展的相關內容，應當說是十分重要的。很明顯，正是在文學研究回返學科本位之後，我們才有了更多的機會與精力來認真討論我們自己的「遊戲規則」問題 —— 學術規範的意義、學術史的經驗以及學科建設的細節等等。而且，只有當一個學科的課題能夠從巨大而籠統的社會命題中剝離出來，這個學科本身的發展才進入一個穩定有序的狀態；只有當旁逸斜出的激情沉澱為系統的知識加以傳播與承襲，這個學科的思想才穩健地融化為文明體系的有機組成部分。從這個意義上說，正在成為「知識」建構的中國現當代文學研究，是我們學科成熟的真正標誌。

　　當然，任何一種成熟都同時可能是另外一些新的危機的開始。在今天，當我們需要進一步思考學科的發展與學術的深化之時，就不得不正視和面對這樣的危機。

　　當中國現當代文學研究在日益嚴密的「學術規範」當中成為文明體系知識建設的基本形式，這是不是從另外一個方向上意味著它介入文明批判、關注當下人生的力量的某種減弱，或者至少是某些有意無意的遮蔽？

　　學術性的加強與人生力量的減弱的結果會不會導致學科

發展後勁的暗中流失？例如，在 1980 年代，中國現當代文學
研究的曾經輝煌在很大程度上得之於廣大青年學子的主動投
入與深切關懷。在這種投入與關懷的背後，恰恰就是中國現
當代文學研究的人生介入力量：中國現當代文學與廣大青年
思考中、探索中的人生問題密切相關。在這個時候，中國現
當代文學的存在主要不是作為一種「學科知識」而是自我人
生追求的有意義的組成部分。在那個時候，不會有人刻意挑
剔出現在魯迅身上的「愛國問題」、「家庭婚姻問題」乃至
「藝術才能問題」，因為魯迅關於「立人」的設想，那些「任
個人而排眾數，掊物質而張靈明」的論述已經足以成為一個
「重返人性」時代的正常人生的理直氣壯的張揚。同樣，在
五四作家的「問題小說」，在文學研究會「為人生」，在創
造社曾經標榜「為藝術」，在郭沫若的善變，在胡適的溫厚，
在蔡元培的包容，在巴金的真誠，在徐志摩的多情，在蕭紅
的坎坷當中，中國現當代文學不斷展示著它的「回答人生問
題」的能力，而中國現當代文學研究則似乎就是對這些能力
的細緻展開和深度說明。今天的人們可能會對這樣的提問方
式及尋覓人生的方式感到幼稚和不切實際，然而，平心而論，
正是來自廣大青年的這份幼稚在事實上強化了中國現當代文
學的魅力，造就和鞏固了一個時代的「專業興趣」。今天的
學術界，常常可以讀到關於 1980 年代的批判性反思，例如說
它多麼情緒化，喪失了學術的理性，多麼「西化」，也許這
些反思都有它自身的理由，然而，我們也不得不指出，正是
這些看似情緒化的中國現當代文學研究方式，不斷呈現出某
些對現實人生的傾情擁抱與主體投入。來自研究者的溫熱在

很大的程度上點燃了青年學子的情感，形成了後來學術規範時代蔚為大觀的學術生力軍。

從 1980 年代到 1990 年代，從「人生問題」的求解到「專業知識」的完善，這樣的轉換包含了太多的社會文化因素，其中的委曲是非實在是一言難盡。我這裡想提到的一點是，當眾所周知的國家政治的演變挫折了知識份子的政治熱情，是否也一併挫折了這份熱情背後的人生探險的激情？當知識份子經濟地位的提高日益明顯地與專業本位的守衛相互掛靠的時候，廣大的中國現當代文學工作者的自我定位是否也因此發生了根本性的改變？

而這些自我生存方式的改變是不是也會被我們自覺不自覺地轉化為某種富有「學術」意味的冠冕堂皇的說明？

如果真是這樣，那麼，作為今天的文學研究者，我們不僅要保持一份對於非理性的「激情方式」的警惕，同樣也應該保持一份對於理性的「學術方式」的警惕。

在中國現當代文學研究日益成為知識建構工程的今天，有一種流行的學術方式也值得我們加以注意和反思，這就是「知識社會學」的研究視野與方法。

知識社會學（sociology of knowledge）著力於知識與其他社會或文化存在的關係的研究。其思想淵源雖然可以追溯到歐洲啟蒙運動以來的懷疑論傳統和維科的《新科學》，首先使用這一詞彙的是 1924 年的馬克斯・舍勒，他創用了 Wissenssoziologie 一詞，從此，知識社會學作為一門獨立的學科確立了起來。此後，經過卡爾・曼海姆、彼得・伯格和湯瑪斯・盧克曼的等人的工作，這一研究日趨成熟。1970 年

代以後，知識社會學問題再次成為西方社會科學研究中的焦點。據說，對知識的考察能夠從知識本身的邏輯關係中超越出來，轉而揭示它與各種社會文化的相互關係，因為知識本身的確在對一個充滿了文化衝突、價值紛爭的時代大有影響，而它所置身的複雜的社會文化力量，從不同的方向上構成了對它的牽引。

同樣，文化的衝突與價值的紛爭不僅是 1990 年代以降中國知識界的普遍感受，它們更好像是中國近現當代社會發展過程的基本特徵。中國現當代文化的種種「知識」無不體現著各種文化傳統（西方的與古代的）、各種社會政治力量（政黨的、知識份子的與民間的、國家的）彼此角逐、爭奪、控制、妥協的繁複景象。中國現當代文化的許多基本概念，如真、善、美，「為人生」、「為藝術」、現實主義、浪漫主義、現當代主義、古典主義、象徵主義、生活等等至今也沒有一個完全統一的解釋，這也一再證明純知識的邏輯探討往往不如更廣闊的社會文化的透視。此種情形聯繫到馬克思「社會存在決定社會意識」這一著名的而特別為中國人耳熟能詳的觀點，當更能夠見出我們對「知識社會學」的強大的需要。事實上，在西方知識社會學的發生演變史上，馬克思的確為知識社會學給出了一條基本原理，即所有知識都是由社會決定的。正如知識社會學代表人物曼海姆所指出的那樣：「事實上，知識社會學是與馬克思同時出現：馬克思深奧的提示，直指問題的核心。」[1]今天的中國現當代文學研究，正需要從

---

1 [德]曼海姆：《知識社會學導論》97 頁，張名貴譯，臺灣風雲論壇有限公司 1998 年。

不同的角度揭示出精神產品背後的複雜社會聯繫。這樣的揭示，將使我們的文化研究不再流於空疏與空洞，而是通過一系列複雜社會文化的挖掘呈現其內部的肌理與脈絡，而這樣的呈現無疑會更加理性，也更加富有實證性。它與過去的一些激情式的價值判斷式的研究拉開了距離。近年來，學術界比較盛行的關於現當代傳媒與現當代文學的關係、現代社會體制與現當代文學的關係、現代政治文化與現當代文學的關係、現代經濟方式與現當代文學的關係等等的探索都是如此。

　　當然，正如每一種研究方式都有它不可避免的局限一樣，知識社會學的視野與方法也有它的限度。具體到中國現當代文學的闡釋當中，在我看來，起碼有兩個方面的局限值得我們注意。

　　其一是「關聯式結構」與知識創造本身的能動性問題。知識社會學的長處在於分析一種知識現象與整個社會文化的「關係」，梳理它們彼此間的「結構」。這樣的研究，有可能將一切分析的物件都認定為特定「結構」下「理所當然」的產物，從而有意無意地忽略了作為知識創造者的各種能動性與主動性。正如韋伯認為的那樣，把知識及其各種範疇歸併到一個以集體性為基礎的潛在結構之中容易導致忽視觀念本身的能動作用，抹殺人作為主體參與形成思想產品的實踐活動。關於中國現當代文學的研究也是如此，一方面，我們應該對各種社會文化「關係網絡」中的精神現象作出理性的分析。但是，在另一方面，卻又不能因此而陷入「文化決定論」的泥沼之中，不能因此忽略現代中國知識份子面對種種文化關係時的獨立思考與獨立選擇，更不能忽視廣大知識份

子自身的生命體驗。在最近幾年的中國現當代文學與現當代文化研究當中，我以為已經出現了這樣的危險，值得我們警惕。

其二便是知識社會學本身的難題，即它的學科內部邏輯所呈現出來的相對主義問題。正如默頓指出的那樣，知識社會學誕生於如下假定，即認為即使是真理也要從社會方面加以說明，也要與它產生於其中的社會聯繫起來，因為謬誤、幻覺或不可靠的信念甚至真理都受到社會（歷史）的影響，這種觀念始終存在於知識社會學的發展中。西方批評界幾乎都有這樣的共識：知識社會學堅持其普遍有效性要求就意味著主張所有的知識都是相對的，所以說全部知識社會學都面臨著一個共同的相對主義問題。知識社會學止步於真理之前，因為這門學科本身即產生於用一種對稱的態度看待謬誤和真理。應該說，中國現代文化的發展本身是一個「尚未完成」的過程，包括今天運用著知識社會學的我們，也依然置身於這樣的歷史進程。作為一個時代的知識份子，必須為這樣的過程做出自己的貢獻。因而，即便是學術研究，我們也沒有理由刻意以學術的所謂中立性去消解我們對真理本身的追求和思考，我們不能因為連續不斷的「關聯式結構」的分析而認為所有的文化現象都沒有歷史價值的區別。在這裡，「公共知識份子」的精神應該構成對「專業知識分子」角色的調整甚至批判，當然，這首先是一種自我的反省與批判。

總之，知識社會學的視野與方法無疑有著它的意義，但是，同樣也有著它的限度。在通常的時候，其研究應該與更多的方法與形式結合在一起，成為我們思想的延伸而不是束縛。

在中國現當代文學研究日益成為「知識化」過程一部分

的時候，我們能夠對我們所依賴的知識背景做多方面的追問，應當是一件富有意義的事情。

如何回到民國時期的歷史情景，進而對中國現代文學展開新的梳理和闡釋，就是重新追蹤我們現代文學「知識」的複雜歷史語境的問題。在這裡，知識社會學的視野與方法值得我們認真借鑒。

世界知識、地方知識與中國文學研究

論及文學研究的「知識狀況」，其實就會立即發現一個關鍵性的問題：我們的「知識」並不都從屬於一個系統，在社會歷史的複雜格局中，它們發生了重大的分歧，當然，也存在重要的變動。

回顧新時期以來的中國文學研究的知識背景，我們注意到，這裡存在一個由「世界知識」與「地方知識」前後流動又交互作用的過程。考察分析「知識」系統的這些變動，特別是我們對「知識系統」的認識和依賴方式，將能折射出我們學術發展過程中的值得注意的重要問題，促使我們做出新的自我反省。

世界知識

當代中國文學研究之中，「世界」的知識框架是在新時期的改革開放中搭建起來的。「世界」被假定為一個合理的知識系統的表徵，而「我們」中國固有的闡釋方式是充滿謬誤的、不合理的。新時期當代中國文學的研究是以對「世界」

知識的不斷充實和完善為自己的基本依託的，這樣的一個學術過程，在總體上可以說是「走向世界」的過程。「走向世界」代表的是剛剛結束十年內亂的中國急欲融入世界，追趕西方「先進」潮流的渴望。在中國現當代文學研究界乃至中國學術界「走向世界」呼籲的背後，是整個中國社會對沖出自我封閉、邁進當代世界文明的訴求。在全中國「走向世界」的合奏聲中，走向「世界文學」成了新時期中國現代文學研究的「第一推動力」。

在那時，當代中國文學研究是努力以中國之外「世界」的理論視野與方法為基礎的。以國外引進的自然科學的研究方法 ——「三論」（系統論、資訊理論、控制論）為起點，經過 1984 年的反思、1985 年的「方法論年」，西方文學理論與批評得到了最廣泛的介紹和運用，最終從根本上引導了當代中國文學批評的主潮。

當代中國文學研究也是以中國之外的「世界」文學的情形為參照對象的，比較文學成為理所當然的最主要的研究方式，比較文學的領域彙集了當代中國文學研究實力強大的學者，中國學術界在此貢獻出了自己最重要的成果。新時期中國學人重提「比較文學」首先是在外國文學研究界，然而卻是在一大批中國現代文學研究者介入，或者說是在中國現代文學研究界將它作為一種「方法」加以引入之後，才得到長足的發展。正如王富仁先生所說：「我們稱之為『新時期』的文學研究，熱熱鬧鬧地搞了 10 多年，各種新理論、新觀念、新方法都『紅』過一陣子。『熱』過一陣子，但『年終結帳』，細細一核算，我認為在這十幾年中紮根紮得最深，基礎奠定

得最牢固，發展得最堅實，取得的成就最大的，還是最初『紅』過一陣而後來已被多數人習焉不察的比較文學。」[2]

當代中國文學研究設立了以「世界」文學現有發展狀態為自己未來目標的潛在意向，並由此建立著文學批評的價值取向。曾小逸主編《走向世界文學》一書不僅囊括了當時新近湧現、後來成為本學科主力的大多數學者，集中展示了那個時期的主力學者面對「走向世界」這一時代主題的精彩發言，而且還以整整四萬五千餘字的「導論」充分提煉和發揮了「走向世界文學」的歷史與現實根據。更年輕一代的學人對於馬克思、歌德「世界文學」著名預言的接受，對於「走向世界」這一訴求的認同都與曾小逸的這篇「導論」大有關係。一時間，僅僅局限於中國本身討論問題已經變成了保守封閉的象徵，而只有跨出中國，融入「世界」、追逐「世界」前進的步伐，我們才可能有新的未來。

進入 1990 年代之後，我們重新質疑了這樣將「中國」自絕於「世界」之外的思想方式，更質疑了以「西方」為「世界」，並且迷信「世界」永遠「進化」的觀念。然而，無論我們後來的質疑具有多少合理性，都不得不承認，一個或許充滿認知謬誤的「世界」概念與知識，恰恰最大限度地打破了我們思維的閉鎖，讓我們在一個全新的架構中來理解我們的生存環境與生命遭遇。這就如同一百多年前，中國近代知識份子重啟「世界」的概念，第一次獲得新的「世界」的知識那樣。「世界」一詞，本源自佛經。《楞嚴經》云：「世

2 王富仁：《關於中國的比較文學》，見王富仁《說說我自己》125 頁，福建人民出版社 2000 年。

為遷流，界為方位。」也就是說，「世」為時間，「界」為空間，在中國文化的漫長歲月裡，除了參禪論道，「世界」一詞並沒有成為中國知識份子描述他們現實感受的普遍用語。不過，在近代日本，「世界」卻已經成為知識份子描述其地理空間感受的新語句。當時中國的知識份子在談及其日本見聞的時候，也就便將「世界」引入文中，例如王韜的《扶桑遊記》、黃遵憲的《日本國志》。20世紀初，留日中國知識份子掀起了日書中譯的高潮，其中，地理學方面的著作占了相當的數量，「大部分地理學譯著的原本也是來自日本」。3隨著中國留學生陸續譯出的《世界地理》、《世界地理志》等著作的廣泛傳播，「世界」也成為整個中國知識界的基本語彙。世界，這是一個沒有中心的空間概念。

　　「世界」一詞回傳中國、成為近現代中國基本語彙的過程，也是中國知識份子認知現實的基本框架 ── 地理空間觀念發生巨大改變的過程：我們所生存的這個世界並非如我們想像的那樣以中國為中心。是的，在一百年前，正是中國中心的破滅，才誕生了一個更完整的「世界」空間的概念，才有了引進「非中國」的「世界」知識的必要。儘管「中國」與「世界」在概念與知識上被做了如此不盡合理的「分裂」，但「分裂」的結果卻是對盲目的自大的終結，是對我們認識能力的極大的擴展。這，大概不能被我們輕易否定。

地方知識

　　1990年代以後人們憂慮的在於：這些以西方化的「世界」

─────────

3 鄒振環：《晚清西方地理學在中國》244頁，上海古籍出版社2000年。

知識為基礎的思想方式會在多大的程度上壓抑和遮蔽我們的「民族」文化與「本土」特色？我們是否就會在不斷的「世界化」追逐中淪落為西方「文化殖民」的對象？

其實，一百餘年前，「世界」知識進入中國知識界的過程已經告訴我們了一個重要事實：所謂外來的（西方的）「世界」知識的豐富過程同時伴隨著自我意識的發展壯大過程，而就是在這樣的時候，本土的、地方的知識恰恰也獲得了生長的可能。

一百餘年前的留日中國學生在獲得「世界」知識的同時，也升起了強烈的「鄉土關懷」。本土經驗的挖掘、「地方知識」的建構與「世界」知識的引入一樣令人矚目。他們紛紛創辦的反映其新思想的雜誌，絕大多數均以各自的家鄉命名，《湖北學生界》、《直說》、《浙江潮》、《江蘇》、《洞庭波》、《鵑聲》、《豫報》、《雲南》、《晉乘》、《關隴》、《江西》、《四川》、《滇話》、《河南》……這些本土的所在，似乎更能承載他們各自思想的運動。在這些以「地方性」命名的思想表達中，在這些收錄了各種地域時政報告與故土憂思的雜誌上，已經沒有了傳統士人的纏綿鄉愁，倒是充滿了重審鄉土空間的冷峻、重估鄉土價值的理性以及突破既有空間束縛的激情。當留日中國知識份子紛紛選擇這些地域性的名目作為自己的文字空間時，我們所看到的分明是一次次的精神「還鄉」。他們在精神上重返自己原初的生存世界，以新的目光審視它，以新的理性剖析它，又以新的熱情啟動它。

出於對普遍主義與本質主義的批判立場，美國著名的文化人類學家柯利弗德·格爾茲教授（Clifford Geertz）提出了

「地方性知識」這一概念，在他的《地方性知識》一書中有過深刻的表述。「所謂的地方性知識，不是指任何特定的、具有地方特徵的知識，而是一種新型的知識觀念。而且地方性或者說局域性也不僅是在特定的地域意義上說的，它還涉及在知識的生成與辯護中所形成的特定的情境，包括由特定的歷史條件所形成的文化與亞文化群體的價值觀，由特定的利益關係所決定的立場、視域等。」它要求「我們對知識的考察與其關注普遍的準則，不如著眼於如何形成知識的具體的情境條件。」4作為後現代主義時代的思想家，柯利弗德·格爾茲強調的是那種有別於統一性、客觀性和真理的絕對性的知識創造與知識批判。雖然我們沒有必要用這樣的論述來比附百年前中國知識份子的「地方意識」的萌發，但是，在對西方現代化的物質主義保持批判性立場中討論中國「問題」，這卻是像魯迅這樣的知識份子的基本選擇。當近現代中國知識份子提出諸多的地方「問題」之時，他們當然不是僅僅為了展示自己的地方「獨特性」，而是表達自己所領悟和思考著的一種由特定區域與「特定的歷史條件」所決定的價值追求。而任何一個不帶偏見地閱讀了中國現代文學作品的人都可以發現，這些價值追求既不是西方文化的簡單翻版，也不是地方歷史的簡單堆積，它們屬於一種建構中的「新型的知識觀念」。

　　所以我認為，近代中國知識份子這種依託地方生存感受與鄉土時政經驗的思想表達分明不能被我們簡單視作是「外

4　盛曉明：《地方性知識的構造》，《哲學研究》2000 年 12 期。

來」知識的移植和模仿，更不屬於所謂「文化殖民」的內容。

同樣，在新時期的當代中國文學批評中，在重點展示西方文學批評方法的「方法熱」之同時，也出現了「文化尋根」，雖然後來的我們對這樣的「尋根」還有諸多的不滿。1990 年代以降，文學與區域文化的關係更成為文學研究的重要走向。竭力宣導「走向世界」的現代學人同樣沒有忽視中國文學研究的地方資源問題，在「後現代主義」質疑「現代性」，後殖民主義批判理論質疑西方文化霸權的中國影響之前，他們就理所當然地發掘著「地方性」的獨特價值。1989 年的中國現代文學研究會蘇州年會就以「中國現代作家與吳越文化」作為議題之一，在學者看來：「20 世紀中國新文學是在西方近代文學的啟迪下興起的。但就具體作家而言，往往同時也接受著包括區域文化在內的中國傳統文化的影響 ── 有時是潛移默化的濡染，有時則是相當自覺的追求。」[5]在中國當代批評家的眼中，引入「地方性」視野既是一種「豐富」，也是一種「尊嚴」，正如學者樊星所概括的那樣：「在談論『中國文化』、『中國民族性』、『中國文學的民族特色』這些話題時，我們便不會再迷失在空論的雲霧中 ── 因為絢麗多彩的地域文化給了我們無比豐富的啟迪。」「當現代化大潮正在沖刷著傳統文化的記憶時，文學卻捍衛著記憶的尊嚴。」[6]在這裡，「地方性」背景已經成為中國學者自覺反思「現代化大潮」的參照。

---

5 嚴家炎：《二十世紀中國文學與區域文化叢書·總序》，《二十世紀中國文學與區域文化叢書》，湖南教育出版社 1995 年。
6 樊星：《當代文學與地域文化》21 頁，華中師範大學出版社 1997 年。

跨越二元對立的知識

重要的在於，「世界知識」與「地方知識」完全可以擺脫「二元對立」的狀態，而呈現出彼此激發、相互支撐的關係，中國文學從近代到當代的演化就說明了這一點。

在「世界知識」與「地方知識」相互支持的關係構架中，起關鍵性作用的是中國知識份子的自我意識的成長。對於文學批評而言，自我意識的飽滿和發展是我們發現和提煉全新的藝術感受的基礎，只有善於發現和提煉新的藝術感受的文學批評才能推動人類精神的總體成長，才能促進人生價值新的挖掘和發揚。在我們辨別種種「知識」的姓「西」姓「中」或者「外來」與「本土」之前，更重要的是考察這些中國知識份子是否將獨立人格、自由意志與人的主體性作為了自覺的追求。換句話說，在「知識」上將「世界」與「本土」暫時「割裂」並不要緊，引進某些「外來」的偏激「觀念」也不要緊，重要的在於在這樣的一個過程當中，作為知識創造者的我們是否獲得了自我精神的豐富與成長，或者說自我精神的成長是否成為一種更自覺的追求。如果這一切得以完成，那麼未來的新的「知識」的創造便是盡可期待的，從「世界知識」的引入到「地方知識」的重新創造，也自然屬於題中之意，而且這樣的「地方知識」理所當然也就不是封閉的而是開放的。

從「世界知識」的看似偏頗的輸入到「地方知識」的開放式生長，這樣的過程原本沒有矛盾，因為知識主體的自我意識被開發了，自我創造的活性被激發了。

在近代中國的思想演變中，浸潤於日本「世界知識」的魯迅提出的是「入於自識，趣於我執，剛愎主己」，即返回到人的自我意識。[7]在 1980 年代，不無偏頗的「方法熱」催生了文學「主體性」的命題：「我們強調主體性，就是強調人的能動性，強調人的意志、能力、創造性，強調人的力量，強調主體結構在歷史運動中的地位和價值。」[8]雖然那場討論尚不及深入展開。

過於重視「知識」本身的辨別和分析，極大地忽略了「知識」流變背後人的精神形態的更重要的改變，這樣我們常常陷入中/外、東/西、西方/本土的無休止的糾纏爭論當中，恰恰包括中國文學批評家在內的現代知識份子的精神創造過程並沒有得到更仔細更具有耐性的觀察和有說服力量的闡釋，其精神創造的成果沒有得到足夠的總結，其所遭遇的困難和問題也沒有得到深入細緻的分析。

在這個意義上，我們也可以認為，現當代中國文學研究與「世界知識」、「地方知識」的關係又屬於一種獨特的「依託 —— 超越」的關係。也就是說，我們的一切精神創造活動都不能不是以「知識」為背景的，是新知識的輸入啟動了我們創造的可能。但文學作為一種更複雜更細微的精神現象，特別是它充滿變幻的生長「過程」，卻又不是理性的穩定的「知識」系統所能夠完全解釋的。對於文學創作與文學研究的考察描述，既要能夠「知識考古」，又要善於「感性超越」；

---

7 魯迅：《文化偏至論》，《魯迅全集》1 卷 50 頁，人民文學出版社 1981 年。
8 劉再複：《論文學的主體性》，《文學主體性論爭集》3 頁，紅旗出版社 1986 年。

既要有「知識學」的理性，又要有「生命體驗」激情。作為文學的學術研究，則更需要有對這些不規則、不穩定、充滿偏頗的「感性」與「激情」的理解力與闡釋力。

人類不僅是邏輯的知性的存在物，也是信仰的存在物，是充滿感性衝動與生命體驗的複雜存在。

自近代、現代到當代，中國文學現象的發生發展，不僅是與新「知識」的輸入與傳播有關，更與「知識」的流轉，與中國知識份子對「知識」的「理解」有關。我們今天考察這樣一段歷史，不僅僅需要清理這些客觀的知識本身，更要分析和追蹤這些「知識」的演化過程，挖掘作為「主體」的中國知識份子對這些「知識」的特殊感受、領悟與修改。換句話說，我們今天更需要的不是對影響中國文學的這些「中外知識」的知識論式的理解，而是釐清種種的「知識」與現代中國人特殊生存的複雜關係，以及中國知識份子作為創造主體的種種心態、體驗與審美活動。所謂的「知識」也不單是客觀不變的，它本身也必須重新加以複述，加以「考古」的觀察。這一切的背後，都一再提醒我們特別注意中國知識份子的自由感受、自我生成著精神世界，正如康德對文藝活動中自由「精神」意義的描述那樣：「精神（靈魂）在審美的意義裡就是那心意付予物件以生存的原理。而這原理所憑藉來使心靈生動的，即它為此目的所運用的素材，把心意諸力合目的地推入躍動之中，這就是推入那樣一種自由活動，這活動由自身持續著並加強著心意諸力。」[9]

---

[9] [德]康得：《判斷力批判》上卷 159、160 頁，宗白華譯，商務印書館 1964年。

少數民族知識、地方性知識與知識等級問題

回到民國歷史情境，就會涉及更為豐富的文學現象，需要我們以更廣闊的知識視野來加以處理，例如今天已經引起人們注意的舊體文學、通俗文學及少數民族文學問題。在處理這些問題的時候，就需要我們在主流性的知識視野之外，特別關注那些被遺忘的區域知識、地方性知識，對長久以來我們自覺不自覺中形成的「知識等級」觀念有所反省和警惕。

這裡以少數民族文學為例加以說明。

「少數」如何形成

單就所謂「少數民族文學」的學術成果而論，我們到目前為止取得的數量上的成績是毋庸置疑的：大規模的少數民族文學經典遺產的收集、整理、翻譯與出版工作持續多年，族別文學史的編撰工作更引人注目，已經出版的文學史及研究專著達數十種之多。但是，我也注意到，中國少數民族文學研究界的學人們一直在為這一學科的規範、理論基礎而焦慮，甚至到今天還能夠聽到關於它作為「新興學科」如何薄弱的種種說法。

這就不能不引起我們更深入的思考了。眾所周知，中國作為一個多民族的存在由來已久，其中，所謂少數民族文學創作的事實同樣源遠流長，這都是我們學科學術發展的豐富的資源，但是，為什麼作為一個學科的基礎會出現我們所說的「薄弱」的現象呢？

　　沿著這樣的困惑追問進去，我們發現，最薄弱之處可能還不在我們實際的文學研究。中國人有「正名」的傳統，所謂「名不正，言不順」，作為學科核心概念的「少數民族」一詞可謂是中國的獨創，但它首先就不是在文學或文化的學術的層面上提出和加以論證的。一般認為，「少數民族」一詞於 1924 年 1 月在我國首次出現，源自孫中山先生主持制定的《中國國民黨第一次代表大會宣言》。中國共產黨最早使用該詞是在 1926 年 11 月。中共中央在關於西北軍工作的一個指示中和關於國民軍工作方針的決議中都指出，馮玉祥將軍在甘肅，對回民須有適當的政策，不損害少數民族在政治上、經濟上的生存權利。從而提出了「少數民族」的概念。此後，在 1928 年 7 月「六大」通過的《中國共產黨黨章》和《關於民族問題的決議案》裡，中國共產黨繼續使用「少數民族」概念。這都清晰地表明，從一開始，「少數民族」這一概念所包含的主要是現代中國政治的特定歷史任務，作為現代政治的產物，它自有其顯而易見的重要價值，但它的確不是為了描述文學和文化自身的複雜存在，這也是一個不爭的事實。

　　「少數」之名乃是針對「多數」而言，這一種典型的二元對立概念在反映現代中國政治革命現實的層面上具有明顯的準確性。

　　對於現代中國的政治革命而言，作為政權形態的主體存在於漢族地區，作為政治革命發動者、參與者的主體也是漢族，漢族/非漢族本身就形成了一組二元劃分的關係。在這個時候，如何在尊重其他少數族別自身利益的基礎上最大限度

地獲得非漢族的理解和支持，也就成了從孫中山到中國共產黨人的基本的思維方式，二元式的劃分可以將現代中國政治格局的描繪在最簡略的方式中最準確地呈現出來，有利於現代政治問題的解決。

但是，一旦離開特定的政治領域，我們就應該承認，二元式的劃分很可能構成對其他問題的遮蔽，比如在文化研究與文學批評的領域，如何最大程度地呈現民族生存形態的多樣與複雜，恰恰是我們學術的追求。在這個時候，數量的多寡並不決定研究物件的價值，任何的少數本身就構成一個獨立的整體，眾多的少數都應該分別進入我們的視野，一個絕對多數與絕對少數的簡單劃分不是有利於問題的展開恰恰是對無數具體問題的掩蓋。

新中國建立後，政治意義上的「少數民族」概念繼續使用，文學領域先是「少數民族文學」與「兄弟民族文學」混用。前者似乎可以找到 1949 年的矛盾，1951 年的費孝通、張壽康，1958 年中央宣傳部召開的座談會，1960 年老舍做《關於少數民族文學工作的報告》等例證。[10]總之，經過一段時間的磨合，文學界也逐漸取消了其他說法，統一稱謂「少數民族文學」。「少數民族文學」這一概念被正式提出了。這一方面是我們學科走向創立的起點，沒有這一概念就沒有 1960 年代以降的各種少數民族文學史的問世。但是，通過繼續沿用一個典型的政治革命時代的概念，我們實際上也繼續沿襲了那種簡單的二元對立的學科視野，並且因為這樣的思

---

10 參見李鴻然：《少數民族文學：概念的提出與確定》，《民族文學研究》1999 年 2 期。

維方式的局限而較長時間地影響了學科基礎的夯實，以至多年的學術努力之後依然給人留下「薄弱」的印象。

其實幾十年來，眾多的少數民族文學研究學人已經進行了十分勤奮的工作，我們的學科史料與資源可謂充實。「薄弱」的恐怕在於這樣一種二元對立的視野已經將我們的學術物件簡略化了：二元的另外一方就是作為強勢文化的漢族文化，所謂的二元對立式的研究幾乎就是用漢民族的審美視野觀察、打量非漢民族的「另類」現象。漢民族的文化與審美屬於觀察的一方，而非漢族的則屬於另外一方，而他們更在「少數民族」之名下被「統一」起來，在漢民族好奇的、求新逐異的視野中展現著「文學的異域風情」，因為只有「二元」（而非多元），所以其實各種不同的少數民族就很容易模糊其各自的身份與界限，通通構成有別於漢文化「統一的另類」。當如此眾多的民族色彩都因為「二元」的簡略劃分而自我模糊，彼此「統一」，那麼，我們看似豐富的民族文學資源其實都不斷地「同質化」。一個同質化的藝術世界再龐大也令人產生單調乏味的感覺，這或許就是我們「薄弱」之感的由來。

此外，自近現代以來，中國學科知識分化發展過程中呈現出來的某種知識/權力結構也讓一切後起的學科承受了格外的壓力，許多後起的學科都不得不在相當狹窄的軌道上尋找自己，而且這個過程還並不短暫。以作為中國語言文學的基礎性學科 ── 中國文學為例，因為它講述的是數千年中華大地的主流文學現象，所以似乎擁有了某種不言而喻的權威，後來的學科即便同樣講述著中國大地的故事，卻很難為

這一學科受接納。直到中國社科院《中華文學史》問世之前，
所有的中國文學史都不包括自五四以來的中國文學現象，似
乎這些現象不屬於「中國」，要描述這些新的文學現象，需
要另外一部文學史 —— 中國現當代文學史。而且到今天為
止，一些從事「中國文學史」教學和研究的學者依然堅持他
們的學術「大統」地位，對從事五四以後文學現象研究的學
人多有不屑之言。

　　同樣，我們的中國少數民族文學史也是從中國現當代文
學史學科中分化出來的，它同樣受到了這一漸成氣候的中年
學科的壓力。直到今天，我們的中國現當代文學史學科依然
很少將中國其他少數民族的文學現象納入研究。而從學科邏
輯上講，就如同「中國文學」應該包括「中國現當代文學」
一樣，「中國現當代文學」也理所當然應該包括中國現當代
的少數民族文學。雖然今天少數的中國現當代文學史寫作也
試圖加入少數民族文學的部分內容，但是這些內容根本無法
與五四以來中國文學現代發生的文化邏輯相互連接，明顯屬
於迫不得已的添加和補充。這都說明，如何在學術思想的深
層（而不是文字的表面）關注中國各民族生存與情感的內在
特徵，並真正讓文學的研究成為廣泛溝通彼此的橋樑，讓文
學的知識不僅僅為單一的視角所固定，為權力的多數所獨
佔，這依然沒有解決。

被壓抑的「地方」

　　當然，現當代中國的知識/權力問題並不僅僅體現在少數
民族文學的學科發展之中，從某種意義上看，更廣泛地顯示

為普遍存在的中心/邊緣的文化知識的等級狀態。

　　中國少數民族及其文學的地理分佈具有明顯的區域集中特徵，而現代中國的區域分佈因為政治經濟的巨大差異而呈現為明顯的中央（中心）/地方（邊緣）秩序，中國少數民族所在區域屬於政治經濟的地方與邊緣，中國的少數民族文學與文化則往往被歸入地方性的知識範疇。像其他的地方性知識一樣，它們要麼被敘述為中央（中心）知識傳播擴散之結果，要麼成為國家主導性知識之後的附綴與補充。

　　中國傳統文化承受政治上中央集權的體制，也表現為主流文化在區域分佈上的文化等級現象，也就是說，不同的區域並沒有文化觀念上的平等權利，以京城為中心的文化理所當然地具有更高的文化支配權與發言權，京城擁有最豐富的文化資源和數量最密集的知識份子，而他們專斷著中國文化的解釋權、主導權。進入近現代社會以後，文化發展的資源開始改變了方向，域外文化成為新的文化發展的動力，這對傳統文化的格局無疑是重大的挑戰。不過，域外的資源歸根結底也必須通過國內自身的文化基礎來加以吸納、消化和播散，而在中國，這樣的「基礎」本身卻不是平均的，傳統等級文化的高端依然佔據了最主要的文化資源。在一個較長的時間裡，極少數中心城市依然把握著文化的主導權，只不過它可能已經由傳統文化的傳播者變身而為西方文化的傳播者。當然，唯一的中心也可能產生某些調整，比如由單一的京城如北京這樣的城市演變為雙中心如增加了最接近西方文明登陸地的上海，不過，這並不足以從總體上改變中國文化中心單一、等級森嚴的基本狀態，廣大的其他地區的文化創

造力和表達力都還被各種力量束縛著。

　　顯然，這決非文化發展的健康狀態。今天我們常常自詡已經進入了經濟與文化的「全球化」時代，究竟什麼是全球化？全球化是不是意味著強勢文化或主導性文化的覆蓋與擴散？在中國，就是少數中心城市文明（京滬中心）對各地方性文化的強勢影響？就是漢族文化意識對各少數民族意識的不斷滲透和同化？可能沒有這樣簡單。全球化，與這一概念所標示的某種普泛性的指向形成鮮明對照的是，恰恰在經濟全球化的同時，文化的多樣化與自主性得到了新的重視。全球化時代的文化並沒有如經濟形態或者某些生活形態一起「趨同」了，「一體」了，相反，越來越多的人意識到必須在社會生活步向「一體」的時代保留我們自己的個性，文化的個性不必也不應該沒有原則地「與時俱進」。甚至說，以保留我們文化自主性的方式反撥那種潮流般泯滅個性的社會經濟趨勢，正是知識份子人文理性的真切表現。「全球化」時代同時也就是文化個性的再覺醒時代。

　　回首近現代以來的中國學術史，我們就會發現，在主導性強勢性文化發展、「文化金字塔」巍然屹立的同時，另外一條思想的線索卻也在默默地堅實地延伸成長著，這就是我們如何在全球化的「世界認同」、「國家認同」與「中華民族認同」的過程中發現自我，如何通過本土的鄉土的「地方性知識」的重新建構來回應社會文化的現代化要求。這是一條長期為我們忽略的思想脈絡，恰恰是它的存在，顯示了中國知識份子深刻的思想自覺和深遠的文化關懷。

　　如前所述，就是一百餘年前，當全球意義的「世界」知

識進入中國知識界的同時，我們同時也目睹了本土的、地方的知識茁壯生長的事實。100 餘年前的留日中國學生的「世界」伴隨著他們強烈「鄉土關懷」。《湖北學生界》、《浙江潮》、《江蘇》、《洞庭波》、《鵑聲》、《豫報》、《雲南》、《江西》、《四川》、《河南》等一大批以家鄉命名的雜誌就在那時誕生，這是以世界的目光審視本土，以新的理性精神啟動鄉土生命之力。清末民初的這一景象啟示我們：在現代中國，在文化知識的「金字塔」格局依然聳立的今天，如何發掘中國知識份子立足於地方體驗與自我意識的思想追求與精神傳統，可以說是造就現代文化健康發展的必由之路。

多族群與多中心的文學觀念

　　所幸的事實是，當代中國社會經濟的發展應該說為各個地域的自我發展提供了機會，也為各族群的自我意識的發掘與發展創造了可能。

　　經濟增長的同時必定是自我意識的發展，文化則是自我意識創造和追求的結果，就像市場經濟這一隻「看不見的手」重新實現了對社會秩序的平衡一樣，改革開放帶給中國各區域、各族群的發展機會也不斷增長著各自的生存體驗與文化需要，這是中國區域文化主動生長的新的基礎。現代中國的文學的研究從本質上講是中國現代知識份子通過當下的文學自我表述的一種方式。當中國現代社會文化的發展將我們各自的獨特人生與獨特文化理念推舉到一個不容忽視的地位，那麼我們就會自然產生擺脫單一文化的中心話語，尋找自我

語彙的強烈願望，正是這樣的願望首先推動我們「發現」了文學批評與文學研究的區域個性，我們會自覺地借助於這樣的個性來抵消文化的絕對中心話語。

在 1980 年代，中國的文學批評與研究，基本上還處於一個「整體啟蒙」的階段，而啟蒙的基本思想資源還在大洋彼岸的西方。所以那個時候，單一的中心話語依舊支配著文學研究事業的基本格局，北京與上海以自己獨特的「雙城記」引導著現代中國文學批評與研究的主潮，其他所有的中國區域幾乎都在轉述和重複著這兩個城市的話題與思路。情況的改變發生在 1990 年代，以後一直持續不斷。這自然可以直接追溯到 1990 年以後中國經濟社會的全面發展，社會經濟的發展改變了文學的傳播，也改變了所有文化資訊的來源方式與傳播方式。各種傳播方式的崛起尤其是國際互聯網的迅速發展使得空間分割的概念從根本上得以改變，少數城市再也不可能憑藉行政中心的優勢絕對擁有傳播的權威，更多的平等分享資訊的機會和權利在事實上已經成為可能。過去那種因為資訊來源的有限而形成的知識的神秘性消失了，經營方式的改革讓許多地方的出版機構獲得了面對世界的機會，新的發行方式、組稿方式與工作室的新的策劃方式讓「創意」而不是出版機構的「級別」成為文化傳播的首要因素。與此同時，不同地域的經濟發展的不平衡也令人才的廣泛流動變得更加必要和容易，北京與上海都不再是吸引人才的唯一地區，更多的地區包括西部地區也擁有了自己的某些生存「優勢」。這有利於重新匯聚人才，彙集文學研究的新的力量，並最終改變知識份子聚集的地區格局。

　　在我們的「中國少數民族文學」的學科內部，也不斷出現了多種聲音，

　　長期被視作邊疆的知識體系的少數民族知識也擺脫了簡單的「文化戍邊」的意義，正在不斷被挖掘出內在的個性魅力。在文學研究領域，甚至固有的「少數民族」概念也逐漸為「多民族」所取代，形成我們對問題認識的新的知識視野。自 2004 年以來，「多民族文學論壇」已經連續舉辦了五次全國性的研討會，對少數民族文學研究方面的諸多問題如少數民族文學史的書寫、作家身份與民族身份的認同問題進行深入討論，形成了「中國文學史應該是多民族文學史」的共識。《民族文學研究》2007 年第 2 期開始設立專欄，就「構建『中華多民族文學史觀』」的問題展開討論，在國內學界產生很大影響，吸引了包括中國現代文學研究界、中國比較文學研究界等多學科學人的參與。如果這樣的局面能夠持續下去，不僅將有效地刷新中國傳統意義的「少數民族文學」研究的格局，而且會推動整個中國文學的健康發展與現代文化觀念的全面更新。

從進化論的時間到區域論的空間

　　對主流文化現象之外的更為豐富的民國歷史事實的發掘中，地方性知識具有特殊的價值，而地方性知識的地位上升，也就意味著一個重要的學術視野的轉變，這就是對進化論意義的「時間」的重視逐步讓位於對區域論意義的「空間」的重視。

空間與地域（區域）所揭示的問題不僅僅是文學研究的新的「關注點」與「生長點」的問題，在根本的意義上，它就是文學體驗的深層根據。

以我們的中國現當代文學為例，不難看出，正是空間意識與區域意識的覺醒，才推動了文學研究的深化和發展。

但是，這一認識的理性自覺，卻還是最近幾年的事情，在一個相當長的時期中，我們更注意的是「時間」與所謂「時代思潮」。

這在很大程度上來源於「進化論」對於中國現當代文學的重要影響。

眾所周知，如同「進化論」是推動現代中國思想文化發展的重要動力一樣，中國現當代文學研究也一直在「不甘落後」、「迎頭趕上」的焦慮中發展自己。能夠抓住「時代發展的需要」完善自己，曾經是文學史研究的主要著力點，這樣的學術框架可以被概括為一種對「時間意義」的挖掘。

大家知道，中國的文學史通常被我們置放在運動變化的邏輯上來加以梳理，這就是所謂「時間意義」。新時期以來，人們對於中國現當代文學史的處理，都不斷在這一向度上來討論問題：「二十世紀中國文學」概念的提出當然是為了反撥文學對於政治的依附，但問題的著眼點卻是「時間」，利用「二十世紀」一說，通過前移與後挪，政治關鍵點的價值就從文學視野中淡出了；海外（美國）漢學形成了對中國現代文學「五四起源觀」的挑戰，雙方爭議的焦點也集中於究竟「五四」還是「晚清」可以成為歷史的起點；嚴家炎先生最新的「二十世紀中國文學史」論著，其亮點之一就是將現

代文學的起點前移至黃季同發表《黃衫客傳奇》；蘇州大學更是繼續前移，納晚明入「現代」的設想。

當然，除了「起點」之爭，中國現當代文學史經常需要我們回答的還有「分期」問題。所謂中國現代文學「三十年」的經典分期已經深入人心，當代文學分割出了「十七年」、「文革」、「新時期」、九十年代與「新世紀」等等，這裡的核心概念依然還是時間。

但是，僅僅是「時間」，似乎並不能揭示文學史研究今天面對的許多問題。

例如，近年來學界關於「民國文學史」的討論，這個概念的提出究竟可以為我們的研究貢獻什麼新的思路呢？有學者據此提醒我們注意辛亥革命至五四新文學運動「被人遺忘」的幾年，這自然是進一步完善了中國現代文學的來龍去脈。但是，補充了這幾年，文學史的價值是否就完整了呢？當然，也有學者提出了新的懷疑：文學史的時間起點是不是一定與政治一致？是否政治革命一發生，文學就順勢而動了呢？換句話說，「這幾年」是不是真的那麼重要？

在我看來，可能，根本的問題還不在時間上的糾纏和討論，重要的也不在遺忘或者補充幾個被淡忘的年頭。今天，應該特別重視文學史的另外一重意義 —— 空間的意義。

強調文學史流變的時間意義，基於這樣一種假設：文學史是隨著時代的變遷而不斷發生改變的，所謂「一時代有一時代的文學」。顯然，這裡包含了某種比較簡單的「進化論」思想，這裡不是說文學與時代變遷無關，而是說真正的變化必須引入另外一個重要的視角 —— 空間。二十世紀如愛因斯

坦、霍金等人的宇宙觀恰恰給予了我們更為豐富的「相對」性的啟示：沒有絕對的時間，也沒有絕對的空間，時間總是與空間聯繫在一起，不同的空間有不同的時間。這正如當代科學巨匠史蒂芬·霍金所指出的那樣：「相對論迫使我們從根本上改變了對時間和空間的觀念。我們必須接受的觀念是：時間不能完全脫離和獨立於空間，而必須和空間結合在一起形成所謂的時空的客體。」[11]這樣表述並不是一種文字的遊戲，而是意味著一系列新的解釋文學發展的思維框架，抓住了「空間」，抓住了文學生長的地域，我們其實也就把握了感受的起點，捕捉到了變化的蹤跡。例如在關涉中國現代文學的下列重大問題上，因為有「空間意識」的引入，我們的結論和研究格局就可能發生巨大的改變。

其一，什麼是中國文學的現代性。過去我們對「現代性」的認識是置放在整個世界文化與文學共同進程之中，辨析資本主義文化的東移，討論西方文化的「中國化」過程，這裡雖然包含了某種空間的意識，但整體的時間流動依然被看作是根本的動力。中國現代作家與外國文學（尤其是與西方文學）的關係被視作一系列新變的源頭。但是，如果引進空間為基礎的概念可能情況就大為不同，這就是今天國外學術界也逐步討論到的思維「世界現代性」或「多元現代性」，也就是說，所謂的現代經驗完全可能在不同的空間、不同的區域各自發生。

進入「現代」的中國，當然也進入到了一個全新的時間

---

11 [英]史蒂芬·霍金：《時間簡史》21 頁，吳忠超譯，湖南科學技術出版社 2002 年。

概念之中。傳統的「五德終始」、「陰陽迴圈」的歷史意識遭受到了「物競天擇，適者生存」的進化性時間意識的衝擊，自此，中國人對於發展的渴望，對於進步的期盼和對於新奇的嚮往都暢行無阻起來。但是，我們所謂的歷史時間的發展與迴圈都主要還是以觀念形態存在著（也正因為它是觀念的，所以今天的西方知識份子才對「進化」提出了異議），這與人的最基本的人生感受還是大有區別的。一旦中國知識份子真正進入到自己對於現實人生的直覺感受的狀態，那麼他們最真切的體會就不會再是什麼現代的進化，因為對於每一個個體而言，文化與人的進化都是複雜而緩慢的，幾乎就很難為我們所感知；相反，時時刻刻都存在和凸現著的正是我們排除社會阻力，擴大生存空間，實現自我人生的問題。現代中國的「現代」意識既是一種時間觀念，又是一種空間體驗，在更主要的意義上則可以說是一種空間體驗。對於現代中國的思想形態是如此，對於文學創作就更是如此。

　　魯迅的日本體驗給了他新文學創作的重要啟示，但李劼人卻不是在留學法國以後才開始了白話新文學創作的，時間甚至比魯迅還早，在成都這樣中國本身的近代都市也可能誕生自己的現代文化的形態和要求。在今天，考察李劼人的現代意識，肯定與魯迅等其他作家並不完全一致。就像鄧么姑與祥林嫂，與繁漪根本不同一樣。

　　其二，只有抓住了空間，才根本上把握住了文學發展的細節。最近的民國文學討論中，曾經有學者擔憂，民國從北洋政府、國民政府到蘇維埃政府、邊區政府等等，如此不同，怎麼便於「整合」在一起呢？其實，這種整合不同區域、不

同空間才能寫文學史的認識還是忽略了文學存在的根本 ——
空間，依然將共同的時間意義的尋找作為文學討論的目標。
其實，中國現代文學之所以如此豐富多彩，恰恰就是因為民
國社會的特殊的空間破碎性給了文學發展不同的空間背景，
北洋政府的文學空間場域與國民政府不同，延安文學與國統
區文學根本不同，乃至重慶的大後方文學與昆明的大後方文
學也大相徑庭，七月派存在的中心 —— 重慶與中國新詩派存
在的中心 —— 昆明與上海各自的空間意義差異很大。

　　第三，空間意象往往是作家捕捉感受的基礎，也是我們
藉以窺視作家精神世界的一把鑰匙。但現在的問題是，我們
總是願意強調作家的「時代意識」，而忽略了支持這些「時
代意識」的具體的空間意識，這樣一來，現代作家的獨創性
很可能由此被掩蓋。例如巴金的《家》被我們一直當作反叛
封建家庭文化的表現，如若僅僅是這樣，家族文化就不只是
巴金的感受和發現，甚至，也遠遠不及中國古典小說的巔峰
之作 ——《紅樓夢》。但是，問題在於，批判封建禮教、反
思家族文化這些概念本身就是「時代的命題」，換句話說，
也屬於中國現代文學研究「時間意義」的主題，並沒有完全
揭示巴金的具體空間感受。回到巴金的空間意象，我們可以
發現，這裡不是在抽象地議論家族禮教，而是講述成都「高
公館」的生存問題，而公館，恰恰並不是簡單的農業時代的
封建莊園，而是近代城市文明發展的產品。公館屹立於民國
時期的城鎮，建築形態中西結合，生存方式亦新亦舊。高公
館不是封建官宦的賈府，也不是才子佳人彙聚的大觀園，而
是特殊的中國式商業城鎮的市民空間。在這個空間，悲劇緣

何產生，不是簡單的「封建」二字可以完全解釋的。當然，高公館也不同於李劼人的郝公館，這裡涉及一個作家如何權衡「空間意象」與「時間意象」的關係。事實上，我們可以發現，越是具有強烈的空間意象的捕捉能力的作家，其獨創性也越大。

總之，在經歷了漫長的時間焦慮之後，中國現代文學研究應該進一步強化自身的「空間意識」。如果說，我們曾經以對「時間意義」的敏感拉動了文學史研究的發展，那麼，對「空間意義」的關注則可能深化我們的歷史認識，在這個角度上說，我甚至這樣認為，中國文學史研究（尤其是中國現當代文學史研究）的「空間時代」已經到了，我們需要特別加以注意，更期待我們以自己努力的工作，自覺匯入。

語言的整合與歷史情境的整合

民國文學的研究強調對民國時期的生存空間的關注和挖掘，這只能說是近年來文學研究的趨向之一。除此之外，對於文學語言的重新重視，並以此為基礎，對中國現當代文學進行新的整合和闡述，也是頗有影響的學術動向。這兩個趨向有什麼差別和聯繫，又能否形成有益的互補呢？

提出「漢語」的文學史概念是近年來學術的重要動向，其意義也是不言而喻的：這樣一種回歸文學「語言」本質的方式不僅可以整合新文學史中的多種政治板塊的文學現象，充分關注其內在的屬於中華文化的精神聯繫與事實上的互動關係，而且便於將大的中華民族範圍的多民族複雜生存的文

學現象「單純化」，排除掉因為其他民族語言文學相互混雜的難以統一敘述的困難。

在更為宏闊的意義上，我們可以發現，「漢語文學史」、「華文文學史」、「現代漢語文學史」等等不僅昭示了一種已經付諸實施的文學史寫作框架，更包含著影響未來學術思維的理論預想。其意義不僅僅在於我們可以討論的一系列以「漢語」命名的文學史新著，而且可以啟發我們重新深入思考這樣的認知格局可能的成效和問題。

我覺得，在沿著「漢語文學史」推進的學術道路上，有三個方面的問題需要我們加以認真勘探。

一是「語言」的認識框架能夠解決什麼範圍的問題。一方面，文學固然是「語言」的藝術，但是在另外一方面，文學又不僅僅是「語言」的藝術，尤其是近百來的中國（中華）文學，在事實上與更多的社會歷史、思想文化問題深深地糾纏在一起，單純的「語言」框架是否能夠有效地對應歷史「故事」的複雜性？同時，對「語言」的依託又會在外延上極大地擴充現代文學的敘述物件，除了台港澳，更有東南亞華人居住國家，甚至世界各華人居留國的漢語文學創作也包含其中。進一步說，世界各國非華人的偶然個別的漢語作品也有進入的資格，這樣一來，一部「漢語文學史」幾乎等同於「世界漢語文學史」！如此不斷擴大的學術研究邊界是否會最終分離我們敘述的統一性，使得我們的研究最後淪為一種沒有文化認同感的各國文學現象的混雜和拼貼？

在這個時候，追求語言單純性的優勢似乎就可能不再存在，新的敘述物件的臃腫令我們不堪重負。對此，我們需要

有足夠的警惕。

二是我們無法回避語言跨越問題的諸多複雜影響。

提出「漢語」是為了避開多民族多語種的中華文學創作的繁複性，問題是，我們是否真的可以借助語言的單一框架掙脫多種語言糾纏的繁複格局呢？其實是很難的。

實際上，語言的分類並沒有完全解決文學的分頭敘述的問題，20世紀中國文學生存的有一個事實值得注意：一系列多重民族身份的作家已經構成我們文學的重要現象。他們本身處於多種語言與多種文化的糾纏和衝突當中，這種既與語言相關又與政治權力與文化權力相關的文學心理產生的效應是跨越民族，也跨越語言的。

近年來，我們有機會參加了一些少數民族文學問題的討論，深深感到與我們不同的但同樣屬於現代新的文學圈子中的知識份子的焦慮。陷入多重語言衝突與文化衝突的少數民族作家一方面運用「漢語」寫作，另外一方面，在心靈深入的同時，卻不時沉浸於「尋找母語」的夢想，甚至因為無法「尋找母語」而痛苦彷徨。

所以，我以為，所謂「漢語文學史」的一些重要問題其實又超越了語言問題本身。

很可能，已經超出漢語邊界的少數民族文學問題依然在影響著我們的「漢語文學史」的建設，我們必須正視這樣的現實。

現代中華文學格局中的少數民族文學問題與「少數民族」命名的政治文化內涵關係密切，作為文學的「少數民族」的存在本身就包含著值得反思的知識/權力關係。

　　「少數」當然是作為「多數」的對舉。那麼，作為漢民族的「多數」固然有著文化的同一性，作為「少數」的其他民族是否也是如此呢？顯然不是，因為，「少數」之名義下其實包含了眾多的民族，它們各自有著完全不同的歷史、文化甚至信仰。「少數」的得名本身也來自特定的政治需要，而非描述精神現象的「文學」的要求。前文所述，20 世紀 20 年代在我國首次出現「少數民族」一詞，它先後出現於 1924 年 1 月的中國國民黨與 1926 年 11 月的中國共產黨的命名。在那時，「少數民族」這一概念所包含的主要就是現代中國政治的特定歷史目標。作為現代政治的訴求，它自有其不容忽視的歷史價值，但是，一旦離開特定的政治領域，我們就應該承認，對多民族身份這樣的籠統的劃分以及它們劃分背後的二元對立式的思維方式很可能構成了對更複雜的精神問題的掩蓋。特別是在文化研究與文學研究的領域，我們的任務常常並不是「異中見同」而恰恰是「同中見異」，在這個時候，我們的學術目標其實是最大限度地呈現民族生存形態的多樣與複雜，這也就意味著，數量的多寡並不決定研究物件的價值，任何的「少數」本身就屬於一個獨立的整體，在精神闡釋的意義上，眾多的不同的「少數」都應該進入我們的視野。

　　追隨政治的命名，過去的中國文學史依然籠統地收納原本豐富的多民族文化現象，使之在「少數民族」之名下被打包「統一」。其實，我們的文學史描述從來也沒有擺脫單一的漢民族中心的審美趣味與思維方式，也就是說，常常是自覺不自覺地在漢民族好奇的、求新逐異的視野中展現著「文

學的異域風情」。

問題的嚴重性還不在於這種描述方式本身，而是它在事實上形成的對其他民族作家的心理影響：文化擠壓和改裝的事實顯然對於置身於新文學歷史進程中的少數民族作家形成了複雜的心理影響，並通過他們的漢語創作曲折地滲透出來，如果不能自覺地體會到其中存在於語言文化板塊之間的尷尬和困境，我們也難以細緻體會出其漢語文學創作中的微妙心理。

其三，在語言跨越問題的背後，還包藏著更為普遍的知識/權力問題，這就是地域知識的不平等問題。包括今天的「漢語文學史」敘述的眾多文學史著，其基本的敘述方式還是在一個更大的中華文化的格局中展開的。中國/西方、傳統/現代之類的宏大問題是我們解釋文學現象的最基本的「知識」，任何個體的作家都一律被我們納入這樣一種最具有普遍意義的「認知共同體」中加以說明，這當然具有它的重大的合理性，但是，仔細觀察，我們也能發現，這裡其實也忽略了許多個體作家的複雜性，而個體作家的複雜體驗又關乎著知識建構的地域特徵。

中國傳統文化的固有的金字塔結構造就了政治文化權力的不平等性，也可以說是主流文化在區域分佈上的文化等級現象：不同的區域並沒有文化觀念上的平等權利，以京城為中心的文化理所當然地具有更高的文化支配權與發言權，位居「中心」的知識份子專斷著中國文化的解釋權、主導權。進入近現代社會以後，由於文化發展的資源開始改變了方向，域外文化成為新的文化發展的動力，唯一的「中心」文

化也產生了某些調整，單一的北京中心演變為北京—上海的
雙中心結構。這樣的格局一方面固然可以解釋現代文化發展
與文學生產的諸多問題，但是也可能令我們忽略更多問題的
細節，例如在更為廣大的中國作家的生存區域，他們各自的
體驗與知識成長具有怎樣的過程，實在值得我們深究。而前
面所謂的少數民族作家的體驗，更是因為具體地域知識的差
異性而可能呈現為完全超出中國/西方、傳統/現代宏大敘事
的邏輯。

　　這裡需要強化的認識恰恰是我們所忽略的「地方性知
識」。如前所述，由美國文化人類學家柯利弗德·格爾茲教授
（Clifford Geertz）提出的這一概念，乃是出於對普遍主義與
本質主義的批判，柯利弗德·格爾茲教授所強調的是那種有別
於統一性、客觀性和真理的絕對性的知識創造與知識批判。
只有重視「地方性知識」的發掘，我們才能理解和解釋中國
現代文學發生發展的諸多細節，也才能更深入地說明中國作
家在承受西方文化影響的時候能夠充分展示自身創造性的根
本緣由。因為，從自身「地方」體驗出發批判性地呼應「世
界」的潮流卻恰恰是包括魯迅在內的中國有識之士的基本選
擇。當近現代中國的知識份子面對來自其他文化的重大衝擊
的時候，他們最終提出諸多問題並不屬於西方或者抽象的「世
界」，而是環繞於他們自身生存現實的，屬於「地方」的思
考，也就是說，離開了對「地方性知識」的深入把握和體察，
我們就可能忽略甚至扭曲中國現代文學發展的一系列事實。

　　但是，直到今天，我們可以讀到的中國現代文學史著作，
依然將整體的中外衝突或古今矛盾作為最主要的文學知識背

景，對地方性知識的關注，對地方性體驗的發掘繼續成為學術討論的盲區。包括「漢語文學史」在內的建設很可能將主要的注意力放在「官方漢語」（普通話）寫作的描述中，而支撐作家母語本能（寫作無意識）的方言土語（包括少數民族語言）依舊被拋棄在整體描述的視線之外，這裡的知識/權力關係特別值得我們檢討。

以上所述可能是從語言現象出發整合文學發展的一些值得警惕之處，但是在另外一方面，包括民國文學研究在內的任何文學史又離不開對語言現象的理解和認識。在這個時候，如何有效地把握我們自己的語言意識，在民國時代的生存觀察中「內化」語言的體驗和感受，卻是我們必須面對的事實。在這個意義上，突出和強化「現代漢語」之於現代中國文學的意義，的確又顯得十分難得。沒有這樣的學術提示，我們的民國文學研究很可能因為強調「社會歷史」環境而偏執地脫逸了對文學細節的諸多感悟，就像我們今天看到的一些「文學研究」一樣，有了大篇幅的歷史敘述，卻遠遠離開了文學作品本身。

我們所謂的「民國機制」原本應該包括兩個有機的方面：文學之外的機制與文學內部的精神機制，而文學內部的精神機制，就凝結在語言現象之中。

如何將「語言整合」與「歷史情境的整合」有機結合，這才是「文學的民國機制」所尊崇的學術道路。

「漢語文學史」研究在今天，依然是一個前景值得期待的課題。

地方性文學報刊之於中國現代文學的史料價值

民國文學研究自然也涉及民國時期的文學史料問題。

對於民國時期主流文學史料的進一步勘探、辨析是一方面，對另外一些極易散失的材料加以特意的搜集、整理也十分重要。

近年來，隨著人們史料意識的提高，大量報刊成為專業人士搜集、查考、研究的物件，除了學者們的投入外，更有龐大的碩士、博士研究生紛紛將這些報刊選擇為畢業論文，為此，甚至基本形成了一套有序的研究模式，照章操作幾乎可以保證論文達到一定的水準且獲得可以預期的成果。這些情形的出現為我們保存、打撈文學史料無疑發揮了明顯的作用。

但是，值得注意的是，目前我們業內人士關注的主要報刊還是具有全國性影響的部分，如《新青年》、《新潮》、《大公報》、《晨報副刊》、《中央日報》、《新華日報》、《解放日報》、《時事新報》、《現代》、《新月》、《小說月報》、《抗戰文藝》、《文藝復興》等等。固然這些報刊上刊載了中國現代文學的最重要的部分，包含了社會文化最集中的資訊，勾勒出了中國現代文學發生發展的主要脈絡，但是還有一部分資源卻尚未引起我們足夠的重視，或因為客觀條件的限制，尚未得到有效的利用，這就是地方性文學報刊。本文以近年來搜集整理的一些地方性報刊的史料價值為例，談一談加強這方面工作的特殊意義。

從總體上看，加強對地方性文學報刊的整理和研究工

作，至少具有這樣幾方面的意義。

首先，中國文化的獨特的區域分割特徵造成了「知識」的區域隔離，必須跨越區域的限制才能更充分地掌握文化與文學的諸多資訊。傳統中國社會農業文明存在區域差異和我國巨大的東西南北的地理及文化的不同，雖然到了現代一體化的工業文明進程之中，也無法完全改變這一現狀，新文化運動展開將近十年了，四川萬縣的何其芳「還不知道五四運動，還不知道新文化，新文學，連白話文也還被視為異端」。[12]直到 1930 年代初還沒有聽說過五四，那麼他的知識結構是怎麼建立的？什麼樣的地方讀物與家庭讀物影響了他？何其芳早期詩歌和散文中濃厚的晚唐風韻莫不與這些「五四之外」的閱讀有關。

其次，現代中國的戰爭經歷造成了一些重要文化人士與作家的全國性流動，他們的聲音和書寫痕跡留在了另外一些可能意想不到的地方，需要我們仔細尋覓。特別是抗戰，大批作家來到了重慶以及其他的大後方，這裡固然也有全國性的遷移過來大刊大報，但也有不少的地方性報刊，有不少作品散落在地方性報刊上，而這些報刊往往生存時間不等，知名度有限，常常在人們的視線之外。但是可能包含很重要的資訊。進入它們，就進入了一個新的世界。

例如 1937 年所謂八百壯士守衛四行倉庫實際為四百多人的加強營，為什麼叫八百壯士？最早披露是該營長楊瑞符發表在四川合川縣《大聲日報》文章，楊瑞符脫險後於 1939

---

12 方敬、何頻伽：《何其芳散記》22 頁，四川教育出版社 1990 年。

年 6 月 12 日在四川省合川縣《大聲日報》上，發表了《孤軍
奮鬥日記》，他在這篇日記裡回憶說：

> 我們的傷兵，因為醫藥困難，就請外面向美國駐軍交
> 涉，請代為設法將傷兵運出去，美國駐軍同意後，我
> 囑咐出去的傷兵說：有人問，四行倉庫究竟有多少
> 人？你們就說有八百人。決不可說只有一營人。後
> 來，轟傳全世界的八百孤軍的數目，就是這樣來的。

　　《大聲日報》不過是地方報紙，難以收入國家圖書館縮
微，但它不僅發表過楊瑞符的回憶，也發表過著名作家路翎
的系列重要作品。路翎抗戰初逃難經武漢，報名流亡學生登
記，流亡到四川，就讀國立二中高中，投稿《大聲日報》，
後來為《大聲日報》編《哨兵》文藝副刊。目前僅有少部分
存放北碚圖書館，而且已經不全。數年前，作家出版社朱珩
青女士為了撰寫《路翎傳》到重慶北碚尋訪史料，我陪同她
一起在北碚圖書館紅樓搜索到了民國二十七年十一月（1938
年 11 月）以後的《哨兵》副刊，到 1939 年 4 月 2 日「告別
哨兵」，共 15 期，其中路翎本人作品有 8 件：

我們的春天（詩）	署名「莎虹」
哨兵（詩）	署名「丁當」
響應義賣義演獻金活動（散文）	署名「莎虹」
在空襲的時候（散文）	署名「莎虹」
國防音樂大會（散文）	署名「莎虹」

告別了，哨兵（散文）	署名「莎虹」
歡迎新夥伴（通信）	署名「哨兵」
朦朧的期待（小說）	署名「流烽」

　　而其他作品包括小說《空戰日記》，散文《美人蕉》、《縣政府前的垃圾》、《燈紅酒綠》、《談「紅蘿蔔鬚」》、《薔薇》等已經不可尋。現在能夠找到的作品也沒有收入《路翎文集》，而就是這些僅存的文字也包含了相當重要的文學資訊。在像《朦朧的期待》這樣的以日軍為描寫對象的在當時不多的反戰小說中，路翎刻畫人精神世界的才能已經初露端倪了，例如：

　　曹井心裡的悒憂擴大了，像這北中國秋天草原的霧。起先偶爾想起遺留在遙遠東方的老幼，接著，所有的怨恨便在他心裡爆裂，霧在草原上彌漫起來，一雙大手把世界隔絕了，而且重重地壓在曹井的心窩，原野在延（＊）著似的昏暗下去。冷冽的氣流漫進單薄的皮衣，曹井在顫慄（＊）晃了，怒氣從腳頭漫出，他猛地踢著腳下被浸（＊）的枯草。
　　1939 年 1 月 8 日《大聲日報·哨兵》，（＊）為原文無法辨認之處

　　不久以後，在為撰寫《七月派作家評傳》搜集材料的過程中，我又在重慶復旦大學的《中國學生導報》上發現了路翎的另外一篇重要佚文《熊和它底謀害者》。

　　《中國學生導報》是一份由重慶復旦大學學生發起、中共南方局介入領導的左翼報紙。1944 年 7 月 4 日下午，復旦大學約 30 名學生在夏壩嘉陵江畔的「江風」茶館舉行了中國學生導報社成立大會，正式開始籌辦《中國學生導報》。「中導社」成立伊始，便得到中共南方局青年組的具體領導，為了獲得政府宣傳部門的批准，由在復旦任教的張志讓介紹，約請當時重慶三民主義同志會負責人 ── 在重慶大學執教的甘祠森擔任發行人，經過甘祠森多方努力斡旋，獲得正式批准。1944 年 12 月 22 日《中國學生導報》正式創刊，這天出版的《新華日報》在第一版右上方刊登了一個醒目的廣告：《中國學生導報》出版了。沈鈞儒、史良、鄧初民、張志讓、洪深、潘震亞、章靳以等也都給予了大力支持，史良還在經濟上給以較大幫助。甘祠森還托何其芳、葉以群代約一些知名作家為《中國學生導報》撰稿。中共南方局青年組每月撥給 5 萬元的出版經費。1946 年 5 月，《中國學生導報》從 38 期開始，分別編輯出版上海版（「滬版」）和重慶版（「渝版」）。滬版出了四期休刊，後因政治形勢急劇變化而未曾復刊。渝版在抗暴運動中仍繼續出版，一直堅持到 1947 年 6 月才停刊，共出版 56 期，總體還是在重慶生存，現在國家圖書館有部分縮微膠片可查。

　　1944 年 4 月到 1946 年 6 月，路翎任職於燃料管理委員會北碚辦事處黃桷鎮管理處，與黃桷鎮上的復旦大學學生多有往來。1945 年 1 月 12 日他在《中國學生導報》發表《熊和它底謀害者》，從民族文化精神的角度談論反法西斯戰爭和民族文化精神，是路翎作品中少有的文化評論，其中對落

後民族身上的生命力量的挖掘完全可以幫助我們從一個更深的角度理解路翎所激賞的「原始強力」。例如他借用俄國作家赫爾岑的觀點，將落後的民族比喻為野蠻而「蠢笨」的「熊」，而「先進」的西歐民族則是「獵熊的風雅浪子」。不過，路翎又更為深刻地指出，在反法西斯的今天，所有的民族和所有的文化都在經歷著巨大的變革：

> 即使曾經是最蠢笨的「熊」罷，但今天它已經怎樣智慧又怎樣敏捷地站起來，向前飛奔和障礙搏擊而且勝利，是世人都知道的；而「熊」欺騙者，他們已不復再是先前的浪子，那些法利賽人，那些毀滅公眾生活和家庭生活的敲詐者，今天則組織了叛逆的軍隊，蹂躪了任何文化和文明，連自己曾經戴過的假面具也在內，在西方和東方發動了匪徒的進軍。
>
> 完成了光輝的歷史底第一階段的「熊」，在這一次的搏鬥裡將會完全勝利，朽腐文明底浪子，在這一次的搏鬥裡，假若他們是站在人類文化底正確方向，站在由全世界人民所負持的方向，那他們也會洗滌掉自己底虛榮心利欲心──而達到他們底祖先和子孫都在夢想的真正的飛升。民族性和文化底地理因素，並不是絕對的東西或基本的東西：基本的東西只能是在該一歷史階段上的人民底方向。
>
> 看他，幾世紀以來的慘痛的經驗，已經使「熊」知道怎樣攻擊和防禦，怎樣用智慧來防衛它底耿直的血了！

　　就是在這些鏗鏘作響、力透紙背的文字當中，我們可以讀出路翎對民族復興的設想：一方面發揚固有的生命本質 ── 或者是原始力量如「熊」，或者是風雅的文明如西歐浪子，另一方面卻在歷史的教訓中自我反省 ── 如「浪子」袪除虛榮心利欲心，而「熊」獲得了智慧。智慧與力量的結合，這是抗戰告訴路翎的民族復興之路，所以他格外關注那些生存在底層卻又保有生命強力的「黑色子孫」們，那些「饑餓的郭素娥」們，而剽悍、乖戾的流浪漢，倔強勇猛的山村女子，和「舉起他整個的生命在呼喚」的知識份子蔣純祖就是這一復興之路上的行走者。難怪胡風讀到《財主底兒女們》是如此激動：「在這部不但是自戰爭以來，而且是自新文學運動以來的、規模最宏大的，可以堂皇地冠以史詩的名稱的長篇小說裡面，作者路翎所追求的是以青年知識份子為輻射中心點的現代中國歷史的動態。然而，路翎所要的並不是歷史事變底記錄，而是歷史事變下面的精神世界底洶湧的波瀾和它們底來根去向，是那些火辣辣的心靈在歷史命運這個無情的審判者前面搏鬥的經驗。」（《財主底兒女們‧序》）他也像路翎一樣使用了「搏鬥」一詞！

　　今天，中國現代文學中的「校園文學」已經引起了越來越多的重視，不過，人們關注的重點還在那些充滿「藝術探索」精神的校園，如抗戰時期的西南聯大。其實，另外有一些頗具個性特色卻因為種種原因而史料保存不足的校園恰恰更需要我們倍加留意。

　　與當時的路翎交流的重慶復旦大學曾經是有過一群十分活躍的作家，他們以各種文學壁報為陣地，發表了大量文學

作品，形成了關懷現實政治、思想激進、與昆明西南聯大風格有別的抗戰校園文學。除了文種社得到《新蜀報》、詩墾地社得到《國民公報》支持外──《新蜀報》的總經理周欽岳臨時受聘在復旦擔任新聞系學生的新聞評論寫作課，專門在《新蜀報》開闢了文藝副刊《文種》，從 1938 年 1 月 31 日到 1939 年 1 月 15 日出了第 45 期；詩墾地得到復旦教師章靳以的鼓勵，章特意將自己在《國民公報》主編的《文群》副刊每月讓出兩期版面，供他們編輯《詩墾地》副刊，從 1942 年 2 月 2 日至 1943 年 5 月 29 日，共計 25 期──其他大多數文學社團只能以壁報形式展示自己，《抗戰文藝》、《文藝墾地》、《夏壩風》及其副刊《文學窗》（束衣人等主編）、《復旦壁報》、《風牛馬》、《榴紅》、《聲音》、《嘉陵風》、《文藝信》、《縠風》、《政治家》等都是當時影響很大的壁報，至 1944 年春，壁報已達數十種。

壁報本身是很難保存的，所以要再現當年的校園文學盛況實屬不易，其中偶爾保存下來的資料就彌足珍貴了。其中，《文學窗》的作品的保存成了今天幾乎唯一的壁報風景的記憶。《文學窗》所屬的「七人文談社」曾經是 1940 年代中期重慶復旦人數最多、影響最大的文學社團，由束衣人（石懷池）發起，到 1945 年上半年，跨社團者不計，成員已達 50 人左右。《文學窗》最初每期一張，1945 年春，擴大為每期 4 大張，分別為文藝理論與批評版、小說版、詩歌版和綜合版（散文、雜文、讀書隨筆、漫畫等），以後相繼創辦了三個專輯類的壁報《風牛馬》、《榴紅》和《聲音》。1946 年初，經由冀仿幫忙，應復旦校友、開封《中國時報》的文藝

副刊創辦人郭海長之約，將壁報《文學窗》刊登的稿件加以
剔選，發表在《中國時報》上，自 1946 年 1 月 11 日到 1947
年 2 月 9 日，共出了 23 期，編者署名「文學窗社」。重慶北
碚的這一處文學壁報終於在千里之外的開封面向了中國社
會，開封的這家地方報紙副刊出人意料地承載了重慶的抗戰
校園文學。

　　再次，重視地方性文學報刊也與中國出版的物質條件有
關。中國印刷出版物質基礎薄弱，紙張品質、印刷技術有限，
加之如抗戰的經濟困難，如果再有政治方面的某些禁忌，地
方報刊獲得保存的可能性減小，損失乃至消失的可能性隨著
時間的流逝大大增加。到今天大半個世紀過去，幾乎到了壽
命極限，十分危險！由於其整體的社會文化意義還沒有獲得
廣泛認可，及時進入數位化保存還有各種難度。這樣，我們
今天在需要尋找民國報刊史料之時，這些地方性的報刊將越
來越成為稀缺之物，如不加以及時的搶救性發掘和保存，損
失將難以彌補。例如 1915 年，李劼人開始在樊孔周創辦的《四
川群報》擔任主筆，到 1918 年 6 月該報被封為止，以「老懶」
筆名發表短篇小說 100 多篇，其中 40 餘篇以《盜志》為題，
暴露社會諸多黑暗面，此外還包括雜文、評論等多種文體。
這是五四以前，觀察京滬兩地之外的文學發展情形的十分寶
貴的史料，可惜因為保存不善，現在已經無法見到。

　　相反，如果我們今天能夠對地方性文學報刊引起相當的
重視，盡可能地做好對它們的打撈、整理和研究工作，不僅
可能在中國現代文學的研究格局中增加許多意外驚喜，得到
許多細節上的豐富，同時從長遠來看，更有利於從一些新的

角度和立場上拓寬現代中國文化的研究空間，這就是「地方性知識系統」的建構。過去我們的中國現代文學研究系統，是在一個「高大全」的外在邏輯中建構起來的，既然現代化的思想來源常常還在西方，既然中國文學與文化的現代化理想是通過五四，通過北京、上海幾個首開風氣的城市輸入的，那麼五四自然而然就成了我們的熱門話題。而我們關於五四的談論其實一直都還停留於北京、上海的幾個少數的大城市的「運動」，當時西南能夠購買《新青年》的確也只有成都的華陽書報流通處。但是，現代中國文化究竟還不單單是北京、上海這兩個城市的文化，到底在更廣大的地方中國是怎麼獲得五四新文化影響的，廣大中國地區的「現代文化」怎麼建立的，這些地區的普通中國人心態如何，如何理解新文學？都需要從地方性的出版物、地方性的報刊一窺真相。我認為，在全球化 ── 發達城市現代化 ── 後發達地區逐漸開化這樣一個敘述邏輯之外，還存在另外一條邏輯系統：地方性知識如何面臨重新建構，如何自我調整和融合。而且，對於文化的最終發展境界來看，也不是地方知識放棄自我融入全球化與統一的現代化（那可能是最糟糕的現代化），而是地方文化重新找到了屬於自己又能與其他文化有效對話的，是舊的地方性知識有所揚棄，而新的地方性知識得以建立的全過程。北碚曾經是遠離重慶的一個小鄉鎮，直到 1930 年代中期依然偏僻落後，土匪出沒，北碚現代化的開始得力於盧作孚 1927 年開創的嘉陵江三峽地區的鄉村現代化建設。到抗戰期間，這裡已經成為初具規模的現代山水園林小城，人文薈萃，被譽為「陪都的陪都」。這一切的現代文化歷程都被

創刊於 1928 年的《嘉陵江報》（1931 年 1 月改為《嘉陵江日報》）作了完整的生動的記錄。一個地方如何逐步進入現代文明，或者說現代文化如何在一個內陸小城生長起來的，《嘉陵江報》（《嘉陵江日報》）可謂就是最好的史料。至於現代意義上的白話文學如何在重慶這樣的內陸城市獲得影響，又如何影響了普通市民的閱讀，則可以通過《渝報》（1897）、《廣益叢報》（1903）、《新蜀報》（1921）的副刊專欄設計加以分析。

在這個意義上，反映地方性知識的地方報刊在將來可能不僅僅是我們主流報刊研究的補充和陪襯，而它們的學術意義本身就可能獲得進一步的提升，地方所包含的「主體價值」可能得到新的發現。

「本土化」問題的「主體性」解決

近年，在重塑中國學術話語的過程中，出現了越來越多的回歸「本土」的呼聲，「本土化」成為一個高頻率出現的詞彙，這與我們宣導回歸民國歷史、發現中國自己的學術方式顯然相互溝通。不過，在實際的闡述中，我們又能感覺出其中的某些微妙的差異，如何將兩者的積極意義更好地貫通起來，實現真正的學術互助，是一個有意思的話題。

貫通和互助其實需要從其中的微妙差異說起。

在反思「全球化」理論的過程中，「本土化」問題的提出確實帶給了我們重新認識自我的機會，但是，怎樣的「化」才夠解決文學思想發展的根本問題呢？我們以為值得進一步

思考。

　　不僅是在文學領域，幾乎在所有的人文社會科學領域，我們的學術研究在今天都能夠體會到一種巨大的焦慮。當中國從鴉片戰爭之後被迫納入全球現代性進程當中的時候，正因為帶有被迫的因素，一方面用他者的眼光來打量自己，學習他者先進的東西，一方面對他者又不無懷疑，不無警惕，焦慮感便不可避免地產生，如影隨形。一邊渴望著與世界交流對話，一邊又擔心著外來文化對中國文化形成侵蝕，「本土化」問題的產生，正是這種焦慮感的產物。「本土化」問題的提出，並不始於當下，有關「本土化」的爭論甚至可以追溯到 20 世紀三四十年代，也不是現代文學學科獨有的現象，每一次「本土化」論爭的興起都是從其他社會科學開始又延伸到文學研究領域的。當下「本土化」（或是與之相近的民族化、中國化）問題作為一種思潮之所以被學者們長時間地爭論不休，更多的原因是中國面臨著民族復興的重任，面對全球化在世界範圍內的加快，人們產生了作為在全球化進程中的中國將處於一個什麼樣地位的焦慮。

　　在 20 世紀 90 年代之前，華人學術圈習慣用「中國化」這一概念，之後出於政治因素以及「本土化」一詞更加廣泛的學術蘊涵，臺灣早期宣導「中國化」研究的學者如楊國樞、黃光國、葉啟政等均將其改稱為「本土化」，這一變動直接影響到香港和大陸的研究。20 世紀後半期，華人學術圈就「本土化」（中國化）問題召開了若干次學術研討會，形成了一批具有一定影響力的成果，使得這股原本在社會學興起的「本土化」思潮，影響逐漸擴大。季羨林、張岱年等學者提出了

中國文化復興的宏大構想之後，國學復興之風便在學界日益
強勁；1994 年張法、張頤武、王一川在《文藝爭鳴》第 2 期
中發表的《從「現代性」到「中華性」── 新知識型的探尋》
在論述了「現代性」在中國的歷次重心轉移之後，認為在世
紀末現代性產生了嚴重的危機，主張用「中華型」代替「現
代性」，這一命題的提出，在學界引起了長時間的爭論，這
種交鋒甚至一直還在當下迴響，爭論顯得「本土化」問題的
日漸緊迫，「本土化」問題也由社會科學領域向包括現代文
學研究在內的人文科學領域延伸。

　　在現代文學研究領域，「本土化」問題更多的是作為一
種方法論對「全球化」理論對中國現代文學研究產生的影響
給予回應，在以下幾個方面產生了實效：對「全球化」以及
因「全球化」引起的「現代性」、「世界化」問題甚至海外
漢學對現代文學產生的影響的反思，比如溫儒敏的《談談困
擾現代文學研究的幾個問題》（載《文學評論》2007 年第 2
期）、李怡的《西方學術與中國問題》（載《社會科學研究》
2009 年第 2 期）、王澤龍的《中國現代文學研究中的幾個觀
念問題》（載《華中人文論叢》2010 年 6 月）等。這些論述
都看到了在全球化背景下西方理論的話語霸權，「全球化」、
「世界化」、「現代性」等理論對中國現代文學豐富性所造
成的遮蔽性，發現了海外漢學研究中國現代文學所造成的
「隔」，從而提倡現代文學研究向「本土化」、「民族化」
的回歸。重新發現現代文學中的「本土化」因數，比如賀仲
明的《文學本土化的深層探索者 ── 論周立波的文學成就及
文學史意義》（載《文學評論》2008 年第 3 期）、《如何重

估百年新文學的成就 —— 兼論新文學的本土化與民族化》（載《探索與爭鳴》2010 年第 5 期）、《本土化：中國新文學發展的另一面》（載《中國現代文學研究叢刊》2012 年第 2 期），楊春時、肖建華的《中國現代文學民族主義與世界主義的雙重變奏》（載《學習與探索》2007 年第 4 期）等，這些論文從不同的角度來重新發現現代文學發展裡面的「本土化」線索以及現代文學作家裡面的「本土化」成分，力圖證明在現代文學的發展中，「現代性」並不是唯一可以用來闡釋的理論，「本土化」、「民族化」給予新文學另外的闡釋空間。逄增玉的《本土化視野中的文學史思考與書寫》（載《學術交流》2009 年第 10 期）、許祖華的《兩套話語與中國現代文學史的編撰 —— 中國現代文學研究的知識學問題思考》（載《信陽師範學院學報》2009 年第 1 期）則將用「本土化」來思考文學史的書寫，可算是「本土化」理論的運用嘗試。與此同時，質疑本土化的聲音也一直不斷，王愛松的《文學本土化的困境與難題》（載《江海學刊》2002 年第 4 期）討論了文學的本土化命題存在著自身的複雜性和難題，蓋生的《文學研究本土化理論的局限與功用》（載《民族文學研究》2011年第 2 期）認為中國的文學研究所追求「西化的現代性範式」是歷史的選擇，「以本土文化自覺立場」研究文學還存在著諸多的理論局限，在本土尚未原發性創生出新理論之前，借鑒還是必要的。而王學謙、劉洋的《本土化：天朝心態的現代變型 —— 由「顧彬事件」引起的文化反思》（載《東嶽論叢》2011 年第 5 期）則認為「本土化」裡面摻雜著中國文化根深蒂固的天朝心態，其導致的只會是一種危險而病態的「被

看癖」。

　　「本土化」問題在學者們的爭執中前行，作為一種對抗西方話語霸權的敘述策略，「本土化」以一種關注中國文學自身的姿態引起了學界的注意。不可否認的是，我們在當前的現代文學研究中，在運用西方理論時存在著將西方理論絕對化、本質化的危險。隨著「全球化」而被大規模引進的西方學術資源，讓中國人既興奮又焦慮。從西方古典理論到最新的研究模式都被介紹進來，一股腦地套用在現代文學的各種現象之上，精神分析、原型批評、存在主義、新批評、結構主義、解構主義、文化批評等等似乎都在現代文學裡面找到了適合自己的土壤，現代文學變成了西方理論模式天然的試驗地。更重要的是，這種套用，讓我們對西方權威的理論家們產生了頂禮膜拜，似乎中國現代文學的所有問題，都在西方漢學家那裡找到了完美的答案。李歐梵對中國現代文學之「現代性」的審視、王德威在此前提下提出的「被壓抑的現代性」、黃子平對「革命歷史小說」的解析、劉禾的「跨語際實踐」、唐小兵的「再解讀」等現在都成了現代文學研究的基石，現代性成了裁剪中國現代文學的價值尺度。在這種情形之下，「本土化」問題的提出，仿佛逆時代潮流而上，「本土化」理論發現了西方漢學界研究中國問題時出現的「隔」，提出了「現代性」一詞並不能將中國現代文學的所有問題一網打盡，中國現代文學可以有另外的闡釋空間，這在當下全球文化同質性越來越嚴重的今天無疑是具有震撼力的。在從多個角度看待新文學自身的特點上，「本土化」問題給我們提供了更多的思想資源。

　　然而，問題的關鍵並不在此，如果說「本土化」問題的提出僅僅是作為反思「全球化」的一種策略，那麼，「本土化」問題本身並不能解決中國現代文學的獨特性在什麼地方這一根本性問題。中國現代文學的獨特性顯然不藏在我們是否參與「全球化」，是否討論現代文學中現代性到底有多少，現代文學裡面有多少東西是「本土化」了的等等之類的問題當中，中國現代文學的獨特性只能存在於現代歷史境遇裡面中國作家的創作與精神中，這不是空泛的理論爭論能夠解決的。「本土化」問題一開始就與「全球化」問題糾葛在一起的現象註定了其存在著與「全球化」出現一致問題的先天缺陷。「全球化」的問題在於其妄圖用一致的理論模式、思想資源去涵蓋所有文化中存在的現象，這種不顧各種文化具體的歷史境遇的涵蓋無疑將各種文化的豐富性給遮蔽了，將各種文化存在的複雜問題簡單化了。這就導致了現代性討論在中國出現了形而上學傾向，就理論談論理論，我們忽略了西方現代性理論產生的複雜背景，將現代性作為一種絕對化和本質化的東西，把中國現代文學劃為現代性的有無，忽略了中國現代文學個體問題的複雜性，造成了對中國現代文學豐富性的簡化和獨特性的抹殺。「本土化」理論本來是為反思「全球化」問題的「一刀切」而產生的，但其脫胎於「全球化」這一母體，「全球化」始終像一團巨大的烏雲遮蓋在「本土化」理論之上，「本土化」理論始終在「全球化」的理論陰影籠罩之下。

　　「本土化」一詞，英文「indigenization」，它由動詞「indigenize」變化而成，又譯為「本國化」、「當地語系化」

或「民族化」。在漢語中，「本土化」系「本土」一詞加尾碼「化」而構成。「化」字綴於名詞或形容詞之後，表示轉變成某種性質或狀態。從語義上說，本土化就是使某事物發生轉變，適應本國、本地、本民族的情況，在本國、本地生長，具有本國、本地、本民族的特色或特徵[13]。「本土化」這一概念的定性，本來就存在著兩個預設的前提，一是原本存在著一個具有我們稱之為「本土性」的東西；二是存在著一個他者的東西，需要我們將其「化」為具有「本土性」的東西。我們暫且不討論是否確實存在著一個具有「本土性」特徵的東西，先來審視一下「本土化」之必要性。如前文所說，「本土化」理論的出現是「全球化」影響而出現的焦慮，「全球化」對中國現代文學豐富性的遮蔽，對中國現代文學研究產生的「隔」，總而言之，也就是「全球化」理論在面對中國問題時出現的不適應，「本土化」理論就是要將這種不適應「化」為適應。為什麼會出現這種「化」呢？可以肯定的是，在自然科學領域，因為研究物件的客觀性，在西方存在的客觀物到了中國依然存在，研究的物件、研究的條件的不變，研究的方法自然可以不變，也就不存在什麼「本土化」與非「本土化」的問題。但是到了人文社會科學領域，在西方可以通行無阻的研究方法、理論模式到了中國就出現了「水土不服」，於是就出現了「本土化」問題。兩者的不同僅僅在於研究物件的不同，自然科學領域研究的是自然客觀物，人文社會科學研究的是人，是人與人之間的關係，特

13　鄭杭生、王萬俊：《二十世紀中國的社會學本土化》10 頁，黨建讀物出版社 2000 年。

別是像文學這一類學科，研究的更是人的情感，現代文學研究的就是在現代中國的語境下，人們的心理情感變化。人們的心理情感是一種主觀現象，因人而異，可以說，有多少人就有多少種不同的情感。人的情感的這種豐富性導致了文學的複雜性，不可能用一種理論來進行「一刀切」，文學的這種複雜性必然要求文學研究首先應是審美感受和藝術體驗，研究者個人的審美體驗理所當然地是文學研究的基石、起點和組成部分，要求研究者主體性的發揮。「全球化」理論妄圖用一種全球通行無阻的理論來統攝文化的多樣性，「本土化」問題的提出顯然察覺到了這種想席捲一切的粗暴，妄圖將其「化」為自己的理論，這還是將一種理論重新「化」為另外一種理論，是將文學研究方法完全視作可以自由抽象的形態，與我們內在主體的狀態可以脫離（所以才有所謂的「化」），忽略了文學研究的根本在於主體的體驗、感受，即「主體性」缺失才是更為深層的問題。「全球化」理論忽視了各種文化的多樣性，「本土化」理論在想彌補這一缺點的同時，也忽視了研究物件、研究者自己多樣性的問題，缺乏了研究的「主體性」，文學研究變成了純理論的演繹和概念的組合堆砌，現代文學研究由於缺少了研究者「主體性」的實在參與，缺少了研究者獨特的體驗與感受，變成了孤零零的理論構架。「本土化」問題也難以解決現代文學研究中「隔」的問題，這就是「本土化」問題的癥結所在。

　　這裡牽涉到的是研究者自身的問題，不論是「全球化」命題還是「本土化」宣導，研究者「主體性」的缺失都將導致純理論的空泛而談，沒有「主體性」參與的現代文學研究

都只能是離理論越來越近，離中國文學越來越遠。因為「主體性」問題對於文學研究的重要性，因為當前的「全球化」理論和「本土化」理論在「主體性」問題上的乏力，尋找新的解決問題的途徑便成為亟須。中國現代文學研究在今天如何確立研究者的「主體性」？

在這個意義上，我們覺得最近出現的關於「民國文學機制」與中國現代當文學研究的討論或許可以給提供我們一扇啟發的視窗。作為學術方法的「民國文學機制」的問題雖然於最近幾年才提出，但在整個新文學的發展當中，其實每一步的發展都受制於「民國文學機制」的影響。這一命題的提出，顯然有迥異於「全球化」理論和「本土化」理論的理論內涵。一方面，它呼應「重返五四」、「重返民國」、「民國史視角」的訴求，推動研究者進入到具體的歷史語境中去，但又與「重返五四」、「重返民國」的一般性宣導有別，具有自己更清晰的內涵和方法。相比起「本土化」問題而言，在回答中國現代文學的獨特性在什麼地方的時候，「民國文學機制」無疑是一種更加切合實際的姿態與方法。

毫無疑問，「民國文學機制」的提出首先是現代文學研究者的一種研究的姿態。「民國文學機制」直逼研究者重新觸摸歷史，注意歷史現場的豐富性，能夠突出中國現代文學發生發展的具體歷史情形。「民國文學機制」本身就召喚著研究者要回到民國具體的歷史場域中去，將現代文學的研究物件還原到原生態的歷史中去，是要通過對更多歷史細節的「還原」呈現文學過程的豐富性，擺脫從某一既定概念比如「現代性」、「本土性」等出發形成的史實遮蔽。比如現代

文學研究史上這麼多年來對五四的爭論，我們往往執著於五四先驅們激烈的言論交鋒，總是以為那些言論足以代表了當時整個現代文學發生的景象，而忽略了是什麼樣的力量促使五四形成了那樣的自由空氣，形成了那樣的文學氛圍。應該承認的是，文學現象的形成從來都不是孤立的事件，從某一先見的概念出發，往往使我們割裂了文學與其他社會要素之間的關係，「民國文學機制」的提出，讓我們思考是什麼促成了一個多元共生又充滿創造活力的新的文化時代的誕生。在這個新的時代裡，制約文學的因素發生了什麼樣的變化才導致「五四」新文學出現了那樣青春的氣質？這些文學氣質又是如何影響著以後的文學走向的？這些問題其實是對「民國文學」何以成為「民國文學」的追問，對於這一問題的回答讓我們必須走向民國具體的歷史，「五四文化圈」能夠與之前、之後的文化圈相區別開，根本原因就在於當時形成了一個砥礪切磋、在差異中相互包容又彼此促進的場域。中國現代文學之所以有後來的發展壯大，在很大程度上得力於當時能夠形成這個場域。借助於「民國文學機制」這一命題，我們發現的不僅僅是五四高潮時所彰顯出來的青春氣息，我們更看到在這種青春氣息之下湧動著的時代空氣與歷史現場，那是一段鮮活的歷史，不是一兩個概念就足以涵蓋的，這與局限於分析先驅者的言論中具有多少「現代性」和「本土性」的理路迥然有異。

在面對具體的歷史語境的時候，「民國文學機制」要求研究者有著極強的「主體性」參與，要求發掘研究者的獨特感受與體驗。我們所謂的「民國機制」是在民國的歷史空氣

下考察近代以來成長起來的現代作家群體，在這種考察之下，民國的歷史如此具體，作家們的精神氣質與抽象的「現代」理論距離是如此遙遠。真正投入歷史的現場，很容易就發現文學的歷史更多的是一些具體「故事」的錯綜複雜，抽象的「現代」之辨在這裡被置於背景的位置，因為只有在還原了的歷史氛圍裡面，我們才能感知現代文學史上的作家們為什麼會出現那樣的行為，為什麼會有那樣的氣質。在這裡，我們所謂的「機制」並不僅是外在的社會體制，它同時也包括現代知識份子對各種體制包圍下的生存選擇與精神狀態。例如對於魯迅，我們稱之為「現代小說在魯迅手裡開端又在魯迅手裡成熟」，他的這種推動文學創作的個性、氣質與精神追求與國家社會的特定環境相關，與社會氛圍相關。這不是簡單的「決定」與「反映」，它恰恰表現出對當時國家政治、社會制度、生存習俗的突破與抗擊，只是突破與抗擊本身也是源於這個國家社會文化的另外一些因素。可以說在「民國」這一靜態的歷史時空中，「機制」是文化參與者與歷史時空動態互動中形成的秩序，兩者結合在一起，強調的是在文學活動中「人」與「歷史時空」的豐富的聯繫，正因為這種聯繫的豐富性，培養出了現代作家一個個獨特的氣質。我們在面對魯迅的時候，需要進入到當時的歷史時空中去捕捉他獨特的精神氣場，在那種歷史時空中，我們感知的不僅僅是魯迅當時獨特的體驗，比如說魯迅形成的封建社會「吃人」的體驗，「狂人」的經歷，研究者也以自己獨特的感受與魯迅產生著精神上的共鳴，豐富著對魯迅與那段歷史的認識。只有在這種感受之中，文學研究才是活的，在其中發現現代

作家獨特的氣質，找到中國現代文學獨特性之所在，發揮著研究者的「主體性」的參與在其他研究模式之下難以替代的作用。

　　或許最重要的是，「民國文學機制」的提出可以提煉中國自己的文學研究思維。不同的研究模式的提出說明我們對現代文學不同的「闡釋框架」，而不同研究模式之間的更替則說明我們對既有的「闡釋框架」的某種不滿。在中國現代文學研究經歷了「階級分析」、「現代性」闡釋、「全球化」與「本土化」的爭論之後，破除種種拘囿和偏見，我們是否應該探討一種切合中國社會文化實際生態的闡述方式？中國現代文學研究的學術生長點應該是怎樣的？這樣的探討在保持對西方學術思想的開放的前提下，當盡力呈現中國自身的實際狀態，或者說主要應該讓中國的問題「生長」出我們的研究方法與闡釋框架。這裡，「民國文學機制」的提出就不僅僅是一種觀念的提倡，更是一種具體的認知視角和研究範式，或者說是一種「進入」問題的角度。「民國文學機制」努力返回到我們自己的歷史語境之中，發現中國人在特定歷史中的自主選擇，為中國現代文學的創造力尋求解釋，深入展示我們文學曾經有過的歷史貢獻。即便是在這一過程將納入西方學術所不典型的其他元素，如對政治形態、經濟形態的重點考察之類，但這種考察方式將是在研究者「主體性」參與之下破除「現代性」的神話，走出「全球化」與「本土化」的理論怪圈，找到屬於研究者自己的研究方式。這種方法論的意義至少有三個方面：一是宣導我們的現代文學學術研究應該進一步回到民國歷史的現場，而不是抽象空洞的「現

代」，即便是中國作家的「現代」理念，也有必要在我們自己的歷史語境中獲得具體的內容。二是史料考證與思想研究相互深入結合，在具有問題意識的情形下，將史料的考證和辨析與解答民國時期文學創作的奧秘相互結合。第三，我們也努力將外部研究（體制考察）與內部研究（精神闡釋）結合起來，以「機制」的框架深入把握推動文學發展的「綜合性力量」，這對過去「內外分裂」的研究模式也是一種突破。這些研究的基本原則實際上都是對一個現代文學研究者最基本的要求，只是長時期以來，研究者癡迷於西方各種理論的誘惑，對現代文學研究缺乏「主體性」的參與，導致了現代文學研究呈現出一種形而上的味道。「民國文學機制」的提出，將使我們現代文學的研究重新回到中國自己的研究理路上來，提煉出中國自己的文學研究思維，才能在與世界交流對話的進程中放出自己的異彩。

應該說，無論是「本土化」問題還是「民國文學機制」的提出，都是研究者如何去面對現代文學的問題。「本土化」問題旨在糾正「全球化」問題存在的偏頗，「民國文學機制」以突出歷史情境為切入口，強調研究者的「主體性」參與，以塑造中國自己的文學研究思維為旨歸，為解決當前現代文學研究中出現的心態和方法問題提供了一扇可供參考的視窗。

後　　記

　　百年中國文學的發展和研究到今天正處於一個自我反思、自我調整的特殊時期，如何在多年來「西學東漸」的模式中發掘深層的合理性，同時進一步反思其存在的問題，總結和梳理我們有益的學術傳統，這是我多年所關心的話題。回頭總結，這些探索大體曾在三個方面展開：從中國現代新詩研究、現代文學思潮研究等具體的研究領域中探索現代文學的研究新路。這包括我 1994 年曾經出版的第一部著作《中國現代新詩與古典詩歌傳統》，1998 年的著作《被召喚的傳統》。第二是對比較文學之於中國現代文學研究的方法論問題進行了比較深入的檢討，2009 年出版過《日本體驗與中國現代文學的發生》。第三是對當前文學批評與研究中的「現代性」話語及百年來其他基本批評術語進行了深入的考察和反思，進一步提出了中國現代文學批評的「學術正名」問題。

　　「民國文學」研究及其方法的總結是在反思現有中國現代文學研究方法的基礎上嘗試新的學術路徑，我提出以中國具體的國家社會情態為基礎，闡釋現代中國文學發生發展的歷史細節，為多年來爭訟不休的文學研究「本土性」、「民族化」等問題嘗試新的思路。例如試圖在「民國歷史」具體情境中回答文學中國的「現代」意義，將「民國文學機制」

作為一種新的問題框架。這一研究是國家社科基金重點專案「民國歷史文化與中國現代文學的研究框架」及中央高校基本科研業務費研究專項項目「民國歷史文化框架中的中國現代文學研究」的階段性成果，今天有機會結集出版，首先得感謝山東文藝出版社，感謝他們為這些雖然具有社會效益但畢竟缺乏經濟效益的著作提供走向讀者的機會！

文集中的各節文字都曾以論文形式在國內雜誌發表，在這裡，我也要向那些雜誌的編輯，王兆勝、范智紅、孟春蕊、黃維政、陳漢萍、張潔宇、時世平、王維國、張曦、劉瑞弘、李青果、畢光明、劉保昌、王敏、姜異新、劉大先、喬學傑、尹富、潘純琳等等，致以衷心的謝意，感謝他們多年來對我的關懷、寬容和支援！

最後一部分文字《「本土化」問題的「主體性」解決》初稿係我和李直飛兄合作，收入文集時由我做了調整和修改，特此說明並向直飛兄致意。

李　怡
2014 年 7 月於成都江安花園

台灣版後記

　　這本著作首版曾經以《作為方法的民國》為題,在山東文藝出版社出版。今天又有幸重新編輯,匯入文史哲出版社的叢書,真是一件特別值得紀念的事情。無論兩岸的政治論述有多少的差異,我都堅信,關於「民國」的討論離不開台灣學界,只有兩岸學人本著「命運共同體」的認知,保持持續的對話,才可能有效地推進我們對現代華文文學的深度理解。從這個意義上說,文史哲出版社能夠重新出版這套論叢,本身就具有某種學術史的里程碑意義。

　　作為台灣政治大學張堂錡教授主持的研究中心的首批成果,也作為文史哲出版社版半世紀出版歷程的重要選題,我們只有以更好的研究來回報這樣努力,珍藏這樣的緣分。

李　怡
2016 年 6 月 4 日於北京師範大學